Questões sociocientíficas na prática docente

FUNDAÇÃO EDITORA DA UNESP

Presidente do Conselho Curador
Herman Jacobus Cornelis Voorwald

Diretor-Presidente
José Castilho Marques Neto

Editor Executivo
Jézio Hernani Bomfim Gutierre

Conselho Editorial Acadêmico
Alberto Tsuyoshi Ikeda
Áureo Busetto
Célia Aparecida Ferreira Tolentino
Eda Maria Góes
Elisabete Maniglia
Elisabeth Criscuolo Urbinati
Ildeberto Muniz de Almeida
Maria de Lourdes Ortiz Gandini Baldan
Nilson Ghirardello
Vicente Pleitez

Editores Assistentes
Anderson Nobara
Fabiana Mioto
Jorge Pereira Filho

LEONARDO FABIO
MARTÍNEZ PÉREZ

Questões sociocientíficas na prática docente
Ideologia, autonomia e formação de professores

© 2012 Editora UNESP

Direitos de publicação reservados à:
Fundação Editora da UNESP (FEU)
Praça da Sé, 108
01001-900 – São Paulo – SP
Tel.: (0xx11) 3242-7171
Fax: (0xx11) 3242-7172
www.editoraunesp.com.br
feu@editora.unesp.br

CIP – Brasil. Catalogação na fonte
Sindicato Nacional dos Editores de Livros, RJ

F118q

Martínez Pérez, Leonardo Fabio
    Questões sociocientíficas na prática docente: ideologia, autonomia e formação de professores / Leonardo Fabio, Martínez Pérez. São Paulo: Editora Unesp, 2012.

    Inclui bibliografia
    ISBN 978-85-393-0354-0

    1. Ciência – Estudo e ensino. 2. Prática de ensino. 3. Professores de ciência – Formação. 4. Professores universitários – Formação. 5. Currículos – Mudança. I. Pérez, Martínez II. Título.

12-6202   CDD: 370.71
                                                                          CDU: 37.02

Este livro é publicado pelo projeto Edição de Textos de Docentes e Pós-Graduados da UNESP – Pró-Reitoria de Pós-Graduação da UNESP (PROPG) / Fundação Editora da UNESP (FEU)

Editora afiliada:

*À companheira e amor da minha vida,
Diana Moreno, por sua força, alegria,
humildade e criticidade, que
inspiram nosso amor e nossas lutas.*

*Aos meus pais, Ana Laura e Clemente,
por serem pessoas maravilhosas e por me
permitirem estar neste mundo
para aprender o sentido da vida.*

Sumário

Introdução   11

**Parte I – A perspectiva ciência, tecnologia,
sociedade e ambiente (CTSA) no ensino de Ciências
e as questões sociocientíficas (QSC)**   29

1 Uma leitura crítica sobre a ciência e a tecnologia
na modernidade: questões de ideologia e de interesse   31

2 A perspectiva histórica da Filosofia da Ciência
como crítica à visão cumulativa do progresso científico   49

3 Ensino de Ciências com enfoque ciência, tecnologia, sociedade e
ambiente (CTSA) a partir de questões sociocientíficas (QSC)   55

**Parte II – Formação crítica de professores
de Ciências no contexto da perspectiva ciência,
tecnologia, sociedade e ambiente (CTSA)**   63

4 Contexto sobre a formação de professores de Ciências   65

5 A perspectiva ciência, tecnologia, sociedade
e ambiente (CTSA) e a formação de professores   71

6 A formação crítica de professores   77

7 A questão da autonomia docente na formação de professores   101

Parte III – Análise de discurso crítica (ADC) como dispositivo analítico   111

8 Origem da análise de discurso crítica (ADC) e principais elementos teóricos   113

9 A questão do poder e da ideologia na análise de discurso crítica (ADC)   121

10 A intertextualidade como dimensão central da análise de discurso crítica (ADC)   131

Parte IV – A pesquisa qualitativa crítica como abordagem metodológica   137

11 A pesquisa qualitativa crítica   139

Parte V – A abordagem de questões sociocientíficas (QSC) e a construção da autonomia dos professores de Ciências em serviço   153

12 Aproximações dos professores de Ciências à perspectiva ciência, tecnologia, sociedade e ambiente (CTSA) e às questões sociocientíficas (QSC)   155

13 A ideologia do currículo tradicional e as possibilidades de mudança na abordagem de questões sociocientíficas (QSC)   175

14 A influência da abordagem de questões sociocientíficas (QSC) sobre a construção da autonomia dos professores de Ciências   185

15 A pesquisa dos professores de Ciências em serviço como expressão da construção da autonomia docente   189

16 Maneiras como a autonomia docente é compreendida pelos professores de Ciências em serviço   231

Parte VI – Interações dialógicas e contribuições da abordagem de questões sociocientíficas (QSC) na formação continuada de professores de Ciências   245

17 Interações dialógicas impositivas, persuasivas e polifônicas desenvolvidas entre professores de Ciências em serviço   247

QUESTÕES SOCIOCIENTÍFICAS NA PRÁTICA DOCENTE 9

18 Contribuições da abordagem de questões sociocientíficas (QSC)
para a prática docente dos professores de Ciências em serviço 279

19 Novas compreensões sobre o enfoque CTSA a partir de
questões sociocientíficas 293

Considerações finais 307

Referências bibliográficas 323

Apêndices 343

Introdução

Segundo Aikenhead (2005a), a perspectiva Ciência, Tecnologia e Sociedade (CTS) no ensino de Ciências surgiu na década de 1970 como um movimento de renovação curricular, abordando discussões sobre os objetivos da formação científica e tecnológica nas escolas, os processos de ensino e aprendizagem de Ciências, a formação dos professores[1] e a elaboração de políticas públicas educacionais.

O surgimento da perspectiva CTS esteve relacionado com as reivindicações de movimentos sociais mais amplos, tais como o movimento da contracultura, o movimento *pugwash* e o movimento ambientalista, que em linhas gerais representavam uma resposta crítica e um certo modo de enfrentamento diante da ordem vigente da época, caracterizada por conflitos bélicos e processos de dominação e controle cultural.

O trabalho de Carson (1969) embasou várias das críticas realizadas pelos ambientalistas, e o trabalho de Kuhn (2001) contribuiu para questionar a aparente neutralidade do conhecimento científico, salientando os fatores sociais como relevantes para a evolução da ciência.

Foi precisamente no cenário de tensão social das décadas de 1950, 1960 e 1970 e de discussões acadêmicas sobre a natureza da ciência

---

1 O uso do termo "professores" abrange os professores e as professoras, tendo em consideração as discussões de gênero que podem ser suscitadas.

12 LEONARDO FABIO MARTÍNEZ PÉREZ

que o movimento CTS foi se constituindo no ensino, levando em consideração os problemas socioambientais alertados pelos movimentos ambientalistas e sociais, bem como os trabalhos acadêmicos da Filosofia e da Sociologia da Ciência que são inerentes ao ensino CTS.

> A educação não tem sido indiferente às correntes de ativismo social e da pesquisa acadêmica, que desde finais de 1960 tem reivindicado uma nova forma de entender a ciência-tecnologia e uma renegociação de suas relações com a sociedade. Tudo isso produziu na década de 1970 a aparição de numerosas propostas para o desenvolvimento mais crítico e contextualizado do ensino das Ciências e dos temas relacionados com a ciência e a tecnologia, tanto no ensino médio quanto no ensino superior. (López, 1998, p.47, tradução nossa)

As influências do movimento CTS reclamavam um ensino humanístico de Ciências, em oposição ao ensino elitista e tecnocrático, tendo a pretensão de superar o *status quo* da educação em ciências e tecnologia, caracterizado pelo ensino conteudista e compartimentalizado das disciplinas científicas (Química, Física e Biologia). O trabalho de Hurd (1975) representava um esforço importante para problematizar a abordagem disciplinar do ensino de Ciências para a década de 1970. No entanto, só a partir das décadas de 1980 e 1990 evidenciar-se-ia uma constituição importante do ensino de Ciências com enfoque CTS, como orientação pedagógico-didática para a reestruturação dos currículos de Ciências.

Podemos dizer que o trabalho de Ziman (1980) foi o primeiro a oferecer uma base teórica para discutir as possibilidades de desenvolver uma renovação do ensino de Ciências com enfoque CTS. De fato, o primeiro problema enfrentado por ele foi a análise da diversidade de abordagens interessadas na contextualização social da ciência. Na época, sob os rótulos de "estudos sociais da ciência", "ciência e sociedade", "responsabilidade social da ciência", "estudos políticos da ciência", "ciência em contexto social", "História, Filosofia e Sociologia da Ciência", entre outros, agrupavam-se um amplo espectro de abordagens relacionadas com determinadas intencionalidades.

QUESTÕES SOCIOCIENTÍFICAS NA PRÁTICA DOCENTE 13

Apesar da diversidade de denominações, Ziman (ibidem) conseguiu caracterizar sete abordagens do ensino de Ciências com enfoque CTS: relevante, vocacional, interdisciplinar, histórica, filosófica, sociológica e problemática, as quais são descritas sucintamente no Quadro 1.

Quadro 1 – Abordagens do ensino de Ciências com enfoque CTS

Abordagens CTS no ensino de Ciências	Características centrais das abordagens
Relevante	Foca em abordar aplicações científicas e tecnológicas na sociedade com o objetivo de aumentar o interesse dos estudantes sobre a ciência e dessa forma favorecer melhores aprendizados.
Vocacional	Tem o objetivo de tornar os estudantes futuros profissionais das ciências, das tecnologias ou das engenharias.
Interdisciplinar	Busca o estabelecimento de relações entre diferentes disciplinas científicas no intuito de favorecer uma compreensão social da ciência.
Histórica	Aborda aspectos históricos das ciências para entender a evolução e as transformações sociais do progresso científico.
Filosófica	Aborda a reflexão sobre os critérios de demarcação do conhecimento científico e a compreensão da natureza da ciência.
Sociológica	Foca em analisar a construção social da ciência em termos de implicações políticas e econômicas.
Problemática	Aborda questões controversas de ciências na sociedade conforme aspectos internos e externos do progresso científico.

Fonte: Martínez (2010). Quadro adaptado a partir de Ziman (1980).

A abordagem mais relevante é sobre o entendimento da ciência e suas aplicações na sociedade, sendo bastante comum essa abordagem pelos professores de Ciências, por exemplo, quando ressaltam a importância da Química para a produção de combustíveis ou da Biologia para a preservação do ambiente. Essa abordagem pode fazer com que os estudantes se interessem pela ciência, transcendendo o ensino convencional de conteúdos científicos descontextualizados socialmente.

Apesar de salientar as aplicações práticas da ciência, essa abordagem não necessariamente articula questões tecnológicas com suas correspondentes implicações econômicas e políticas. Nesse sentido, o enfoque CTS não pode restringir-se aos limites praticamente inexistentes entre ciência "pura" e tecnologia, sem penetrar no ambiente social da ciência e da tecnologia, sob o risco de permanecer no nível instrumental de suas aplicações, mostrando apenas o que a ciência faz ou está fazendo, sem se perguntar o que ela deveria ou poderia fazer. Esse tipo de abordagem pode ser favorável à racionalidade tecnocrática, pois a atenção está voltada aos especialistas ou técnicos envolvidos em inovações tecnocientíficas, deixando para trás as preocupações relacionadas a valores e implicações políticas.

A abordagem vocacional também é bastante influente no currículo escolar de Ciências, dado seu interesse em tornar os estudantes futuros profissionais das ciências, das tecnologias ou das engenharias. Assim, a ênfase social está orientada para os aspectos laborais da profissão, o que já representa um avanço, pois nos currículos tradicionais de preparação profissional esses aspectos são praticamente inexistentes e estão reduzidos a uma preparação restrita para as disciplinas.

Aproximar os estudantes de seus prováveis espaços de desenvolvimento profissional é algo interessante para eles. No entanto, essa aproximação geralmente é realizada de acordo com a visão de cientistas sociais, engenheiros ou outros profissionais leigos em questões educacionais, de tal forma que o mais provável é o favorecimento de determinados interesses de indústrias ou empresas que constituem o cenário profissional.

A abordagem vocacional, apesar de colocar implicações morais relacionadas a valores e responsabilidades profissionais, permanece limitada ao treinamento profissional, contribuindo para a configuração de papéis sociais estereotipados, de modo que os futuros profissionais outorgam pouca importância às consequências sociais de seus trabalhos, pois eles simplesmente seriam contratados para exercer sua profissão, reduzindo a educação profissional a uma doutrinação da ideologia do individualismo.

A abordagem interdisciplinar, na verdade, reúne uma velha preocupação pela fragmentação do conhecimento em disciplinas. Como salientou Ziman (1980, p.115), essa preocupação sempre foi "alvo da reforma". O próprio ensino de Ciências tem sido construído nos "interstícios" do estabelecimento das disciplinas acadêmicas.

O princípio de interdisciplinaridade no ensino de Ciências com enfoque CTS resulta em um importante componente para evitar o reducionismo técnico das disciplinas, pois os problemas de ordem científica e tecnológica estão relacionados a várias dimensões sociais. Contudo, a interdisciplinaridade tem o problema de se remeter sempre às disciplinas, sejam experimentais ou sociais, constituindo, na maioria dos casos, uma trava para superar a dimensão transdisciplinar mais rica para entender a ciência em contexto social. Cabe lembrar que a abordagem interdisciplinar pode ser reduzida a juntar conhecimentos específicos de várias disciplinas, contribuindo para a indesejável fragmentação do conhecimento.

A abordagem histórica, filosófica e sociológica do ensino de Ciências com enfoque CTS busca o estudo da ciência como um fenômeno histórico, como um corpo de conhecimentos organizado e como uma atividade social ou institucional. Hoje sabemos que a abordagem histórica é inquestionável no ensino de Ciência com enfoque CTS, mas não é imune às dificuldades, especialmente na prática do ensino de Ciências com enfoque CTS, pois suas teorias, na maioria dos casos, são de difícil contextualização no currículo escolar, o que é agravado pelo seu afastamento dos problemas educacionais. Conforme Ziman (ibidem, p.122, tradução nossa), "os guardiões acadêmicos da história da ciência nem sempre ajudam a tornar suas disciplinas familiares e populares", de modo que os objetivos de CTS não podem ser tomados automaticamente com os mesmos objetivos da história das ciências. Na verdade, a ciência também pode ter diferentes histórias individualistas, tecnocráticas, filosóficas, sociológicas ou ideológicas.

A abordagem filosófica contribui para questionar tanto a concepção cientificista da ciência, que a mostra como verdadeira e sem problemas, como a visão anticientífica, que a considera totalmente questionável. Esse dilema pode ser tratado com o estudo sério das características do conhecimento científico, o *status* das diferentes áreas da ciência e o papel da observação e da experimentação.

A abordagem sociológica é praticamente uma resposta à falta de reflexão da Filosofia sobre os aspectos coletivos e suas implicações sociais, por estar focada até certo ponto na dimensão cognitiva e subjetiva do conhecimento.

Segundo Ziman, entre as abordagens identificadas por ele, a que mais traz possibilidades para o processo de renovação do ensino de Ciências é a problemática, de modo que o currículo preste atenção aos grandes problemas sociais e às condições de injustiça. Assim as influências da CTS ganham uma importante sensibilidade para a contextualização pedagógica das disciplinas acadêmicas (Filosofia, História e Sociologia da Ciência).

Ao trabalhar uma questão problemática é possível mostrar o papel social da ciência tanto em seus aspectos internos quanto externos. A abordagem problemática CTS adquire uma força considerável, orientada para a responsabilidade social de cientistas, tecnólogos e cidadãos.

Já no começo da década de 1980, a abordagem problemática do ensino de Ciências com enfoque CTS oferecia importantes possibilidades para trabalhar questões reais do mundo contemporâneo, que apresentavam implicações sociais, científicas, tecnológicas e ambientais. Assim, problematizar implicava um questionamento profundo das causas dos grandes problemas associados à destruição da natureza, à contaminação, às doenças, à guerra e à pobreza.

Os primeiros esforços mais expressivos de renovação do currículo escolar de Ciências sob a orientação CTS nasceram na Inglaterra, nos Estados Unidos, no Canadá e na Holanda. Nesses países, o CTS foi abordado de forma diferente. No entanto, identificamos, por um lado, uma tendência às propostas curriculares mais localizadas em associações de professores de Ciências e pesquisadores do ensino de Ciências e, por outro lado, uma tendência às propostas realizadas por profissionais com titulação em Ciências em parceria com associações para o avanço da ciência.

Na primeira tendência realçamos o projeto Science in a Social Context (Siscon), da Inglaterra (Solomon, 1983), o projeto Science and Culture, o projeto Synthesis e o projeto Science Through STS, dos Estados Unidos (Yager; Casteel, 1968; Roy, 1984), o projeto Science: a Way of Knowing, do Canadá (Aikenhead; Fleming, 1975), e o projeto Dutch Physics Curriculum Development Project (Plon), da Holanda (Eijkelhof; Kortland, 1988).

Na segunda tendência destacamos o projeto Science & Techonology in Society (Satis), da Inglaterra (Obach, 1995), e o projeto Chemestry and the Community (Chemcom), dos Estados Unidos (American Chemical Society, 1993).

De acordo com a proposta de Ziman (1980), identificamos na primeira tendência uma predominância da abordagem interdisciplinar, histórica, filosófica, sociológica e problemática das relações CTS, em um esforço importante para problematizar a concepção rígida das ciências da natureza desvinculada da realidade social e fechada ao debate público sobre suas contradições e implicações. Desse modo, as críticas à visão cientificista dos questionamentos com respeito ao ensino de Ciências convencional são permanentes. Entretanto, na segunda tendência predomina a abordagem relevante e vocacional das relações CTS, focando na elaboração de materiais de ensino que destacam as aplicações sociais da ciência e da tecnologia, com ênfase em sua importância e no treinamento de futuros profissionais e consumidores.

Na Inglaterra, as propostas de renovação curricular CTS começaram a estruturar-se a partir de 1976 (Solomon, 1995), quando foi fundada pelo doutor Bill Williams, da Leeds University, a associação de professores de Ciências de universidades e escolas técnicas, denominada Siscon. Os professores organizados na associação se preocuparam com a elaboração de materiais para o ensino de Ciências que contribuíssem com o ensino da natureza da ciência e com seu impacto social.

O trabalho desenvolvido pelos professores organizados na Siscon resgatava os estudos da História Social da Ciência do físico irlandês John Desmond Bernal (1901-1971), que reconhecia que as ciências da natureza poderiam contribuir para a liberdade humana. Da mesma forma, resgatava tanto a discussão realizada por Snow em 1959 sobre a separação entre cultura científica e cultura humanística, como os trabalhos de Filosofia e Sociologia da Ciência promovidos por Kuhn (2001) como embasamento teórico para a renovação do currículo de Ciências.

A mudança do ensino de Ciências na Inglaterra também foi motivada pelos problemas apontados pelo relatório *The limits to growth* (Os limites do crescimento), no qual se alertava sobre o crescimento

18   LEONARDO FABIO MARTÍNEZ PÉREZ

exponencial e incontrolado do uso de combustíveis, o esgotamento dos recursos energéticos fósseis, o acelerado crescimento populacional e a limitada produção de alimentos (Solomon, 1996).

De acordo com Solomon (ibidem), a Siscon não podia ser limitada ao ensino superior nem ser reduzida a uma lógica tecnocrática de produção de materiais educativos. Por isso, alguns dos professores de escola participantes dos seminários oferecidos pela associação decidiram criar a Siscon-in-Schools (Siscon nas Escolas), com o objetivo de preparar cidadãos com capacidade de escolha para a participação nas discussões públicas relacionadas com a ciência e a tecnologia. Assim, foram elaborados materiais de ensino seguindo um projeto de pesquisa--ação liderado por um grupo de professores da London School. No total foram constituídas oito unidades didáticas[2] que, depois de cinco revisões articuladas a seu desenvolvimento em sala de aula, foram publicadas em 1983, pela Association for Science Education (Associação para o Ensino de Ciências).

Apesar das importantes contribuições da Siscon nas escolas, sua perspectiva de pesquisa articulada à reflexão da prática dos professores foi até certo ponto ignorada na elaboração de outros materiais CTS escritos por membros do projeto Satis, dado que, no processo de aplicação e avaliação dos materiais nas escolas, os professores foram treinados por profissionais sem formação em Educação e ligados a indústrias e a outras áreas do conhecimento científico. Solomon (1996) descreve como esses materiais foram bem recebidos pelos professores por serem *user friendly* (usuários amigáveis), sendo popularizados no ensino fundamental e no ensino médio, de modo que muitas apostilas foram publicadas para aplicação em sala de aula, embora os trabalhos de reflexão teórica e de pesquisa fossem praticamente inexistentes, e permanecessem, até certo ponto, solitários os relevantes trabalhos de Ziman (1980).

O projeto Satis focou na produção de materiais CTS para a Inglaterra e posteriormente se expandiu pela Europa com o projeto Science

---

2 Formas de vida: interações com a sociedade; Como podemos ter certeza?; Tecnologia, invenção e indústria; População humana e evolução; A bomba atômica; Energia: o poder para o trabalho; Alimentação saudável; Espaço, cosmologia e ficção.

across Europe (Ciência através da Europa), que assumia características semelhantes ao Satis. De fato, os dados dos próprios defensores do projeto Satis apontam que, entre os anos de 1986 e 1995, foram consolidadas trezentas apostilas ou unidades didáticas orientadas para estudantes com idades entre 8 e 19 anos (Obach, 1995).

O projeto Science across Europe, desenvolvido em parceria entre a Association for Science Education (ASE) e a British Petroleum (BP), continuou basicamente com a mesma estratégia do Satis, que é a elaboração de unidades didáticas e a aplicação e avaliação destas. De acordo com Parejo (1995), o projeto publicava as unidades didáticas sobre temas científicos e fornecia uma base de dados às escolas participantes do projeto. Para participar do projeto os professores interessados deveriam comprar as unidades. O projeto se expandiu com rapidez pela Europa, contando com a participação de escolas na Áustria, na Bélgica, na Dinamarca, na Inglaterra, na França, na Alemanha, na Grécia, na Hungria, na Itália, em Luxemburgo, em Malta, na Irlanda do Norte, nos Países Baixos, na Noruega, na Polônia, em Portugal, na Escócia, na Eslovênia, na Suécia, na Suíça, na Turquia e na Espanha. Aliás, a partir desses países o projeto continuou se expandindo, com a elaboração de outras unidades didáticas e com a aparição do projeto Science across Asia Pacific (Ciência através de Ásia do Pacífico).

Ao analisar criticamente o desenvolvimento dos projetos Satis, Science across Europe, Science across Asia Pacific e Chemcom, todos eles relacionados com uma abordagem vocacional e relevante, percebemos que, embora estivessem inspirados em ideias do movimento CTS, eles terminavam instrumentalizando-as, focalizando na aplicação de materiais na sala de aula que não eram propriamente elaborados pelos professores. Preparar os professores para renovar seu ensino a partir do uso de materiais previamente elaborados não era uma opção pertinente para atingir processos formativos de professores de Ciências que levassem em consideração a constituição de sua autonomia. Os professores teriam que lidar com os desafios trazidos pelo ensino de Ciências com enfoque CTS, de modo que a preocupação com a formação teria que ir além dos projetos focados na elaboração de materiais didáticos.

O problema em si não era a elaboração de materiais didáticos CTS, pois, como tinha mostrado o projeto Siscon, isso poderia ser importante para a formação dos professores sempre que fossem vinculados a um amplo projeto de pesquisa-ação. No entanto, isso era totalmente diferente e contrário ao desenvolvimento de uma indústria de materiais elaborados por especialistas, o que afiançava a lógica tecnocrática, esvaziando o conteúdo crítico do movimento CTS.

Na década de 1990, o movimento CTS, com enfoque contrário à instrumentalização, caracterizou-se como uma alternativa de renovação curricular para o ensino de Ciências em vários países, de modo que os currículos de Ciências, os projetos escolares e as pesquisas didáticas acolhiam suas orientações teórico-metodológicas (Membiela, 1995; 1997; 2005; Aikenhead, 2005a). Nessa mesma década, as interações CTS, além de serem um movimento de renovação, também emergiram como linha de pesquisa do ensino de Ciências.

Cachapuz et al. (2008), a partir da análise de artigos publicados em revistas internacionais de ensino de Ciências ao longo de uma década (1993-2002), evidencia a emergência das interações CTS como linha de pesquisa no início da década de 1990 e identifica um importante crescimento das pesquisas nessa linha em relação a outras linhas de pesquisa.

O autor salienta a evolução histórica da linha CTS ao longo da década considerada em seu estudo e evidencia que as pesquisas desenvolvidas nessa linha estão referidas tanto à dimensão cultural da ciência, como à compreensão pública da ciência. Também é destacada no estudo a necessidade de aumentar o letramento científico dos estudantes e da população em geral, com o intuito de que o ensino de Ciências ajude os cidadãos a compreenderem o mundo em que vivem, para que eles tenham a capacidade de construir pontos de vista próprios que favoreçam uma ativa participação social.

Na América Latina a preocupação com abordagens CTS no ensino de Ciências emergiu na década de 1990 e foi fortemente influenciada pelos trabalhos da Espanha e de Portugal. No entanto, é importante precisar que os estudos CTS como campo de trabalho em humanidades e Ciências Sociais (Ibarra; López, 2001) possuem uma história mais antiga no contexto latino-americano, registrando sua aparição no final da década de 1960. Segundo Vaccarezza (1998), a origem dos estudos CTS na América Latina teve como foco a análise de políticas públicas em Ciência e Tecnologia, destacando-se os trabalhos de Jorge Sabato, Amilcar Herrera, César Varsavsky, Miguel Wionseck, Máximo Halty, Francisco Sagasti, Osvaldo Sunkel, Marcel Roche e José Leite Lopes. Vários deles eram pesquisadores das ciências da natureza interessados em questões sociais e ideológicas a partir da reflexão de sua própria experiência. No grupo havia também economistas que focalizaram o pensamento da Comissão Econômica para a América Latina e o Caribe (Cepal).

A Organização de Estados Ibero-americanos (OEI) realizou um papel destacável na divulgação de trabalhos CTS por meio da sala de leitura CTS+i (Ciência, Tecnologia e Sociedade mais a Inovação), a edição de uma revista específica sobre CTS e a realização de cursos de professores sobre CTS.

Um dos primeiros trabalhos CTS no ensino de Ciências de autoria latino-americana foi publicado por Garritz (1994). Esse trabalho apresenta uma síntese do desenvolvimento da perspectiva CTS de 1984 a 1994, oferecendo um panorama geral dos pressupostos teóricos de CTS e de seus correspondentes projetos de renovação do currículo de Ciências.

Em 1998, a OEI também dedicou um número especial da *Revista Ibero-americana em Educação* (n.18) para discutir questões relacionadas com CTS no contexto ibero-americano. No entanto, dos oito artigos publicados nesse número, somente dois eram de autores da América do Sul.

A perspectiva CTS na América Latina foi influenciada pelo contexto sociopolítico da região, caracterizado pelas diferenças sociais que limitavam o acesso de grande parte da população aos bens materiais e culturais. Em determinadas situações, a miséria se traduzia em um tipo de exclusão da modernidade, pois muitos cidadãos não tinham acesso aos benefícios trazidos pela ciência e pela tecnologia (Sutz, 1998).

Outra característica do contexto latino-americano salientada por Sutz (ibidem) corresponde à percepção de desconfiança em relação ao "desenvolvimento" científico e tecnológico, já que as inovações ou mesmo a ciência e a tecnologia eram trazidas de fora, considerando-se que nossa região não se destacava pela produção de conhecimento científico como os países europeus e norte-americanos.

As características de nosso contexto latino-americano têm motivado a emergência do ensino de Ciências com enfoque CTS de cunho crítico; poderíamos também caracterizá-lo como uma abordagem mais problemática, nos termos colocados por Ziman (1980). Um número considerável de trabalhos de autores latinos tem em comum a preocupação com a formação crítica de cidadãos, com o objetivo de contribuir para seu encorajamento na discussão pública sobre as implicações sociais, políticas e ambientais da ciência e da tecnologia (Amorin, 1996; Auler; Bazzo, 2001; Santos; Mortimer, 2001; 2002; Osorio, 2002; Santos; Schnetzler, 2003; Martínez; Rojas, 2006; Mion; Alves; Carvalho, 2009).

Nesse contexto, no mundo inteiro há uma emergência de se constituir um ensino de Ciências com enfoque CTS como área de pesquisa. Nesse sentido, diferentes trabalhos defendem a importância da formação crítica de todos os cidadãos em questões de ciência e tecnologia no contexto do compromisso e da responsabilidade individual e social. Importantes precursores dessa área (Solomon, 1993; Aikenhead, 1994) argumentaram a necessária compreensão da ciência e da tecnologia como um empreendimento social e complexo, que exige a formação de sujeitos comprometidos com o exercício da cidadania na medida em que agem criticamente.

De acordo com Pedretti et al. (2008), até aproximadamente o final da década de 1990, as pesquisas preocupadas com a contextualização social do ensino de Ciências adotavam a sigla CTS. No entanto, nos últimos anos, vários autores têm adicionado a dimensão ambiental (A) às relações CTS, o que oferece uma denominação mais ampla. Por isso, neste livro adotaremos a denominação CTSA para nos referirmos à abordagem contemporânea de CTS orientada ao aprofundamento da compreensão dos problemas socioambientais de ordem global e local e que são entrelaçados aos desafios adjacentes à crise ambiental.

Segundo a denominação CTSA, destacamos os trabalhos de Pedretti (2003), Solbes e Vilches (2004), Edwards et al. (2004), Martínez e Rojas (2006), Martínez, Peña e Villamil (2007), Bernardo, Vianna e Fontoura (2007) e Mion, Alves e Carvalho (2009).

Aikenhead (2005a) já reconhecia a relevância outorgada à dimensão ambiental em alguns trabalhos de pesquisa CTS e destacava a apropriação dessa dimensão no Canadá e em Israel.

Em Israel, Toller (1991) realizou uma pesquisa com professores de Ciências em formação inicial e em serviço, com o objetivo de analisar diferentes estilos de ensino e aprendizagem dos professores ao lidar com problemas abertos relacionados com CTSA. O estudo foi desenvolvido em dois cursos de graduação e em um curso de treinamento profissional oferecidos para professores de Ciências em serviço, apontando contribuições e dificuldades deles ao trabalharem com problemas abertos.

Precisamente no contexto das pesquisas CTSA no ensino de Ciências, interessa-nos estudar a questão da formação de professores, pois estes têm uma grande responsabilidade em orientar a educação científica e tecnológica dos cidadãos nos diferentes níveis e modalidades do ensino. Por tal razão, investir na formação de professores é de vital importância para a transformação de nossas sociedades.

Solomon (1998, p.137) afirmava, com razão, que "os professores constituem o patrimônio cultural mais importante na educação de um país", mas esse patrimônio não se deve somente ao domínio dos conteúdos específicos ou pedagógicos, mas do reconhecimento de seu trabalho pela sociedade e por eles mesmos. Por essa razão, no momento em que uma sociedade não valora ou não reflete sobre o significado e sobre a importância da formação, podemos dizer que essa sociedade está imersa em uma crise que leva à perda de sentido sobre sua própria existência.

Na literatura sobre a formação de professores de Ciências, encontramos várias pesquisas focadas em caracterizar as concepções e/ou as crenças de licenciados ou professores em serviço com respeito às relações CTS(A) (Acevedo, 2000; Acevedo; Vásquez; Manassero, 2002; Acevedo et al., 2002a). Esses trabalhos têm privilegiado a análise das crenças por serem praticamente "responsáveis" por práticas de ensino tradicionais. No entanto, é necessário realizar uma análise mais ampla que inclua as práticas docentes e os fatores pessoais, sociais, culturais e escolares que as influenciam.

A complexidade compreendida entre crenças e práticas apresenta um desafio para o ensino de Ciências com enfoque CTSA, entendido

24 LEONARDO FABIO MARTÍNEZ PÉREZ

como uma perspectiva potencialmente formativa que articula teoria e prática de acordo com um enfoque crítico do ensino. Nesse sentido, o ensino de Ciências precisa refletir sobre a práxis do professor para a superação da racionalidade técnica (Schön, 1997; 2000) que reduz a atividade docente à mera aplicação de teorias, modelos ou estratégias que são criados por especialistas ou ainda são oferecidos por determinadas orientações curriculares.

Pensar o ensino de Ciências desde a práxis do professor requer necessariamente sua participação na definição não só das estratégias de ensino, mas também de problemas, conteúdos e objetivos associados a sua profissão. A ideia do professor como sujeito ativo de sua práxis é uma construção que precisa do estabelecimento de relações com seus pares (colegas, pesquisadores, administradores educativos etc.) em espaços sociais e históricos determinados.

Segundo Carr e Kemmis (1988), o ensino crítico exige uma permanente reflexão do professor sobre seus próprios conhecimentos teóricos e práticos, assim o ensino torna-se uma prática profissional comprometida com a pesquisa dos problemas pedagógicos enfrentados nas instituições educativas e em salas de aula. Para esses autores, a pesquisa educativa não consiste apenas em produzir teorias ou desenvolver práticas mais eficazes, o que se busca é fazer da prática um processo crítico que permita compreendê-la e transformá-la.

Embora a perspectiva CTSA tenha se constituído em uma linha de pesquisa do ensino de Ciências, há poucos esforços para entender a prática dos professores ao trabalharem esse enfoque pedagógico-didático (Pedretti et al., 2008).

Para Pedretti (2003), as dificuldades da perspectiva CTSA na prática do professor começam quando os professores decidem trabalhar com seus alunos questões a respeito de poder, de raciocínio ético e de ação responsável. Uma vez que tradicionalmente a ciência e a tecnologia são abordadas em sala de aula como um conjunto de conhecimentos a ser assimilado sem maiores questionamentos, pouco é feito para que os estudantes interpretem a ciência como uma construção social, cultural e histórica.

Geralmente os professores de Ciências são especializados em disciplinas específicas e não foram preparados em aspectos sociais, políticos e éticos, que fundamentam o desenvolvimento da perspectiva CTSA na prática docente, na medida em que essa perspectiva busca que os professores trabalhem em suas aulas temas tais como natureza da ciência e da tecnologia, raciocínio ético-moral, reconstrução sociocrítica, ação responsável e sustentabilidade. Conforme Ramsey (1993), Watts et al. (1997) e Pedretti (1997; 2003), a abordagem de questões sociocientíficas (QSC) parece oferecer uma forma concreta de incorporar a perspectiva CTSA às práticas dos professores de Ciências.

As QSC abrangem controvérsias sobre assuntos sociais que estão relacionados com conhecimentos científicos de atualidade e, portanto, em termos gerais são abordados nos meios de comunicação de massa (rádio, TV, jornal e internet).

A clonagem, o uso de células-tronco, os transgênicos, as energias alternativas e outros assuntos controversos na sociedade envolvem consideráveis implicações científicas, tecnológicas, políticas e ambientais que podem ser trabalhadas em aulas de Ciências com o intuito de favorecer a participação ativa dos estudantes em discussões escolares que enriqueçam seu crescimento pessoal e social.

Levando em consideração as eventuais possibilidades da abordagem de QSC como uma forma de trabalhar a perspectiva CTSA na prática do professor, nosso objetivo de pesquisa consistiu em estudar as contribuições e as dificuldades dessa abordagem para a formação continuada de professores de Ciências por meio de uma análise de discurso crítica sobre o trabalho realizado com tais professores em serviço no decorrer da disciplina "Ensino de Ciências com enfoque CTSA a partir de QSC" (ver Apêndice 1) oferecida em um curso de mestrado em Docência da Química. De acordo com esse objetivo, elaboramos as seguintes perguntas que orientaram os procedimentos teórico-metodológicos e analíticos da pesquisa:

- Que dificuldades os professores de Ciências em serviço enfrentam para abordar as QSC na prática docente?
- De que forma a perspectiva CTSA é compreendida por parte de professores de Ciências em serviço ao abordarem QSC em sua prática?
- Como a autonomia docente é configurada pelos professores de Ciências em serviço ao abordarem QSC em sua prática?

- Quais são as contribuições da abordagem de QSC para a formação continuada de professores?
- Durante as discussões realizadas sobre a abordagem de QSC, quais interações dialógicas foram estabelecidas entre os professores participantes da pesquisa?

A pesquisa foi realizada no decorrer de uma disciplina de "ensino de Ciências com enfoque CTSA a partir de QSC" proposta pelo autor deste livro e oferecida para professores de Ciências em serviço no curso de mestrado em Docência da Química da Universidad Pedagógica Nacional de Bogotá, na Colômbia.

Fundamentamos nossa pesquisa na perspectiva crítica da formação de professores (Giroux, 1997; 2003a; 2003b; Apple, 1999a; 1999b; Contreras, 2002; King, 2008), porque oferece subsídios teóricos relevantes para pensar a prática docente e desse modo contribuir com o favorecimento de mudanças educacionais.

Para a constituição dos dados da pesquisa e sua correspondente análise, optamos pela utilização da análise de discurso crítica (ADC) segundo Fairclough (2001a; 2001b; 1995), Magalhães (2005), Resende e Ramalho (2006) e Hanrahan (2006). Essa perspectiva de análise oferece um dispositivo analítico interessante para estudar processos de mudança educacional, uma vez que foca na compreensão dos problemas enfrentados pelos sujeitos em termos discursivos, oferecendo subsídios para que eles possam superar esses problemas e possam se engajar em processos transformadores de sua própria prática social.

O livro está estruturado em seis partes. A primeira, intitulada "A perspectiva ciência, tecnologia, sociedade e ambiente (CTSA) no ensino de Ciências e as questões sociocientíficas", apresenta uma discussão sobre as características da perspectiva CTSA no ensino de Ciências, e optamos por um ponto de vista crítico dessa perspectiva, para o qual fundamentamos nossas reflexões na teoria crítica sobre a ciência moderna, bem como nas contribuições filosóficas e sociológicas oferecidos por Ludwik Fleck e Thomas Kuhn. Finalmente, salientamos o potencial das questões sociocientíficas para desenvolver os objetivos pedagógicos da perspectiva CTSA no ensino de Ciências.

Na segunda parte apresentamos uma revisão de vários trabalhos de pesquisa sobre a formação de professores de Ciências. Também mostramos trabalhos referidos às concepções ou crenças dos professores de Ciências a respeito das relações CTSA. Por meio dessa revisão percebemos uma falta de reflexão crítica sobre a questão da "formação" dos professores de Ciências e resgatamos especialmente as contribuições teóricas de pensadores críticos tais como Adorno, Giroux e Contreras para estruturar uma leitura crítica da formação continuada de professores de Ciências no contexto da perspectiva CTSA.

Na terceira parte discutimos os fundamentos teóricos e metodológicos da concepção de análise utilizada na pesquisa. Esse dispositivo analítico foca no estudo dos diferentes usos da linguagem nos processos de mudança social, pois os discursos constroem e constituem diferentes relações sociais, que por sua vez posicionam os sujeitos de diferentes modos. Dessa forma, é de interesse da perspectiva crítica estudar os efeitos sociais do discurso, bem como as mudanças culturais e como os discursos se combinam em determinados contextos sociais.

Na quarta parte refletimos sobre a pesquisa qualitativa crítica, compreendida como uma abordagem metodológica na qual as brechas existentes entre a teoria e a prática são a fonte dos problemas educacionais.

Na quinta parte analisamos os dados constituídos durante nossa pesquisa utilizando a teoria de ADC e estabelecendo a influência da abordagem de QSC na construção da autonomia docente dos professores de Ciências. Nessa parte ressaltamos a pesquisa do professor como um elemento relevante para a construção de sua autonomia.

Na sexta parte caracterizamos o contexto de produção discursiva, no qual os professores em serviço abordaram QSC e estruturaram novas compreensões sobre a autonomia docente. Assim, analisamos os tipos de interações dialógicas que foram estabelecidas com os professores participantes da pesquisa e o autor deste trabalho (professor universitário) no intuito de ampliar a análise sobre as contribuições da abordagem de QSC, em termos do melhoramento da prática docente e a construção de novas compreensões sobre a perspectiva CTSA.

Finalmente, apontamos as considerações finais da pesquisa, defendendo a tese de que a abordagem de QSC na prática docente pode contribuir para a formação continuada de professores de Ciências conforme os seguintes aspectos: 1) problematização da ideologia tecnicista do currículo tradicional de acordo com a linguagem da crítica e a linguagem da possibilidade; 2) compreensão dos professores de Ciências em serviço sobre a autonomia docente; 3) desenvolvimento de interações dialógicas na formação continuada de professores de Ciências.

Parte I
A perspectiva ciência, tecnologia, sociedade e ambiente (CTSA) no ensino de Ciências e as questões sociocientíficas (QSC)

1
Uma leitura crítica sobre a ciência e a tecnologia na modernidade: questões de ideologia e de interesse

Vivemos em uma sociedade altamente dependente da ciência e da tecnologia. Novas tecnologias da comunicação e da informação invadem o cotidiano de todas as pessoas, oferecendo-lhes inumeráveis produtos para satisfazer os padrões de consumo da sociedade moderna. A ciência e a tecnologia contemporâneas criam um grande paradoxo: por um lado, trazem bem-estar social e, por outro, causam impactos sociais e ambientais questionáveis.

Nesse sentido, a sociedade experiencia uma ambiguidade sobre o papel da ciência e da tecnologia, caracterizada como uma "percepção pública esquizofrênica", segundo Gonzáles, López e Luján (1996) ao se referirem à confiança e à desconfiança de parcela da sociedade diante do avanço científico e tecnológico. Essa percepção é tanto reforçada pelos meios de comunicação de massa e pelos artigos e trabalhos de divulgação científica, como fortalecida pela tecnocracia dos modelos de gestão governamentais, que inviabilizam a participação de cidadãos nas discussões públicas sobre questões científicas e tecnológicas.

Além de a ciência e a tecnologia constituírem-se como temas polêmicos, o ensino formal ainda as apresenta como um conjunto de conhecimentos estáticos que devem ser memorizados e ocasionalmente aplicados no mundo social. Dessa forma, pretende-se que os estudantes pensem a ciência como uma atividade social e cultural com forte peso em valores e crenças situadas em um determinado contexto histórico, e a institucionalização e a prática da ciência são pouco questionadas (Pedretti, 2003).

O ensino formal nas escolas deve favorecer condições pedagógicas e didáticas para que cidadãos construam conhecimentos e capacidades que lhes permitam se posicionar e influenciar nos debates sobre temas controversos do mundo contemporâneo. Isso não é uma tarefa fácil, uma vez que a escola formal normalmente trata a ciência como atividade objetiva e não problemática, privilegiando a visão cientificista, que leva os alunos a aderir à racionalidade técnica, na qual o conhecimento científico é visto como verdade imutável e imune a questionamentos.

A perspectiva ciência, tecnologia, sociedade e ambiente (CTSA) no ensino de Ciências é uma forma de problematizar a visão cientificista e instrumental da ciência e da tecnologia, resgatando-lhes as implicações sociais, políticas, culturais, éticas e ambientais como aspectos relevantes para entender o empreendimento científico como processo histórico e humano mediado por diversos interesses, ideologias e pontos de vista em disputa.

Segundo Pedretti (2003), a perspectiva CTSA no ensino de Ciências tem o objetivo de formar cidadãos socialmente responsáveis, o que implica desenvolver o raciocínio crítico de estudantes e professores sobre questões sociais, políticas, culturais e ambientais postas pela ciência e pela tecnologia.

A perspectiva CTSA tem promovido a importância de uma educação em ciências e tecnologia para todos os cidadãos, a fim de que eles compreendam o funcionamento da ciência na sociedade, desvelando as formas como ela se articula com determinados interesses e o modo como ela altera nosso relacionamento com a sociedade e com a natureza. Assim, ensinar Ciências no contexto contemporâneo deve ir além da mera apresentação de teorias, leis e conceitos científicos, implicando a reflexão sobre o que estudantes entendem por ciência e tecnologia na sociedade em que vivem.

Apesar dessa permanente preocupação com uma educação em ciências e tecnologia para todos, encontramos entre os professores de Ciências uma recusa da ciência e de sua aprendizagem (Cachapuz et al., 2005). Pesquisadores do ensino de Ciências justificam tal recusa pela visão de ciência individualista, descontextualizada, aproblemática e linear que com frequência os professores têm ensinado nas escolas (Gil-Pérez et al., 2001; Maiztegui et al., 2002).

As concepções que impedem o desenvolvimento de uma educação em ciências e tecnologia para todos podem ser identificadas na análise crítica da constituição social da ciência. Sob essa perspectiva, o problema não está somente na visão de Ciências dos professores e seus correspondentes processos de ensino e aprendizagem, mas também na forma como essa visão é construída socialmente e entrelaçada à construção da ciência e da tecnologia na modernidade e institucionalizada na gestão tecnocrática do Estado. Nesse sentido, a análise da visão "deformada" dos professores sobre ciência e tecnologia deve ser contextualizada socialmente para que possamos entender a evidente resistência dos professores em construir uma compreensão mais ampla do tema.

Entender a institucionalização da ciência na sociedade moderna nos leva a compreender como essa visão "deformada" é estruturada, na maior parte dos casos, de acordo com uma racionalidade técnica.

Nesse contexto, coloca-se em discussão o que está por trás da "democratização" da ciência e da tecnologia, uma vez que a gestão tecnocrática do Estado moderno legitima o controle dos cidadãos por meio das valorações dos especialistas e exclui, dessa forma, a possibilidade de participação da população. Para Gonzáles, López e Luján (1996), trata-se da ideologia cientificista institucionalizada socialmente sob a forma de uma "democracia", mas com a ignorância do povo.

O ponto de partida para compreender a racionalidade técnica e a ideologia cientificista está na intenção esclarecedora da ciência moderna, o que motivou sua institucionalização social, uma vez que sua pretensão de libertar o homem dos mitos, dos deuses e das leis da natureza terminou constituindo-se em uma nova forma de dominação social. Nesse sentido, em seguida, resgataremos algumas contribuições da Teoria Crítica da sociedade desenvolvida pela escola de Frankfurt, com o objetivo de discutir a questão da racionalidade técnica da ciência na modernidade e a questão da ideologia cientificista.

34 LEONARDO FABIO MARTÍNEZ PÉREZ

A conquista da autonomia por meio da razão proposta por Kant (1724-1804) perdia espaço no Esclarecimento, reduzindo-se à razão instrumental e manifestando-se na ciência e na tecnologia. Assim, a razão, o sujeito, o abstrato da história individual e coletiva do homem de Kant e Hegel (1770-1831) tornam-se, segundo Adorno (1903-1969) e Horkheimer (1895-1973), uma razão alienada que perde seu objetivo emancipatório. Esses autores, ao estudarem a filosofia empirista de Bacon (1561-1626), debelam os processos por meio dos quais o Esclarecimento atua na compreensão do homem e dos problemas, na medida em que busca manipulá-los.

> O mito converte-se em esclarecimento, e a natureza em mera objetividade. O preço que os homens pagam pelo aumento de seu poder é alienação daquilo sobre o que exercem o poder. O esclarecimento comporta-se com as coisas como o ditador se comporta com os homens. Este os conhece na medida em que pode manipulá-los. O homem de ciência conhece as coisas na medida em que pode fazê-las. (Adorno; Horkheimer, 1985, p.24)

A análise crítica sobre o positivismo evidente na teoria do conhecimento sobre as ciências empíricas evidencia-se principalmente no debate entre Popper (1902-1994) e Adorno em 1961, na cidade de Tübingen (Alemanha), promovido pela Sociedade de Sociologia. Nesse debate, que desencadeou importantes discussões que contaram com a participação de Habermas (1972a; 1972b), a perspectiva dialética dos frankfurtianos faria contraste com o racionalismo crítico de Popper, que defendia uma única concepção teórica tanto para as ciências da natureza como para as ciências sociais.

Adorno (1972a; 1972b; 1972c) conforme a sua visão dialética analisa o positivismo, de tal forma que evidencia o conhecimento científico e tecnológico como uma força social produtiva e como o novo mito da modernidade.

> A ciência seria por um lado autônoma e por outro não seria autônoma. Toda dialética que advogue isto tem que desistir de considerar-se neste

e em qualquer caso como um "pensamento privilegiado", não devendo se apresentar como uma capacidade especial subjetiva em virtude de que uns penetram em regiões fechadas para outros, nem proceder como mera intuição. Os positivistas, ao contrário, terão que fazer o sacrifício de abandonar a postura de "não compreendo", como tem denominado Habermas esta reação, desistindo de desqualificar de uma vez só como inteligível tudo aquilo que não coincida com categorias tais como "critério empirista". (Adorno, 1972a, p.14, tradução nossa)

A intenção do racionalismo crítico de fundamentar a supremacia da ciência se articula com sua ingênua pretensão de neutralidade ao basear suas críticas à teoria social em termos de suas incongruências lógicas. Igualmente, o positivismo adjacente a esse racionalismo defende a teoria da objetividade científica, embora esta não transcenda o subjetivismo cientificista.

Sem pretender reduzir a complexidade do debate entre o racionalismo crítico de Popper e a visão dialética dos frankfurtianos, no Quadro 2 são apontadas algumas diferenças fundamentais entre essas visões; diferenças que contribuem para a fundamentação crítica sobre o positivismo presente na teoria da ciência e, principalmente, problematizam tanto a pretensão de reduzir o conhecimento das ciências sociais e humanas quanto as pretensões de validade universal das ciências naturais.

No contexto dessa leitura crítica sobre o positivismo da teoria das ciências encontramos a riqueza na filosofia teórica de Habermas, especialmente em seus trabalhos sobre *Técnica e ciência enquanto "ideologia"* e *Conhecimento e interesse*. Esses trabalhos oferecem importantes contribuições que merecem ser consideradas na tentativa de constituir uma leitura crítica das Ciências na nossa sociedade.

Habermas (2006) parte da discussão da ideia de racionalização introduzida por Max Weber (1864-1920) em seu estudo sobre atividade econômica capitalista e o direito burguês. A racionalização significa a extensão dos setores sociais submetidos a determinados padrões racionais que penetram, transformam e reproduzem o mundo e a vida.

36 LEONARDO FABIO MARTÍNEZ PÉREZ

Quadro 2 – Algumas diferenças entre o racionalismo crítico de Popper e a perspectiva dialética de Adorno com respeito às Ciências

Concepção do racionalismo crítico sobre a natureza das ciências naturais e as ciências sociais	Concepção dialética da teoria crítica sobre a natureza das ciências sociais
– As ciências se fundamentam na lógica e em seu caráter nomológico em busca de explicações causais de fatos ou fenômenos. No entanto, a construção de explicações segue uma lógica dedutiva de uma argumentação composta por leis e condições iniciais.	– As ciências sociais não podem ser entendidas no modelo nomológico de explicação e predição, dadas as irregularidades que se observam e que são, por natureza, dificilmente determináveis.
– Tradicionalmente se atribui às ciências da natureza a função de descrever e explicar os fatos.	– Atribui-se às ciências sociais a função de aplicar valorizações.
– Todas as ciências, tanto as da natureza quanto as da sociedade, devem seguir a mesma lógica de estabelecimento de hipóteses e falsibilidade das teorias.	– Os dialéticos da escola de Frankfurt rejeitam a imposição positivista sobre a teoria das ciências da natureza. A sociedade não é um objeto da natureza, ela tem suas próprias características e uma totalidade que precisa ser entendida em sua globalidade, uma vez que é contraditória em si mesma, racional e irracional.
– Popper propõe o critério de refutação e equipara objetividade científica e tradição crítica.	– Adorno sustenta o princípio de criticidade, nada kantiano, da dependência do método de acordo com o objeto, a relevância e o interesse como meio do conhecimento social.

Fonte: Martínez (2010). Quadro adaptado a partir de Adorno et al. (1972).

Essa racionalização procura alcançar determinados fins e também se encontra ligada à ideia do progresso da ciência e da tecnologia, que penetra as instituições sociais, transformando-as e abrindo espaço para as legitimações culturais e sociais.

O agir racional de acordo com fins (ou razão teleológica) é o mecanismo de controle e de institucionalização de uma forma de dominação política irreconhecível. Dessa forma, Habermas cita Marcuse (1898-1979) para mostrar que a razão técnica talvez possa ser uma ideologia não apenas em sua aplicação, mas também em seu próprio ímpeto de dominação da natureza e do homem. No entanto, Habermas considera

QUESTÕES SOCIOCIENTÍFICAS NA PRÁTICA DOCENTE 37

que a técnica é um projeto histórico social, no qual é projetado o que a sociedade e os interesses que a dominam determinam fazer com o homem e com as coisas.

Em relação às reflexões de Marcuse sobre a sociedade capitalista industrialmente desenvolvida, Habermas concorda com a tese de que os princípios da ciência moderna foram definidos *a priori*, de modo a poderem servir de instrumentos conceituais para um universo de controle produtivo que se refaz automaticamente. O método científico, que levou à dominação cada vez mais eficaz da natureza, passou a oferecer os conceitos e os instrumentos para a dominação cada vez mais eficaz do homem pelo homem por meio da dominação da natureza.

Segundo Hebert Marcuse, não seria possível a emancipação humana sem a revolução da ciência e da técnica, em virtude de seus próprios métodos e conceitos projetarem e promoverem um universo no qual a dominação da natureza permanece vinculada à dominação do homem. No entanto, Habermas encontra na obra titulada *A alma na era da técnica*, de Arnold Gehlem (1904-1976), uma conexão entre a técnica e a racionalidade teleológica que pode ser reconstruída historicamente, demonstrando que a técnica não atua sob o controle da vontade do homem, pois na modernidade substitui as funções e as atividades humanas. Assim, a não compreensão do processo técnico, em termos de sua lógica de agir racional com respeito aos fins controlados pelo sucesso, impossibilita o pensar em outra técnica. No entanto, Habermas considera que é necessário reconsiderar tal apreciação, oferecendo uma nova leitura da natureza e do homem, na qual estes não sejam considerados como objetos, mas como interlocutores.

> Em vez de se tratar a natureza como objeto de disposição possível, poderíamos considerá-la como o interlocutor de uma possível interação. Em vez da natureza explorada, podemos buscar a natureza fraternal. Na esfera de uma intersubjetividade ainda incompleta podemos presumir subjectividade nos animais, nas plantas e até nas pedras, e *comunicar* com a natureza, em vez de nos limitarmos a trabalhá-la com rotura da comunicação. (Habermas, 2006, p.53)

Esse novo relacionamento com a natureza considera um projeto humano que valoriza a linguagem e o trabalho, reconhecendo o subjetivo das coisas, e não apenas sua mera contemplação ou objetivação, como são entendidas pelo agir teleológico. Esse desconhecimento subjetivo da natureza permanece mesmo em um processo de revolução que muda a ordem institucional vigente, mas não as forças produtivas enquanto tais. E, desse modo, o processo técnico-científico também é mantido como tal. O que realmente muda em um processo revolucionário são os valores que o orientam, e a novidade seria a direção desse progresso. Assim, a ciência e a técnica se tornaram uma forma universal de produção material, envolvendo toda uma cultura e projetando uma totalidade histórica. Nesses aspectos podemos dizer que o pensamento de Habermas aceita a ambivalência do progresso científico e tecnológico como é descrito por Gonzáles, López e Luján (1996): o progresso tem beneficiado a humanidade em várias áreas, trazendo qualidade de vida e superando problemas de sobrevivência; no entanto, o progresso também tem sido parte de grandes projetos de destruição. Em qualquer caso, isso não dependeu somente da ordem institucional, mas também dos interesses que a têm orientado.

Habermas considera que Marcuse, ao falar do teor político da razão técnica, e Weber, ao analisar a racionalização da sociedade, referem-se à racionalidade nos sistemas do agir com respeito aos fins, expandidos até se tornarem uma forma de vida; em outros termos, esses sistemas não foram suficientemente desenvolvidos para reformular o conceito de racionalização, cabendo a Habermas propor um esquema de interpretação a partir da crítica de Marcuse a Weber na construção de sua tese dupla sobre o progresso científico e técnico enquanto força produtiva e enquanto ideologia.

Com a ideia de dar uma nova reformulação à racionalidade proposta por Weber e compartilhando as orientações valorativas de Parsons (1902-1979) para entender a transição da sociedade tradicional para a sociedade moderna, Habermas (2006, p.11-43) propõe outro quadro categorial, partindo da distinção entre "trabalho e interação", além de criar a ideia de agir comunicativo compreendido como interação mediatizada simbolicamente e regida por normas que definem ex-

QUESTÕES SOCIOCIENTÍFICAS NA PRÁTICA DOCENTE 39

pectativas recíprocas e compreendem sujeitos e agentes. Valendo-se de proposições empíricas e analíticas, o agir comunicativo é fundamentado no agir intersubjetivo de um entendimento sobre intenções e no reconhecimento universal de obrigações. Assim, é estabelecida a diferença entre trabalho e interação, e em conformidade com isso é possível classificar os sistemas sociais conforme neles predomine o agir racional com respeito aos fins ou à interação.

Em uma ordem socialmente estabelecida, existem normas que orientam as interações mediatizadas verbalmente e existem instituições, como o aparelho do Estado e o aparelho econômico, que agem de acordo com fins técnicos. Por outro lado, existem subsistemas, como a família e o parentesco, que repousam em regras de interação. No plano analítico, distinguem-se a ordem estabelecida de uma sociedade ou de um mundo cultural e subsistemas de racionalidade técnica encaixados. As ações, ao serem determinadas por esses subsistemas, são ao mesmo tempo dirigidas e impostas, moldadas a partir de esquemas de agir instrumental e estratégico. Com essas distinções, Habermas oferece um novo esquema de interpretação do conceito weberiano de racionalização.

Na sociedade moderna, essa racionalização é caracterizada por uma superioridade do modo de produção capitalista em relação às sociedades tradicionais. Tal superioridade funda-se tanto na instauração de um mecanismo econômico, que garante, a longo prazo, a ampliação dos subsistemas, quanto na criação de uma legitimação econômica sob a qual o sistema de dominação pode adaptar-se às novas exigências de racionalidade desses subsistemas progressivos, seja de baixo para cima ou de cima para baixo. Em qualquer caso, o sistema de dominação se apodera aos poucos de todas as esferas vitais da sociedade (sistema escolar, saúde, família etc.). Assim, as subculturas ensinam o indivíduo a se desligar de um contexto de interação para o agir racional instrumental. Nesse processo de instrumentação do mundo e da vida se apresenta a pressão para a racionalização realizada desde baixo, que é coibida pela racionalização a partir de cima, fazendo com que os tradicionais mecanismos de legitimação percam vigência diante dos novos critérios da racionalidade teleológica. Todo esse processo seria

40 LEONARDO FABIO MARTÍNEZ PÉREZ

definido por Weber e exposto por Habermas como *secularização*, na qual as imagens do mundo e as objetivações tradicionais perdem seu poder nas tradicionais formas de justificação (mito, ritos tradicionais, religião etc.) e são transformadas em convicções éticas e subjetivas reestruturadas em construções que fornecem uma crítica à tradição e uma reorganização do material liberto pela tradição.

Desse modo, as legitimações enfraquecidas serão substituídas por novas legitimações, nas quais as ciências experimentais assumem a forma de um saber tecnicamente utilizável, por desenvolver-se em um marco metódico de referência que reflete o ponto de vista transcendental da possível disposição técnica. Embora suas intenções subjetivas não tenham essa pretensão, isso levou, ao final do século XIX, à interdependência das ciências e da técnica.

> [...] até o fim do século XIX, não existiu uma interdependência de ciências e técnica. Até então a ciência moderna não contribuiu para a aceleração do desenvolvimento técnico e, portanto, também não para a pressão racionalizante que se exerce a partir de baixo. (Habermas, 2006, p.67)

Da mesma forma que Marcuse, Habermas reconhece a limitação da visão de racionalização de Weber, que, ao possuir um conceito abstrato desse processo, não entendeu a análise de Karl Marx (1818-1883) sobre o modo de produção capitalista imposto na Inglaterra e na França em meados do século XIX. Nessa análise, Marx reconheceu o marco institucional da sociedade nas relações de produção e, ao mesmo tempo, criticou o fundamento próprio da troca de equivalentes, levando a cabo sua crítica à ideologia burguesa ao demonstrar, na teoria do valor-trabalho, a fictícia liberdade do livre contrato do trabalho que torna irreconhecível a violência social inerente à relação do trabalho assalariado.

Nesse contexto, era necessário estudar a evolução do capitalismo liberal a partir do reconhecimento de duas tendências apresentadas nos países capitalistas do século XIX: a primeira, caracterizada pelo incremento da atividade intervencionista do Estado, que assegurou sua estabilidade, e a segunda, determinada pela crescente interdependência

QUESTÕES SOCIOCIENTÍFICAS NA PRÁTICA DOCENTE 41

da pesquisa técnica que transformaria a ciência na primeira força produtiva da sociedade. Ambas as tendências destroem a constelação do capitalismo liberal de agir de acordo com a razão instrumental, e com isso não se cumprem as condições relevantes da economia política que, com razão, Marx daria ao capitalismo liberal. Na opinião de Habermas, a tese fundamental de Marcuse sobre a ciência e a técnica como elementos essenciais de legitimação da dominação proporciona a base para entender que as formas de organização do capitalismo liberal mudaram, na medida em que a economia privada só pôde se manter por meio de corretivos estatais de uma política social e econômica estabilizadora do ciclo econômico. Isso é válido nas crises do capitalismo atual, nas quais fica evidente o modo de estabilizar o normal funcionamento do sistema (alterado pelas reformas do neoliberalismo da década de 1990) por meio de pacotes econômicos e políticos orientados para injetar capital do Estado (e, portanto, da sociedade), com o objetivo de manter a economia privada do capitalismo maduro (tardio).[1]

A política do intervencionismo estatal exige a despolitização da massa da população, e, na medida em que há exclusão de questões práticas, fica também sem função a opinião pública, deixando em aberto a questão de legitimação do sistema.

> O programa substitutivo legitimador da dominação deixa em aberto uma decisiva necessidade de legitimação: como tornar plausível a despolitização das massas a estas mesmas massas? Marcuse poderia responder que assim a ciência e a técnica adotam também o papel de uma ideologia. (Habermas, 2006, p.72)

Assim, podemos dizer que, segundo Habermas, desde o final do século XIX impõe-se uma tendência que caracteriza o capitalismo maduro como "cientificação da técnica", que intensificou a produtividade do trabalho por meio da introdução de novas técnicas. No entanto, tal

---

1 Concordamos com Aragão (1992) ao privilegiar a expressão "capitalismo maduro" e não "capitalismo tardio" ao se referir à análise de Habermas sobre a sociedade moderna caracterizada por um capitalismo avançado. O termo "tardio" seria pertinente sempre e quando se referir a uma última fase desse capitalismo.

situação é modificada no século XX, na medida em que a evolução da técnica é realimentada pelo progresso das ciências modernas. Dessa forma, com a pesquisa industrial de grande estilo, a ciência, a técnica e a revalorização do capital confluem em um único sistema, no qual os estudos da indústria são produto de um encargo do Estado que fomenta o progresso científico e tecnológico, especificamente no campo militar. Daí as informações fluem para esferas de produção civil de bens. Em tal sentido, a institucionalização do desenvolvimento científico e tecnológico e o potencial das formas produtivas assumem uma forma que leva ao "dualismo do trabalho e interação a ocupar um segundo plano na consciência dos homens" (ibidem, p.73).

A institucionalização do progresso científico e tecnológico articulada ao crescimento econômico privilegiaria, na evolução do sistema social, a tecnocracia, cuja ideologia de fundo seria a despolitização das massas. Esse quadro poderia ser caracterizado como a ideologia cientificista, de acordo com Gonzáles, López e Luján (1996, p.32), na medida em que o Estado moderno seria realmente um Estado confessional de novo porte, no qual o controle exercido por especialistas que sustentam uma tecnocracia contribui para manter a ordem institucional e excluir a participação do cidadão; isso significa democracia com a ignorância da população e com a compreensão dos peritos, que servem, na maior parte dos casos, às corporações privadas.

Retomando Habermas (2006, p.74), captamos a eficácia dessa ideologia.

A eficácia peculiar desta ideologia reside em dissociar a autocompreensão da sociedade do sistema de referência da ação comunicativa e dos conceitos da interação simbolicamente mediada, e em substituí-lo por um modelo científico. Em igual medida a autocompreensão culturalmente determinada de um mundo social da vida é substituída pela autocoisificação dos homens, sob as categorias da ação racional dirigida a fins e do comportamento adaptativo.

Na perspectiva otimista de Habermas, a intenção tecnocrática não está realizada plenamente, mas serve como ideologia para a resolução

QUESTÕES SOCIOCIENTÍFICAS NA PRÁTICA DOCENTE 43

de tarefas técnicas que correspondem ao plano subjetivo de diluir na consciência das ciências e do homem a diferença entre ação instrumental e interação, levando-as a sua correspondente diluição na consciência dos próprios homens. Esse problema não é tão simples como considerar a ciência e a técnica como ideologia no sentido de Marcuse, tampouco como desconhecer o progresso científico e tecnológico enquanto forças produtivas fundamentais do capitalismo maduro. Isso foi omitido por Marx. Seria necessário reconhecer, conforme Habermas (idem, p.89), a existência de uma nova zona de conflito em que a sociedade capitalista avançada tenta se imunizar por meio da "despolitização das massas contra a impugnação da sua ideologia tecnocrática de fundo; justamente no sistema da opinião pública administrada pelos meios de comunicação".

As análises realizadas por Habermas sobre a racionalização da sociedade capitalista relacionada com o progresso científico e técnico oferecem um novo esquema de interpretação desse progresso em termos da lógica da ação racional, de acordo com fins que se institucionalizam no aparelho do Estado e invadem as esferas sociais do mundo e da vida. No entanto, uma discussão epistemológica sobre a teoria do conhecimento que fundamenta esse agir necessita de uma análise ampla do positivismo da teoria da ciência. Essa será a preocupação central de Habermas (1987, p.26) em seu livro *Conhecimento e interesse*, no qual já era evidente, nas primeiras páginas, sua defesa da tese de que "a ciência não foi, a rigor, pensada filosoficamente depois de Kant".

A questão epistemológica sobre a possibilidade de adquirir um conhecimento cientificista digno de crédito constituirá os esforços de racionalistas e empiristas, da mesma forma que a delimitação metafísica de uma área ou de um objeto como justificativa lógico-psicológica de uma ciência da natureza concretizada pelo experimento e pela linguagem formalizada. Dessa forma, a ciência somente se deixaria compreender por uma teoria sobre a mesma ciência, que em sua versão moderna constituiria uma epistemologia positivista.

A teoria da ciência, que desde meados do século XX adota a herança da teoria do conhecimento (epistemologia), tornar-se-á, segundo Habermas, uma autocompreensão cientificista das ciências ("cientismo"). Isso significa que as ciências humanas e as ciências sociais vivenciaram

44 LEONARDO FABIO MARTÍNEZ PÉREZ

certa tendência a se subordinar diante do método e do estilo próprio das ciências da natureza ou ciências experimentais.

Diante da tendência reducionista do cientificismo, é necessária uma autorreflexão ao estilo de Hegel, uma radicalização indeclinável da crítica ao conhecimento. Assim, Habermas reconstrói a filosofia da identidade de Hegel para evidenciar as limitações envolvidas nas ciências do "espírito" e nas ciências da natureza com respeito ao saber absoluto, no sentido de favorecer a ideia fictícia e ingênua de que o progresso científico e tecnológico é independente de qualquer filosofia. Tal consideração constitui o fundamento de uma visão positivista do conhecimento.

Uma contribuição importante de Habermas sobre a necessária crítica da teoria das ciências experimentais é mostrar seu caráter cientificista encorajado desde a mesma confiança passiva de Kant sobre a Física de sua época, passando pela rica, mas limitada, dialética idealista de Hegel, e terminando com algumas limitações do materialismo histórico de Marx. Retomar essas questões em Habermas nos leva a resgatar o papel da Filosofia para repensar a teoria do conhecimento dada como morta pelo positivismo que sustenta a teoria das ciências e que reduz as realizações da ciência, dogmatizando a fé das ciências nelas mesmas, embora isso possa não coincidir com sua própria natureza.

O abandono da teoria do conhecimento e, com isso, da própria Filosofia na teoria das ciências evidencia-se no sujeito cognoscível que não é mais sistema de referência, desistindo, dessa forma, da pergunta pelo sujeito que conhece e que é voltado à atenção às ciências disponíveis como exclusivo sistema de referência e de proceder. Em outras palavras, como teorias ou leis constituídas por determinadas regras formais, a teoria do conhecimento na teoria da ciência é enfim reduzida a uma metodologia na concepção positivista.

> Uma teoria do conhecimento reduzida ao nível metodológico perde de vista o ato-de-se-constituir dos objetos de uma experiência possível, da mesma maneira como uma ciência formal, decepada da reflexão transcendental, desconhece a gênese das regras para a concatenação simbólica; ambas ignoram, em terminologia kantiana, as realizações sintéticas do sujeito cognoscente. (Habermas, 1987, p.91)

Em busca da recuperação do papel da reflexão filosófica, perdido na teoria do conhecimento e reduzido na teoria das ciências, Habermas visita o trabalho de C. S. Pierce (1839-1914) e W. Dilthey (1833-1911), encontrando neles um conjunto de ideias relativas à autorreflexão sobre as ciências. No entanto, essa autorreflexão resulta insuficiente para escapar ao objetivismo do positivismo, impedindo que se entenda o fundamento dos interesses orientadores do conhecimento, embora seus fundamentos possam ser ligeiramente percebidos.

A cuidadosa leitura de Habermas sobre os filósofos E. Mach (1838-1916) e A. Comte (1798-1857), a partir do resgate da autorreflexão de Pierce e Dilthey, levou-o a estruturar sua tese sobre os interesses constitutivos do conhecimento, tese que já era exposta em um artigo de mesmo título de seu livro *Conhecimento e interesse*, publicado em dezembro de 1965. Nesse trabalho, Habermas (2006, p.129) voltou à clássica discussão sobre o que significa a teoria, e para isso retomou o trabalho de Horkheimer (*Teoria tradicional e teoria crítica*), recontextualizado em uma nova leitura do trabalho de Husserl (1859-1938), que não trata, como Horkheimer, das crises existentes nas ciências, mas de sua própria crise enquanto ciência, e alerta sobre o afastamento da Filosofia por parte das ciências mais avançadas, como a Física, o que na verdade pode ser chamado de uma questão teórica.

Com tais considerações, Habermas (2006, p.131) mostra a conexão entre autocompreensão positivista e a antiga ontologia, ao estabelecer o caráter cientificista das ciências empírico-analíticas (abrangendo as ciências experimentais), identificando também esse mesmo aspecto nas ciências histórico-hermenêuticas. No primeiro caso, o cientificismo é inerente à intenção cosmológica de descrever teoricamente o universo tal como é, na sua ordem conforme as leis que regulam seu funcionamento. No segundo caso, essas ciências, embora tenham que ver com as coisas percebíveis e com as simples opiniões, constituem também um significado cientificista ao descrever em atitude teórica uma realidade estruturada, debelando um método da consciência, e com isso o historicismo se torna o positivismo das ciências sociais.

Apoiado em Husserl, Habermas defende a existência de determinados interesses que orientam as ciências empírico-analíticas e as ciências hermenêuticas, o que corresponde, para o primeiro caso, ao interesse técnico, e para o segundo, ao interesse prático. Como alternativa a esses interesses, o autor propõe a ideia de interesse emancipatório adjacente a uma ciência crítica.

> [...] os interesses que guiam o conhecimento constituem-se no meio do trabalho, da linguagem e da dominação [...] na força da auto-reflexão, o conhecimento e o interesse são uma só coisa [...] a unidade de conhecimento e interesse verifica-se numa dialética que reconstrói o suprimido a partir dos vestígios históricos do diálogo abafado. (Habermas, 2006, p.143-5)

O conceito de interesse como guia do conhecimento pode ser percebido em situações do cotidiano, quando determinadas ideias servem muitas vezes para mascarar pretextos legitimadores das intenções reais de nossas ações. Esse tipo de agir será denominado por Habermas, no caso individual, como certa racionalização, e no plano da ação coletiva, como ideologia.

Vislumbrando a tese do livro de Habermas sobre conhecimento e interesse, encontraremos seu desenvolvimento teórico e filosófico, especificamente no capítulo de crítica como unidade de conhecimento e interesse, no qual é considerado que o positivismo tornou-se dominante na teoria da ciência e que não será interrompido nem com o neopositivismo.

Com a autorreflexão de Pierce e de Dilthey, a noção de interesses orientadores do conhecimento era palpável. No caso da pesquisa própria das ciências empírico-analíticas, trata-se de um saber técnico articulado ao agir instrumental, e no caso da pesquisa hermenêutica elucida-se uma prática eficaz. No primeiro caso, a realidade é manifestada sobre processos objetivados da natureza e, no segundo, a realidade é explorada na compreensão da intersubjetividade entre indivíduos. Nesses termos, as ciências experimentais estariam submetidas a condições transcendentais da atividade instrumental, enquanto as ciências hermenêuticas trabalhariam em um plano da comunicação.

No entanto, Habermas (1987, p.215) considerou que esses casos consistem em regras que objetivam a mudança lógica de sentenças e

QUESTÕES SOCIOCIENTÍFICAS NA PRÁTICA DOCENTE 47

tornam-se válidas somente quando as proposições são comprometidas em um quadro transcendental, seja este da ordem do agir instrumental ou próprio de uma forma vital constituída na linguagem cotidiana. Podemos diferenciar os interesses constitutivos do conhecimento adjacente das ciências experimentais e das ciências hermenêuticas.

> Falamos, portanto, de um interesse técnico ou prático na medida em que, através dos recursos da lógica da pesquisa, as conexões vitais da atividade instrumental e das interações mediatizadas pelos símbolos pré--molduram o sentido da validade de enunciados possíveis de tal forma que estes, enquanto representam conhecimentos, não possuem outra função senão aquela que lhes convém em tais contextos vitais: serem aplicáveis tecnicamente ou serem praticamente eficazes. (ibidem, p.217)

Advertindo que o significado do interesse não pode ser reduzido a uma visão naturalista de determinações transcendentais ou a dados empíricos, são essas orientações básicas que conformam determinadas condições da reprodução e autoconstituição da espécie humana.

Baseados na ideia de reflexão propriamente hegeliana, na qual o sujeito se envolve em um processo de formação para sua própria constituição, estabelecemos o interesse emancipatório que tem como objetivo a realização plena na reflexão, claro está entre as possibilidades da comunicação, e não dentro de uma perspectiva transcendental.

O reconhecimento de um interesse emancipatório, segundo Habermas, já era percebido na filosofia transcendental de Kant. No entanto, só J. Fichte (1762-1814), depois de ter subordinado a razão teórica à prática, desdobra seu significado inerente à razão na ação. Nesse sentido, o interesse ligado às ações fixa as condições do conhecimento, ações que alteram a vida em uma dinâmica de emancipação, havendo, portanto, uma relação inseparável entre conhecimento e interesse.

Desvelar a institucionalização da ciência e da tecnologia na sociedade moderna, por meio da racionalização e instrumentalização inerente tanto ao interesse técnico das ciências empíricas quanto à reflexão das ciências hermenêuticas, permitiu que Habermas resgatasse o papel da autorreflexão na ação como caminho para agir em conformidade com um interesse emancipatório e, com isso, posicionar de novo a Filosofia nas ciências como uma experiência formativa do sujeito por meio da comunicação e da interação.

Até agora temos oferecido uma análise sobre o movimento positivista, que tem contribuído com o esvaziamento das teorias do conhecimento, de forma a perder o exercício reflexivo que seria inerente a essas teorias e que levaria a ciência a uma autorreflexão. A preocupação dessa teoria do conhecimento distorcida estaria no processo de formalização da ciência por meio da lógica e em sua preocupação excessiva pelo método, pela coleta e classificação dos dados empíricos, excluindo de sua discussão a dimensão histórica e as questões relativas ao poder, ao conhecimento e ao interesse.

Contudo, nossas reflexões críticas foram realizadas a partir de um ponto de vista filosófico e sociológico externo à construção interna da ciência. Em tal sentido, consideramos pertinente mostrar críticas ao progresso científico, utilizando ideias da própria Filosofia da Ciência e reivindicando particularmente os trabalhos históricos e filosóficos de Fleck (1986) e Kuhn (2001; 2006).

2
A perspectiva histórica da Filosofia da Ciência como crítica à visão cumulativa do progresso científico

Fleck é um dos precursores das análises históricas e sociológicas sobre a construção das ciências da natureza. Para ele, as condições sociais e culturais dos atos de conhecer o mundo possibilitam a compreensão e a apropriação de outras visões junto à visão das ciências naturais. Segundo uma perspectiva histórica, Fleck realiza uma análise sobre o surgimento e a evolução do conceito da sífilis, desde o século XV até o século XX, destacando a cooperação e a oposição como processos importantes para o entendimento atual da doença.

De acordo com Fleck (1986), os estudos sobre a sífilis abrangeram várias visões, algumas de tipo místicas, que assumiam a doença como um mal venéreo, e outras de tipo empírico – terapêuticas relacionadas com o uso de substâncias químicas para o tratamento da doença.Os estudos empíricos iniciais sobre a sífilis utilizaram mercúrio como tratamento da doença. No entanto, nenhuma das duas visões constituiria uma explicação definitiva para entender a doença. Na verdade, todas elas, de alguma forma, abrangeriam esboços histórico-evolutivos da compreensão atual da doença, o que seria denominado por Fleck como protoideais. Cada visão constituiria um sistema de pontos de vista bem estruturados capazes de resistir aos ataques de outras visões, de modo que, nesse processo de estruturação, eram delineados determinados estilos de pensamento sobre a doença.

Assim, o já conhecido influenciava fortemente o novo conhecimento, e esse novo conhecer expande, renova e dá sentido ao conhecido. Por essa razão o conhecer não é um processo individual de uma teoria, mas é o resultado de uma atividade social, dado que o estado de conhecimento de cada momento excede a capacidade de qualquer indivíduo. O caso da sífilis mostra que as protoideias, ou ideias iniciais, influenciaram bastante na criação do conceito que é aceito atualmente sobre essa doença.

O conhecer estaria relacionado à constatação dos resultados impostos por determinadas pressuposições dadas, as quais estão relacionadas ativamente e formam a parte do conhecimento que pertence ao coletivo. Os resultados equivalem a conexões passivas e formam o que se percebe como realidade objetiva. O ato de constatação é especialmente uma contribuição do indivíduo. Assim, os três fatores que participam do conhecimento são o indivíduo, o coletivo e a realidade que envolve o que está por ser conhecido. Esses fatores não são entidades metafísicas, pois estão relacionados intrinsecamente.

Conforme Fleck (1986), desconhecer o papel do coletivo na constituição de um estilo de pensamento significa acolher uma epistemologia dogmática e fechada. Um coletivo bem organizado possui um saber que supera a capacidade de qualquer indivíduo.

Fleck evidencia em seu estudo histórico sobre a construção do conceito de sífilis a ideia de coletivo em cada um dos momentos que levaram à construção de uma visão determinada sobre a doença.

O estilo de pensamento de um coletivo é um perceber orientado pela criação intelectual do percebido. Caracteriza-se também pelos rasgos comuns dos problemas que interessam ao coletivo do pensamento e pelos juízos que emprega como meio de conhecimento. Esse estilo é reforçado socialmente e está ligado a um desenvolvimento independente através das gerações, coibindo até certo ponto os indivíduos e condicionando-os a determinados pensamentos. Assim, esses indivíduos passam longos períodos de tempo dominados por um determinado estilo até que se apresente alguma mudança. No entanto, o estilo continua existindo, mesmo em uma posição de desvantagem.

QUESTÕES SOCIOCIENTÍFICAS NA PRÁTICA DOCENTE 51

Conforme Shäfer e Schnell (1986), podemos dizer que Fleck desvirtua a teoria do conhecimento individualista por ser inadequada para entender a construção do conhecimento científico, diante da qual propõe a ideia de coletivo do pensamento para referir-se à comunidade de cientistas de um campo determinado orientados por um estilo de pensamento sob o qual constroem sua estrutura teórica.

Fleck (1986) e Kuhn (2001) concordam que a natureza da ciência pode ser caracterizada como um empreendimento comunitário e social. Para esses autores a ciência é construída de forma comunitária, pois os cientistas trabalham em grupos constituídos por uma determinada especialidade científica. De fato, todos os membros tiveram que passar por um processo de iniciação profissional semelhante, no qual apreenderam os pressupostos e as regras básicas do grupo.

A comunidade científica está constituída por diversos grupos que podem entrar em competição ou em disputa quando não partilham os pressupostos teóricos e/ou empíricos estabelecidos tradicionais do grupo correspondente a alguma especialidade. No entanto, na maior parte dos casos, essas anomalias são resolvidas rapidamente, e o progresso científico é garantido em uma determinada tradição.

O progresso científico seria caracterizado pela evolução de um período pré-paradigmático para um período pós-paradigmático. No primeiro período predominam as disputas entre os membros ou grupos da comunidade pelo estabelecimento de um campo científico bem definido, assim os grupos ou escolas concorrentes são reduzidos a uma escola. O segundo período é uma ciência normal caracterizada por uma prática científica "esotérica", embora mais eficiente para garantir o sucesso de seus praticantes.

A ciência normal abrange as atividades que os cientistas realizam na prática durante a maior parte do tempo, de acordo com os pressupostos estabelecidos pela comunidade científica à qual pertencem. Sob tais pressupostos, compreendem o mundo no qual vivem. É certo que a ciência normal garante o sucesso do empreendimento científico da comunidade, fortalecendo o crescimento de seus conhecimentos assegurados a uma determinada tradição, mas ela apresenta o problema de perpetuar suas construções resistindo a qualquer tentativa de mudança, de tal forma que a emergência de permanentes anomalias ameaça o progresso "natural" da ciência normal. No entanto, as anomalias serão as precursoras de pesquisas inovadoras, que, nos melhores casos, terminarão estabelecendo novas formas de orientar as práticas dos profissionais dedicados ao empreendimento científico.

Precisamente, uma das contribuições mais significativas de Kuhn para a compreensão da ciência, de acordo com nosso ponto de vista, foi o oferecimento de uma compreensão transformadora do progresso científico, em contraste com o progresso cumulativo característico da ciência normal. Kuhn (2001) conceitua as revoluções científicas como "os episódios extraordinários" nos quais a tradição da ciência normal é fortemente questionada, de modo que ocorrem grandes alterações nos compromissos dos profissionais associados com o ofício da ciência.

> [...] consideramos revoluções científicas aqueles episódios de desenvolvimento não cumulativo, nos quais um paradigma mais antigo é total ou parcialmente substituído por um novo [...]. As revoluções políticas iniciam-se com um sentimento crescente, com frequência restrito a um segmento da comunidade política, de que as instituições existentes deixaram de responder adequadamente aos problemas postos por um meio que ajudaram em parte a criar. De forma muito semelhante, as revoluções científicas iniciam-se com um sentimento crescente, também seguidamente restrito a uma pequena subdivisão da comunidade científica, de que o paradigma existente deixou de funcionar adequadamente na exploração de um aspecto da natureza, cuja exploração fora anteriormente dirigida pelo paradigma. (Kuhn, 2001, p.125-6)

Kuhn (2006) discutiu com clareza a ideia das revoluções científicas apoiado em uma análise histórica de três casos importantes da ciência, quais sejam: a invenção da segunda lei de Newton, a invenção da pilha elétrica por Alessandro Volta e o problema do corpo negro discutido por Max Planck. Nos três casos, Kuhn caracterizou a mudança revolucionária como holística, o que significa que ela não pode ser realizadas gradualmente, como é usual nas mudanças normais que acrescentam uma única generalização. Assim, na mudança revolucionária é necessário conviver com a incoerência ou revisar em sua totalidade várias generalizações inter-relacionadas. Kuhn considera que a mudança não é o que caracteriza em si a revolução científica, pois na ciência normal também se altera a forma como os termos se ligam à natureza, de tal modo que a revolução científica envolve mudanças de várias das categorias taxonômicas estruturais das descrições e generalizações científicas, dado que essas mudanças abrangem também vários modos e situações relacionadas com mais de uma categoria, que, ao serem interdefinidas, implicam uma alteração holística de tipo linguístico.

A mudança em uma revolução científica também implica uma transformação do modelo, metáfora ou analogia adjacente ao novo empreendimento científico, de tal maneira que a característica essencial tem relação com uma alteração da linguagem científica.

> [...] a característica principal das revoluções científicas é que elas alteram o conhecimento da natureza intrínseco à própria linguagem, e que é, assim, anterior a qualquer coisa que seja em absoluto caracterizável como descrição ou generalização científica ou cotidiana [...]. Suponho que a mesma resistência por parte da linguagem seja a razão para a mudança de Planck de "elemento" e "ressoador" para "*quantum*" e "oscilador". A violação ou distorção de uma linguagem científica anteriormente não problemática é a pedra de toque para a mudança revolucionária. (Kuhn, 2006, p.44-5)

Assim, o trabalho de Kuhn nos oferece uma compreensão histórica e dinâmica da natureza da ciência, o que contribui para o questionamento da visão impessoal e linear do progresso científico ainda presente no ensino de Ciências.

Se entendermos a natureza da ciência como um empreendimento social em permanente construção e suscetível a sofrer grandes mudanças, é pertinente orientar o ensino de Ciências à análise das questões sociais da ciência desvelando suas implicações políticas, ideológicas, culturais e ambientais. A seguir oferecemos uma fundamentação mais específica sobre a proposta ciência, tecnologia, sociedade e ambiente (CTSA) no ensino de Ciências sob um olhar crítico, explorando as potencialidades da abordagem de questões sociocientíficas (QSC).

3
ENSINO DE CIÊNCIAS COM ENFOQUE CIÊNCIA, TECNOLOGIA, SOCIEDADE E AMBIENTE (CTSA) A PARTIR DE QUESTÕES SOCIOCIENTÍFICAS (QSC)

A ideologia cientificista constitui um desafio para o ensino de Ciências com enfoque CTSA, que tem por objetivo a emancipação dos sujeitos ao fazer com que eles problematizem a ciência e participem de seu questionamento público, engajando-se na construção de novas formas de vida e de relacionamento coletivo.

No processo de cientificidade atribuído pelo positivismo à ciência, ela se torna um instrumento de legitimação do capitalismo tardio e fortalece os processos de despolitização da opinião pública e os mecanismos de controle e dominação do sistema. A eficácia desse processo é garantida pela racionalidade técnica, que aumenta os alcances da ciência e da técnica enquanto ideologia e enquanto uma poderosa força produtiva, de tal maneira que a percepção pública sobre o progresso científico e tecnológico, em muitos casos, é linear, considerando esse progresso diretamente relacionado com maior progresso social.

Nesse contexto, é relevante o resgate da natureza crítica do movimento CTS(A),[1] considerando que, em muitos contextos, a perspectiva

---

1 Escrevemos entre parênteses a dimensão ambiental (A) para deixar claro que não são todos os trabalhos citados que utilizam a denominação ambiental, dado que somente usam a expressão CTS, embora incorporem entre suas discussões aspectos ambientais.

CTS(A) tem-se reduzido somente a um *slogan*, o que evidencia a falta de reflexão sobre seus próprios fundamentos. Vários pesquisadores estão preocupados, de diferentes formas, em resgatar o caráter crítico do movimento CTS(A) (Auler; Bazzo, 2001; Auler; Delizoicov, 2001; Santos; Mortimer, 2002; Santos, 2008; Mion; Alves; Carvalho, 2009).

Auler e Bazzo (2001) salientam a importância de realizar uma contextualização do movimento CTS à realidade brasileira e à realidade latino-americana, pois esse movimento, embora desde sua origem tenha envolvido uma crítica profunda sobre o desenvolvimento científico e tecnológico, resultava da necessidade de realizar uma análise desse desenvolvimento no contexto brasileiro para pensar sobre suas possibilidades diante do predomínio de uma racionalidade tecnocrática e autoritária, a qual tinha sido discutida no trabalho de Gonzáles, López e Luján (1996).

Auler e Delizoicov (2001) propõem uma percepção ampliada para a perspectiva CTS associada a um processo problematizador e dialógico diante da concepção reducionista do progresso científico e tecnológico, relacionado com o determinismo tecnológico e com a concepção tecnocrática e salvacionista da ciência.

Santos e Mortimer (2002) também consideram que a supervalorização da ciência moderna reforçou o mito da neutralidade do progresso tecnocientífico, além de fortalecer suas concepções cientificistas e salvacionistas. Diante dessas concepções, os autores salientam as contribuições críticas do movimento CTS, mostrando, entre outras coisas, a importância de se trabalhar envolvendo temas científicos ou tecnológicos problemáticos, evidenciando as potencialidades desse trabalho na educação cidadã dos estudantes de ensino médio.

Santos (2008) salientou que, embora o movimento CTS criticasse fortemente o modelo desenvolvimentista, em muitos contextos, foi reduzido a uma abordagem instrumental, sendo necessária uma abordagem radical que reivindicasse a dimensão política do movimento com o objetivo de transformar a concepção excludente da ciência e da tecnologia, de modo que seu progresso se voltasse à justiça e à igualdade social. Assim, o autor propõe uma abordagem humanística para o ensino de Ciências, em conformidade com a educação libertadora de Paulo Freire, pois o caráter político da educação freiriana permite desvelar a ideologia dominante imposta pelos sistemas tecnológicos. Sob uma perspectiva educacional crítica, Mion, Alves e Carvalho (2009, p.51) também consideram que o "futuro das condições socioambientais está intrinsecamente relacionado à educação científica e tecnológica da população". No entanto, perguntam-se se a natureza desse tipo de educação pode servir para a acomodação do estabelecido ou, ao contrário, pode suscitar uma permanente transformação. Nesse sentido, reivindicam o papel crítico da educação apoiados na leitura freiriana das relações homem-mundo, segundo a qual o diálogo é vital para a transformação permanente da realidade.

Assim como os autores citados, concordamos com a necessidade de aprofundar os pressupostos freirianos, dado que eles expõem uma concepção educacional que contribui na fundamentação crítica do ensino de Ciências com enfoque CTSA.

Desde 1967, quando Paulo Freire escreveu a obra *Educação como prática da liberdade*, encontramos uma preocupação permanente com a construção de uma educação dialógica, em contraposição a uma educação centrada na transmissão de conteúdos. Apesar de a pedagogia freiriana ser criada, em um primeiro momento, para a alfabetização de adultos, ela alcança e envolve uma riqueza educacional para os diferentes níveis de ensino.

Freire (2003) propõe o diálogo como uma forma pela qual os homens superem suas concepções ingênuas da realidade, bem como há uma relação horizontal de pelo menos dois sujeitos que buscam o estabelecimento de um processo comunicativo, no qual os implicados "se fazem críticos na busca de algo" (ibidem, p.115), concretizando uma relação de simpatia entre ambos.

O diálogo opõe-se ao antidiálogo. Este implica uma relação vertical entre sujeitos que quebra a simpatia entre os interlocutores. Para Freire (2007), o diálogo é entendido como um fenômeno humano que implica a capacidade de pronunciar o mundo por meio da palavra, a qual é muito mais que o simples meio para viabilizar o diálogo, pois ela se realiza no processo de ação-reflexão, de tal forma que toda palavra autêntica envolve uma práxis e, portanto, uma ação transformadora do mundo.

Quem entende a palavra na ação-reflexão se envolve na transformação do mundo. Quem centra sua atenção unilateralmente na ação cai em ativismo, e, da mesma forma, quem só reflete cai no verbalismo ou palavrearia. Em qualquer um dos dois casos, a existência humana se limita à promoção da alienação, em termos de silenciar a palavra e o pensamento. Portanto, existir humanamente é pronunciar o mundo e transformá-lo utilizando a palavra conforme a ação-reflexão.

Nos postulados de Freire (ibidem), dizer a palavra não é privilégio de alguns, mas sim direito de todos os homens. Desse modo, ninguém pode dizer a palavra sozinho ou falar para outros que digam sua palavra em um ato de prescrição. "O diálogo é este encontro dos homens, mediatizados pelo mundo, para pronunciá-lo, não se esgotando, portanto, na relação de eu-tu" (ibidem, p.91).

O diálogo não é a mera troca de ideias ou um ato de depositar ideias de um sujeito a outro. Ele é condição indispensável na existência humana na medida em que os homens pronunciam o mundo e, ao transformá-lo, transformam-se entre si.

Assim como Santos e Mortimer (2009), enfatizamos a abordagem de QSC em termos da ressignificação social do ensino de Ciências de acordo com uma perspectiva crítica e dialógica, no intuito de favorecer a construção de condições pedagógicas e didáticas para que os cidadãos construam conhecimentos e capacidades que lhes permitam participar responsavelmente nas controvérsias científicas e tecnológicas do mundo contemporâneo.

Segundo Pedretti (2003), a abordagem de QSC abriu um caminho concreto para alcançar os desafios do ensino de Ciências com enfoque CTSA, pois a ciência e a tecnologia passaram a ser compreendidas como atividades humanas inseridas em múltiplas controvérsias e incertezas, exigindo dos cidadãos um posicionamento crítico de seus impactos e alcances.

As QSC apresentam para o ensino de Ciências importantes possibilidades para trabalhar aspectos políticos, ideológicos, culturais e éticos da Ciência contemporânea. Assim, aspectos como natureza da ciência e da tecnologia, tomada de decisão, raciocínio ético-moral, reconstrução sociocrítica e ação adjacentes às interações CTSA poderiam ser trabalhados pelos professores de Ciências em suas aulas por meio da estruturação e do desenvolvimento de questões controversas.

Um considerável número dos trabalhos que hoje são publicados sobre QSC salienta a importância da formação para a cidadania como o objetivo central do ensino de Ciências (Ratcliffe; Grace, 2003; Abd--El-Khalick, 2003; Simmons; Zeidler, 2003; Reis, 2004). No entanto, tal objetivo já fazia parte da literatura da área de ensino de Ciências a partir de 1971, quando Jim Gallagher, o editor da revista *Science Education*, afirmou que para a formação de futuros cidadãos, em uma sociedade democrática, era tão importante compreender as relações entre CTS como entender os conceitos e processos da ciência (Aikenhead, 2005a). De tal modo que as QSC e a perspectiva CTSA têm em comum o objetivo de focar o ensino de Ciências na formação para a cidadania dos estudantes no ensino básico e superior, bem como nos processos de formação cidadã mais amplos abrangidos na sociedade.

As QSC incluem discussões, controvérsias ou temas diretamente relacionados aos conhecimentos científicos e/ou tecnológicos que possuem um grande impacto na sociedade. Segundo Abd-El-Khalick (2003), essas questões são marcadamente diferentes dos exercícios ou "problemas" que aparecem ao final dos capítulos de livros didáticos usados em sala de aula. Tais exercícios, geralmente, são focados em avaliar conhecimentos disciplinares e algorítmicos que, na maioria dos casos, possuem respostas corretas ou incorretas. Diferentemente desse tipo de exercícios, os problemas sociocientíficos dificilmente são definidos e abrangem aspectos multidisciplinares que, na maior parte das vezes, estão carregados de valores (éticos, estéticos, ecológicos, morais, educacionais, culturais e religiosos) e são afetados pela insuficiência de conhecimentos.

Segundo Ratcliffe e Grace (2003), as QSC abrangem a formação de opiniões e a escolha de juízos pessoais e sociais, implicam valores e aspectos éticos e relacionam-se com problemas sociais de ordem local, nacional e global.

Dessa forma, encontram-se QSC na maior parte das discussões que se desenvolvem na sociedade atual e que são divulgadas, principalmente pela mídia, destacando as seguintes questões: energias alternativas, aquecimento global, poluição, transgênicos, armas nucleares e biológicas, produtos de beleza, clonagem, experimentação em animais, desenvolvimento de vacinas e medicamentos, uso de produtos químicos, efeitos adversos da utilização da telecomunicação, manipulação do genoma de seres vivos, manipulação de células-tronco, fertilização *in vitro*, entre outras.

As controvérsias envolvidas nas discussões públicas sobre QSC exigem a formação de cidadãos dotados de conhecimentos e capacidades para avaliar responsavelmente problemas científicos e tecnológicos na sociedade atual. Assim, o futuro do conhecimento científico e tecnológico não pode ser responsabilidade apenas dos cientistas, dos governos, de especialistas ou de qualquer outro ator social, sendo necessária a constituição de uma cidadania ativa (Reis, 2004). Cidadania que não se ensina, mas se conquista, em um processo que o sujeito vai construindo na medida em que luta por seus direitos e reivindica valores e princípios éticos (Santos; Schnetzer, 2003).

O ensino de Ciências com enfoque CTSA voltado à abordagem de QSC pode potencializar a participação dos estudantes nas aulas de Ciências, favorecendo o ensino democrático em busca da constituição da cidadania dos estudantes.

O exercício da cidadania somente se desenvolverá plenamente em uma sociedade legitimamente democrática, que deve fornecer à maioria dos cidadãos sua participação efetiva no poder. Embora a participação real ainda seja um ideal que não se tem conseguido plenamente até agora, é necessária a continuação do desenvolvimento de processos de formação que contribuam para o enriquecimento dos sujeitos na constituição de sua cidadania.

Para a conquista da sociedade democrática é necessário que os cidadãos possuam conhecimentos básicos sobre o funcionamento da ciência (estruturas conceituais e metodológicas), além de estruturar critérios de julgamento moral e ético para avaliação pública das controvérsias científicas e tecnológicas que se apresentam na sociedade atual. É a partir desse julgamento que os estudantes poderão fazer escolhas de acordo com seus interesses, direitos e deveres.

A perspectiva política do ensino salientada por Freire e a abordagem de QSC exigem o comprometimento dos professores de Ciências com a mudança de uma sociedade desigual, na qual a ciência e a tecnologia também se entrelaçam às relações de exclusão e dominação. Assim, o papel do professor é fundamental para orientar discussões com seus alunos sobre questões sociocientíficas para que eles se posicionem criticamente diante dessas questões, agindo racionalmente.

A sociedade atual exige que os professores sejam formadores, e não meros transmissores de informações. Isso envolve responsabilidade no ensino, dado que este deve favorecer a transformação dos alunos em homens e mulheres mais críticos, que, ao se tornarem agentes de mudanças, podem possibilitar a construção de um mundo melhor (Chassot, 2006).

PARTE II
Formação crítica de professores de Ciências no contexto da perspectiva ciência, tecnologia, sociedade e ambiente (CTSA)

4
CONTEXTO SOBRE A FORMAÇÃO DE PROFESSORES DE CIÊNCIAS

Porlán, Rivero e Martín (2000) destacam que as pesquisas sobre a formação de professores de Ciências estiveram focadas, desde a década de 1980, em três aspectos:

1) Crenças ou concepções dos professores sobre a natureza do conhecimento científico.
2) Concepções pedagógicas relacionadas com os processos de ensino de aprendizagem.
3) Relações entre conhecimento do professor e contextos escolares.

As pesquisas sobre esses aspectos contribuíram na compreensão do conhecimento profissional dos professores de Ciências como um elemento importante para o melhoramento das práticas docentes, bem como com o melhoramento do saber profissional adjacente aos processos de formação inicial e continuada de professores de Ciências.

Mellado e González (2000) consideram que o conhecimento profissional para ensinar Ciências é complexo, porque integra saberes docentes epistemologicamente diferentes do professor, de acordo com as experiências vivenciadas em cada momento de sua preparação profissional. Denominações tais como atualização docente, aperfeiçoamento profissional ou reciclagem são inadequadas para caracterizar o processo permanente de crescimento pessoal e social dos professores.

O desenvolvimento do professor na sua atividade de ensino, bem como em suas relações coletivas com outros agentes da escola e da sociedade, abrange uma heterogeneidade de valores, saberes e conhecimentos em relação às disciplinas objeto de ensino, bem como aos aspectos pedagógicos envolvidos em sua atividade.

A formação inicial e continuada de professores constitui-se de processos dinâmicos e inter-relacionados, uma vez que a questão da formação do professor tem a ver com as experiências, as práticas, os saberes e os conhecimentos desenvolvidos ao longo da vida do professor, incluindo suas vivências antes de começar a carreira docente nos cursos de licenciatura. Assim, a formação de professores constitui um amplo campo de pesquisa.

> A formação de professores é a área de conhecimentos, investigação e de propostas teóricas e práticas que, no âmbito da Didáctica e da Organização Escolar, estuda os processos através dos quais os professores – em formação ou em exercício – se implicam individualmente ou em equipa, em experiências de aprendizagem através das quais adquirem ou melhoram os seus conhecimentos, competências e disposições, e que lhes permite intervir profissionalmente no desenvolvimento do seu ensino, do currículo e da escola, com o objetivo de melhorar a qualidade da educação que os alunos recebem. (Marcelo, 1999, p.26)

Levando em consideração o objetivo deste trabalho, focaremos a atenção na formação continuada do professor, a qual é entendida nesta pesquisa como um processo permanente de reflexão crítica sobre a prática docente, no intuito de sua correspondente transformação. A formação continuada é um processo contínuo e complexo que constitui a construção da profissão docente em termos sociais.

A formação continuada de professores de Ciências não pode ser reduzida a um processo individual. Pelo contrário, faz parte de um processo contextualizado de acordo com a dinâmica da escola e de sua complexa organização (relações entre aluno-professor, aprendizagens dos alunos, currículo, ensino etc.).

Para que a formação continuada seja contextualizada socialmente, é necessária a participação ativa dos professores e o desenvolvimento de uma cultura de colaboração que valorize significativamente a autonomia escolar em termos da tomada de decisões sobre processos organizacionais, profissionais, curriculares e de ensino.

Um aspecto importante da formação continuada de professores está relacionado com o profissionalismo docente historicamente influenciado pelo conservadorismo ideológico e o controle político. Nesse sentido, a profissão docente é prejudicada pela burocratização, a proletarização e a intensificação do trabalho dos professores, o que leva a um maior controle, diminuindo a autonomia e a capacidade de tomar decisões e favorecendo ou aumentando as tarefas dos professores nas escolas sem modificar as condições laborais. Tais aspectos não podem ser desconsiderados na formação continuada de professores, que também está relacionada com boas condições laborais, maiores índices de autonomia e fomento de trabalho colaborativo entre os professores das escolas.

Outro elemento relacionado com a formação continuada de professores é a relação desta com o currículo e a política curricular, tendo em consideração as concepções que podem subjazer a esses aspectos. Assim, uma política e a concepção de currículo técnica vão gerar processos de preparação técnica dos professores, os quais são orientados por agentes externos (editoras de textos ou especialistas), que favorecem a aquisição de determinadas competências e informações. Embora esses processos possam ser eficazes em termos produtivos, correspondem a uma racionalidade instrumental, em comparação a outras propostas que consideram o professor como agente de desenvolvimento curricular, inserindo-o em processos de pesquisa sobre sua própria prática (Elliott, 1997).

A preparação dos professores em serviço tem se transformado ao longo do tempo. Por exemplo, houve uma época em que a perspectiva comportamentalista foi dominante nos processos de profissionalização dos professores, provendo-lhes do papel de assimilar conhecimentos produzidos por outros. No entanto, novas perspectivas mudaram o conceito de ensino como mera ciência aplicada pelo ensino como atividade prática e deliberativa, sendo um claro componente ético. Assim, nasceu a ideia de formação continuada de professores, entendida como

68 LEONARDO FABIO MARTÍNEZ PÉREZ

um conjunto de processos que facilitam a reflexão dos professores sobre sua prática, permitindo-lhes a construção de conhecimentos coerentes com a reflexão teórica e a reconstrução de suas experiências docentes. Assim mesmo, o papel do formador de professores mudou de mero especialista a colaborador, dando apoio e comprometendo-se com a pesquisa escolar.

Para Gimeno (1998), o campo de estudo do currículo está relacionado com o ensino, seja em termos macrocurriculares ou microcurriculares. O macrocurricular se refere às questões sociais, filosóficas e organizativas do ensino na escola, e o microcurricular consiste nas análises didáticas das disciplinas específicas. Dessa forma, o currículo implica as perguntas pelo que, por que, para quem e quando ensinar.

De acordo com Porlán (1997) e Porlán, Rivero e Martín (2000), caracterizamos no Quadro 3 quatro enfoques curriculares atrelados à prática docente dos professores de Ciências.

Quadro 3 – Enfoques curriculares atrelados à prática docente dos professores de Ciências

Aspectos estudados	Enfoques curriculares			
	Tradicional	Tecnicista	Espontâneo	Alternativo
Conteúdo	O conteúdo escolar é uma reprodução simplificada de conhecimentos disciplinares.	O conhecimento escolar é uma adaptação do conhecimento disciplinar.	O conhecimento escolar é uma adaptação do conhecimento do cotidiano dos estudantes.	O conhecimento escolar tem em consideração diferentes fontes sociais e disciplinares.
Metodologia	Fundamentada na transmissão verbal de conhecimentos por parte do professor, e os estudantes realizam atividades práticas para aplicar o conhecimento transmitido pelo professor.	Os objetivos de ensino são o fio condutor das atividades.	Os interesses dos estudantes são o fio condutor das atividades.	A pesquisa em sala de aula fundamenta o trabalho docente.

Continua

QUESTÕES SOCIOCIENTÍFICAS NA PRÁTICA DOCENTE **69**

Aspectos estudados	Enfoques curriculares			
	Tradicional	Tecnicista	Espontâneo	Alternativo
Avaliação	A avaliação é reduzida a notas estabelecidas a partir de provas.	A avaliação mede o grau de obtenção de objetivos.	A avaliação como participação dinâmica em sala de aula.	A avaliação como processo de pesquisa sobre os aprendizados alcançados.

Fonte: Martínez (2010). Quadro adaptado a partir de Porlán (1997) e Porlán, Rivero e Martín (2000).

O primeiro enfoque curricular é caracterizado como tradicionalista e foca na transmissão de conhecimentos por parte do professor de Ciências e sua correspondente aprendizagem mecânica por parte dos estudantes. O enfoque está fundamentado em uma concepção positivista que considera a ciência como um *corpus* de conhecimentos verdadeiros constituídos a partir de observações que são livres de interesses, valores e apreciações subjetivas.

Os conteúdos das disciplinas científicas são a fonte central do currículo tradicional, de tal forma que os objetivos e as metodologias de ensino são definidos em função da aprendizagem estrita dos conteúdos disciplinares, sem levar em consideração as características dos estudantes e seus contextos sociais e culturais.

O enfoque tecnicista do currículo se diferencia do tradicional em sua ênfase no estabelecimento de objetivos que determinam o ensino eficaz. Dessa forma, as metodologias de ensino são orientadas a alcançar esses objetivos, e a avaliação é estabelecida como um parâmetro de medida, geralmente quantitativa, da aprendizagem dos estudantes. A racionalidade técnica fundamenta o desenvolvimento desse enfoque curricular, privilegiando o planejamento do ensino por parte de agentes externos à escola dedicados a estabelecer o que deveria ser ensinado conforme determinadas disciplinas (Schön, 2000).

O enfoque espontâneo do currículo tentou contribuir com uma proposta diferente da oferecida pelos enfoques tradicional e tecnicista, focando a seleção de conteúdos de ensino nos interesses dos estudantes. Os objetivos e metodologias de ensino não eram mais determinados pela lógica das disciplinas acadêmicas, mas pelas expectativas dos estudantes e por sua realidade, evitando a indesejável aprendizagem mecanicista. O problema desse enfoque, conforme Porlán (1997), radicou em inverter os papéis do professor e do estudante no currículo, pois nos enfoques tradicional e tecnicista o centro do processo educativo era o professor, enquanto o enfoque espontâneo centrou-se nos estudantes, desconhecendo a necessária reflexão sistemática sobre os processos de ensino desenvolvidos em sala de aula.

O enfoque curricular denominado por Porlán (ibidem) como alternativo ou focado na pesquisa do professor (Porlán; Rivero; Martín, 2000) assume os conteúdos de ensino como construções culturais. Dessa forma, a construção do currículo implica uma seleção cultural de diferentes fontes, que abrangem as características dos estudantes, as necessidades sociais e políticas da época, bem como as estruturas das disciplinas escolares.

A ideia de construir um currículo alternativo foi destacada pelos teóricos críticos do currículo, que, além de considerarem a dimensão da pesquisa como um elemento relevante para a definição de conteúdos de ensino, incorporaram outras perguntas centrais sobre a função social e os interesses que orientam o estabelecimento de determinados conteúdos.

O currículo entendido sob um ponto de vista crítico transcende a preocupação pelos conteúdos de ensino e questiona os aspectos ideológicos e políticos adjacentes ao planejamento curricular. Assim, as perguntas não são simplesmente pelo que ensinar, mas por que ensinar, para quem ensinar e quando ensinar, uma vez que toda proposta curricular é produto da seleção de alguém ou de algum grupo que determina o conhecimento legítimo de ser ensinado (Kemmis, 1993; Apple, 2002a; 2002b; 2002c).

Todos os aspectos que foram expostos anteriormente atrelados à formação de professores nos oferecem um contexto teórico para estruturar nosso ponto de vista crítico sobre a formação continuada de professores de Ciências. A seguir especificaremos as reflexões teóricas sobre a perspectiva ciência, tecnologia, sociedade e ambiente (CTSA) e a formação dos professores em serviço, e posteriormente exporemos nossa opção teórica pela formação de professores sob uma perspectiva crítica.

5
A PERSPECTIVA CIÊNCIA, TECNOLOGIA, SOCIEDADE E AMBIENTE (CTSA) E A FORMAÇÃO DE PROFESSORES

Um considerável número de pesquisas sobre a perspectiva CTSA no ensino de Ciências tem se focado na caracterização das visões ou crenças dos professores de Ciências em serviço com respeito às relações CTS(A) (Acevedo, 2000; Acevedo; Vázquez e Manassero, 2002; Acevedo et al., 2002a; Acevedo et al., 2005; Cachapuz et al., 2005). Esses trabalhos têm diagnosticado nos professores em exercício crenças descontextualizadas e aproblemáticas com respeito à ciência e à tecnologia.

A crença descontextualizada considera o progresso científico e tecnológico como um conjunto de conhecimentos elaborados cumulativamente de forma desinteressada e neutra, desconhecendo os valores e interesses adjacentes à atividade tecnocientífica, bem como suas implicações no ambiente natural e sociocultural.

A falta de discussão sobre implicações sociais, culturais e ambientais do empreendimento tecnocientífico pode fortalecer a visão tradicional do ensino de Ciências, centrado na transmissão de conhecimentos já elaborados, sem ao menos se referir aos problemas e contextos sócio-históricos que marcaram sua origem, perdendo, dessa forma, o sentido da ciência como uma atividade humana que emergiu com o enfrentamento de determinados problemas.

O desconhecimento da natureza social e histórica do trabalho científico dificulta a compreensão da racionalidade adjacente à construção do *corpus* teórico da ciência e da tecnologia, o que favorece as crenças aproblemáticas que percebem a construção dos conhecimentos de forma arbitrária e que desconhecem a história das ciências que mostra o caráter evolutivo e complexo da construção de conhecimentos científicos.

A crença aproblemática e a crença a-histórica concebem o progresso tecnocientífico como um determinado fim que deve ser alcançado para melhorar as condições de vida das pessoas, sem tomar em consideração as implicações socioambientais que abrangem esse progresso.

Outra crença reportada pelas pesquisas consiste na apreciação do progresso tecnocientífico como um esforço individual que é construído por seres humanos especiais, dotados de determinadas capacidades intelectuais e que desconhecem a natureza coletiva do conhecimento científico, de forma a favorecer a elitização da produção científica, pois essa atividade seria somente privilégio de determinados indivíduos, excluindo as grandes camadas da população.

A crença individualista da atividade tecnocientífica entrelaça-se à visão algorítmica, que concebe a ciência como o resultado da aplicação de um método científico que, segundo vários professores, desempenha um papel destacado, pois contribui com a "exatidão e objectividade" de resultados obtidos (Fernandéz et al., 2002).

Particularmente, as crenças dos professores sobre a tecnologia também se articulam a uma visão algorítmica do progresso científico, pois, em vários casos, concebe-se a tecnologia como simples aplicação da ciência, bem como a construção de diferentes instrumentos, máquinas e artefatos que fazem a vida mais fácil (Acevedo et al., 2005).

A tecnologia tem sido um dos aspectos das interações CTS(A) menos considerados pelos professores em seu ensino. Conforme Maiztegui et al. (2002), a falta de atenção à tecnologia estaria relacionada à clássica visão da tecnologia como ciência aplicada, colocando-a em um lugar de inferioridade. Tal visão é questionada com uma análise histórica da atividade técnica que tem precedido em milênios a própria ciência e que, de forma alguma, pode ser considerada como simples aplicação de conhecimentos científicos. Contudo, na contemporaneidade não é possível estabelecer uma distinção clara entre ciência e tecnologia. Por essa razão, o mais pertinente é investir esforços em analisar as interações ciência-tecnologia.

Como salienta Bybee (1987), grande parte dos avanços da pesquisa científica contemporânea está baseada na tecnologia. Assim, dar importância à tecnologia na educação do professor é importante para compreender o próprio progresso científico, devido ao fato de o professor incorporar estratégias de desenho tecnológico para a realização de atividades experimentais essenciais para a corroboração ou refutação de hipóteses.

As crenças descritas pelas pesquisas sobre ciência e tecnologia estariam relacionadas à compreensão linear das interações CTS(A), na medida em que mais pesquisas científicas favoreceriam mais tecnologias, que, por sua vez, gerariam mais crescimento econômico e mais "bem-estar social". A compreensão linear das interações CTS(A), segundo López, González e Luján (2002), impede um entendimento democrático do progresso tecnocientífico e fortalece a racionalidade tecnocrática dos sistemas de gestão da ciência na sociedade moderna.

Para Cachapuz et al. (2005), essas crenças sobre a ciência e a tecnologia constituem grandes obstáculos para a abordagem de uma perspectiva CTSA, que demanda uma maior atenção da educação em ciências sobre os graves problemas de degradação do entorno natural e da sociedade que colocam em perigo a vida do planeta. A perspectiva CTSA implica uma indispensável contextualização da atividade científica discutindo suas repercussões socioambientais.

Precisamente, Solbes, Vilches e Gil (2001) consideram que professores de Ciências, em sua prática, ignoram as propostas curriculares que incorporam as relações CTSA por considerá-las um desvio dos conteúdos científicos para atender aspectos políticos e ideológicos não compreendidos no marco objetivo da "ciência". Sob essa visão se tem fortalecido uma educação em ciências orientada à preparação de futuros cientistas, desconhecendo-se seu papel na educação de todos os cidadãos.

Concordamos com Acevedo (2000) que não podemos censurar os professores por não entenderem o caráter provisório e evolutivo do conhecimento científico, pois, de fato, não existe um consenso sobre o significado da natureza da ciência. Nossas compreensões são provisórias e suscetíveis de permanente mudança. Aliás, a reticência apresentada pelos professores diante da proposta curricular de CTSA não se deve exclusivamente às crenças desses profissionais. Na realidade, existem outros fatores relacionados com a profissão docente e com a construção das reformas que precisam ser considerados. Por exemplo, ainda não foi possível abandonar a racionalidade tecnocrática que tem orientado a elaboração de currículos e materiais educativos, que na maior parte dos casos são realizados sem a participação efetiva dos professores, reduzindo-os a simples aplicadores das propostas elaboradas pelos especialistas. Nesse sentido, Carr e Kemmis (1988) alertam sobre o problema da falta de autonomia da profissão docente, que esvazia no decorrer do tempo o próprio sentido do ensino que caracteriza o trabalho docente.

A forma mais comum na educação continuada dos professores para introduzir novas propostas curriculares tem sido a realização de cursos de curta duração, orientados ao aperfeiçoamento docente, os quais são pouco produtivos, dado que os professores, depois de participar desses cursos, consideram estar mais bem preparados para enfrentar os problemas de sua prática. No entanto, quando retornam para suas escolas, rapidamente voltam a ensinar da mesma forma como o faziam antes de iniciar o curso e experimentam uma sensação de frustração, pois as novas ideias aprendidas nos cursos parecem não servir para enfrentar os problemas reais do ensino (Briscoe, 1991). Apesar dos esforços e da boa intenção dos cursos de curta duração, estes resultam insuficientes para favorecer novas abordagens de ensino na escola.

Um grande desafio da perspectiva CTSA na formação dos professores parece estar na análise da relação entre crenças e práticas dos professores com respeito à natureza da ciência e da tecnologia. Guess-Newsome e Lederman (1995) se interessaram por essa questão e identificaram as intenções dos professores, o conhecimento do conteúdo específico, as necessidades dos estudantes, a autonomia dos professores e o tempo como aspectos relevantes para o estudo de crenças e práticas dos professores. O estudo desses aspectos é importante para uma perspectiva CTSA preocupada em articular teoria e prática na educação do professor.

QUESTÕES SOCIOCIENTÍFICAS NA PRÁTICA DOCENTE 75

Para enfrentar o desafio de abordar a perspectiva CTSA nas práticas dos professores de Ciências, propomos um quadro teórico crítico para a formação de professores de Ciências em serviço embasado nas contribuições de Adorno (1996), Giroux (1997; 2003a; 2003b), Apple (1999b), Contreras (2002) e King (2008).

Em primeiro lugar, ofereceremos uma discussão teórica sobre o conceito de formação de professores de acordo com a teoria da semicultura de Adorno (1996), e posteriormente discutiremos a ideia de professor como um intelectual crítico e transformador, bem como a questão da autonomia docente como um elemento relevante para o fortalecimento pessoal e social dos professores de Ciências.

.

6
A FORMAÇÃO CRÍTICA DE PROFESSORES

A teoria da semicultura ou da semiformação foi proposta por Adorno, em 1959, de acordo com sua análise do desenvolvimento da sociedade capitalista, que visava à preparação de seus clientes, negando-lhes a formação cultural. De forma análoga à que Kant analisa o caráter problemático do esclarecimento no Iluminismo, Adorno analisa a forma como a formação tornou-se problemática na sociedade do capitalismo maduro.

Adorno (1996), na análise da crise da formação cultural da sociedade moderna, já alertava sobre a falta de reflexão sobre o significado da formação nas reformas educacionais e nos próprios estudos sociológicos. De fato, as pesquisas das várias áreas, sejam pedagógicas ou sociológicas, pareciam não se importar o suficiente com essa questão, pois o termo era praticamente definido *a priori*.

Adorno nos oferece uma concepção ampla e enriquecedora sobre a formação como um processo de apropriação cultural. Sua tese, segundo a tradição filosófica da Alemanha, parte da distinção entre o que significa civilização e cultura. A civilização representa a reprodução material das sociedades em seu decorrer histórico, enquanto a cultura corresponde ao mundo das ideias, das sensações, dos valores e das visões de mundo que transcendem o terreno material da civilização.

O mundo da cultura teve um grande papel nas grandes transformações burguesas do final do século XVIII com a vitória da Revolução Francesa, a qual abriu o caminho não só para a constituição de um modo de produção capitalista, mas, sobretudo, para a concretização do ideal de liberdade, igualdade e fraternidade como características relevantes da democracia.

> A grande pretensão da proposta de formação cultural burguesa era a de que os indivíduos livres e racionais poderiam fazer uso da vontade e do livre-arbítrio, ainda que tivessem que viver em sociedade e que com isso sublimassem seus impulsos. (Zuin; Pucci; Oliveira, 2001, p.55)

O conceito de formação cultural burguês visava à construção de uma humanidade mais justa socialmente, na qual todas as pessoas tivessem as mesmas oportunidades de ascensão social.

No entanto, de acordo com Adorno (1996), o conceito de formação cultural burguês experimentaria uma verdadeira crise no século XX, pois a promessa de liberdade e justiça social diluía-se cada vez mais com a rendição da produção material e espiritual à lógica do valor do uso e de troca imposta pelo capital. Os próprios valores, ideias e necessidades afetivas e materiais subsumiam-se cada vez mais ao consumo exacerbado. Assim, a promessa da formação cultural diluía-se em seu próprio processo de construção, pois desde o começo parecia não atender à sua primeira promessa. Os bens culturais constituíram-se em mercadorias acessíveis às grandes camadas da população – o que excluiu seu caráter cultural para adquirir valor de troca, para atingir a necessidade de acumulação e consumo do sistema –, de modo que os produtos culturais passaram a ser bens de consumo coletivos, destinados à venda e avaliados de acordo com sua lucratividade ou aceitação no mercado, de tal modo que foram desconsiderados por seus valores estéticos, filosóficos ou literários intrínsecos.

A formação cultural foi se tornando semicultura ou semiformação na medida em que as produções simbólicas foram reduzidas a uma lógica instrumental que garantia a reprodução indefinida da adaptação dos sujeitos à sociedade do mercado, de maneira que o caráter

QUESTÕES SOCIOCIENTÍFICAS NA PRÁTICA DOCENTE 79

emancipatório da cultura foi subjugado como processo formativo, o que impossibilitou a insatisfação permanente dos sujeitos diante da realidade social.

> A formação cultural agora se converte em uma semiformação socializada, na onipresença do espírito alienado, que, segundo sua gênese e seu sentido, não antecede à formação cultural, mas a sucede. Deste modo, tudo fica aprisionado nas malhas da socialização. Nada fica intocado na natureza, mas, sua rusticidade – a velha ficção – preserva a vida e se reproduz de maneira ampliada. Símbolo de uma consciência que renunciou à autodeterminação, prende-se, de maneira obstinada, a elementos culturais aprovados. Sob malefício gravitam como algo descomposto que se orienta à barbárie. (ibidem, p.389)

A formação, segundo Adorno (ibidem), é uma cultura tomada pelo lado de sua apropriação subjetiva – dado seu caráter duplo, enquanto adaptação para manter a ordem criada pelo homem ou como desprendimento da mera adaptação, para a necessária reflexão subjetiva que visa à emancipação dos sujeitos dos mitos criados historicamente. Tal caráter, com o desenvolvimento da sociedade burguesa, experimentou grandes transformações, privilegiando uma perspectiva adaptativa e levando a cultura a regredir e a se tornar um processo que, ao se conformar com a vida real, impede os homens de se educarem uns com os outros. Desse modo, a reflexão é afastada dos impactos dos bens culturais, objetivados de tal forma que se tornam absolutos em si mesmos.

O duplo caráter da cultura nasce do antagonismo social não conciliado no processo de reacomodação da cultura como nova adaptação que desvela uma falsa formação, que instala a adaptação sobre todo fim racional investido de uma falsa racionalidade vazia que é rotulada com o *slogan* de uma falsa liberdade.

Apesar de, com a instalação da sociedade burguesa e de seu ideário de seres livres e iguais, a formação ter se tornado uma reflexão de si mesma, seu caráter foi desprendido rapidamente de seu fim e de sua função real, de tal maneira que o indivíduo era livre, mas lentamente era afastado da realidade material e de suas claras contradições e desiigualdades, de modo que abandonava a práxis como um elemento fundamental da cultura. Assim, os indivíduos deixavam de atuar na sociedade e se afastaram da busca de uma humanidade sem *status* e sem exploração. Ao contrário, a sociedade capitalista progressivamente honrava o trabalho socialmente útil, transformava os bens culturais em mercadorias e abraçava a desumanização adjacente com seu próprio modo de produção.

É importante compreender que o problema da formação por meio do esclarecimento não é um processo exclusivo da sociedade capitalista nem um processo somente da classe burguesa. Adorno e Horkheimer (1985) evidenciam que o problema do esclarecimento é um problema desde os primórdios da humanidade, no qual o esclarecimento procurou solapar as explicações mitológicas e irracionalistas substituindo-as pelo saber racional. Assim, no decorrer da história o esclarecimento teve como objetivo libertar aos homens do obscurantismo e da ignorância por meio da autorreflexão subjetiva, inclusive na época moderna, quando o conhecimento científico é esvaziado de seu caráter formativo e governado pela razão instrumental, o que acaba constituindo-se como uma força produtiva central do capitalismo tardio.

A universalização do gênero humano, por meio da instrumentalização da razão, ao invés de provocar apenas a emancipação, reproduz o isolamento e a dessensibilização. Talvez possamos dizer que tal situação já acompanha a história da humanidade desde o tempo em que a racionalidade mítica passou a ser combatida, objetivando-se o controle racional da natureza interna e externa. Contudo, torna-se também evidente que esse procedimento encontra seu ápice quando a ciência definitivamente se transforma na principal mercadoria da sociedade capitalista contemporânea. (Zuin; Pucci; Oliveira, 2001, p.52)

A formação revela a tensão entre autonomia, liberdade e sua configuração à vida social governada pela adaptação. Em termos de Adorno (1996), o caráter duplo da cultura implica o paradoxo de ser autônomo sem submeter-se à tutela de outro e submeter-se sem perder a autonomia, o que implica a aceitação do mundo negando-o permanentemente.

QUESTÕES SOCIOCIENTÍFICAS NA PRÁTICA DOCENTE 81

O paradoxo também é apresentado entre a universalização do mercado que instaura a sociedade do consumo de bens culturais e a adaptação da cultura à semicultura sem nenhum poder emancipatório, pois serve à reprodução das estruturas sociais estabelecidas. A semicultura constitui um processo mais perigoso que a não cultura, dado que esse processo, que também é denominado não saber, é uma predisposição fundamental para conhecer. Assim, a ignorância motiva a busca pelo entendimento e a compreensão. O semissaber pressupõe partir de que se sabe algo, o que pode implicar um fechamento inicial à possibilidade de conhecer ou saber.

A não cultura, como mera ingenuidade e simples ignorância, permitia uma relação imediata com os objetos e, em virtude do potencial de ceticismo, engenho e ironia – qualidades que se desenvolvem naqueles que não são inteiramente domesticados –, podia elevá-los à consciência crítica. Eis aí algo fora do alcance da semiformação cultural. (ibidem, p.397)

O que é entendido pela metade, e nesse ponto se outorga a verdade resistindo a qualquer tentativa de mudança, resulta mais difícil de avançar no caminho de um processo formativo que implica um entendimento crítico da adaptação enquanto processo necessário para a sobrevivência, mas, especialmente, implica um comprometimento com os processos emancipatórios que envolvem a conquista da autonomia.

Concordamos com Pucci (1998, p.97) que a semiformação propicia um "verniz formativo que não dá condições de se ir além da superfície" e inibe as potencialidades das pessoas de contribuírem na transformação social.

Apesar do poder hegemônico da semicultura para adestrar os sujeitos, a formação cultural não desapareceu no capitalismo tardio e, segundo Adorno (1996), representa a antítese da semiformação. Por essa razão é fundamental outorgar um lugar privilegiado à formação na educação dos professores, visando-a como um processo permanente de questionamento e de luta pela autonomia. Embora a formação não possa ser reduzida nem à sua origem como autonomia nem à adaptação das condições da vida social, dado o esvaziamento

82 LEONARDO FABIO MARTÍNEZ PÉREZ

do poder emancipatório da cultura no capitalismo tardio, é necessário reivindicar com maior força o papel da autonomia, pois oferece uma autorreflexão crítica da semicultura como um passo essencial para quebrar sua perigosa naturalização. A constituição da autonomia implica um resgate da experiência formativa nos processos educacionais dos professores, na medida em que o conhecimento experiencial desenvolvido desvia a atenção das emoções contínuas de fácil alcance que são promovidas pela semicultura. Resgatar a experiência formativa implica uma crítica a todas as situações e realizações que impedem o homem de viver plenamente sua capacidade de realizar-se na cultura.

Adorno (ibidem) reivindica a noção kantiana de esclarecimento para destacar na experiência formativa os elementos da razão que levam à maioridade e ao amadurecimento dos sujeitos por meio de um processo objetivo da subjetividade, o que também pode ser descrito como a formação e atuação do homem como sujeito ousado e ilustrado.

> O processo de semicultura é o antípoda da proposta de Kant, pois priva o sujeito de sua iniciativa/criatividade subjetiva e o despotencializa na objetivização de sua subjetividade em suas ações concretas. [...] A busca da educação/formação enquanto *Aufklärung*[1] em sua contraposição ao processo de semicultura, não se dá, pois, apenas no campo puramente subjetivo, superestrutural; é uma busca que atinge o homem e a sociedade enquanto um todo, em sua capacidade subjetiva/objetiva, nas condições ideais e materiais de reagir, de se contrapor e de direcionar e perspectiva da emancipação. (Pucci, 1998, p.112)

Assim a educação como processo formativo atinge o homem e a sociedade como um todo em sua capacidade subjetiva e objetiva,

---

1 O termo é traduzido do alemão para o português por Guido Antonio de Almeida como "esclarecimento", pois o termo "iluminismo" fica restrito ao período histórico correspondente ao Século das Luzes. Almeida, como tradutor da dialética do esclarecimento escrita por Adorno e Horkheimer (1985), preferiu o termo "esclarecimento" porque significa o processo de racionalização em que os homens tentam se libertar das potências míticas da natureza, mas acabam submetidos a condições sociais que exigem a regressão de suas próprias capacidades.

bem como nas condições ideais e materiais de agir com o objetivo de alcançar a emancipação.

A perspectiva adorniana sobre a educação nos ajuda a compreender a formação de professores como um processo permanente que transcende os diferentes momentos de escolarização, pois a semiformação permeia toda a vida social, especialmente aquela que ocorre fora das instituições educacionais. Por essa razão, é importante que a educação de professores favoreça experiências crítico-formativas que os encorajem na constituição de sua autonomia.

A tese da formação do professor como processo de apropriação subjetiva e objetiva da cultura é importante no que diz respeito a ensinar Ciências, pois as ciências também são uma construção humana e cultural.

Existe um representativo número de trabalhos de pesquisa em ensino de Ciências que apontam a ciência como uma forma de cultura constituída historicamente por diversas, práticas, valores e linguagens (Cobern; Aikenhead, 1998; Newton; Driver; Osborne, 1999; Roth; Lawless, 2002; Carvalho, 2007a; 2007b).

Levando em consideração os trabalhos citados, destacamos algumas contribuições da concepção sociocultural do ensino de Ciências que nos permitem trabalhar na formação dos professores a natureza social do conhecimento científico em permanente evolução e transformação de acordo com a visão crítica adotada em nosso trabalho.

Segundo a perspectiva sociocultural, os modelos ou teorias construídos pelas ciências são construções humanas e não podem ser considerados como simples observações sistemáticas da natureza, de tal modo que o ensino de Ciências deve aproximar os estudantes de uma nova forma de ver os fenômenos do mundo em que vivem, assim como deve favorecer a apropriação de uma linguagem que lhes permita representar e explicar tais fenômenos. A perspectiva sociocultural entende a aprendizagem dos estudantes como um processo de enculturação, no qual o professor favorece o acesso às formas que a ciência possui para a construção de conhecimento.

Segundo Carmo e Carvalho (2009), a concepção de aprendizagem como enculturação implica envolver os estudantes na cultura científica, apreendendo parte de suas linguagens, seus métodos, seus processos e suas práticas, o que contribui para a construção de novas visões de mundo. No entanto, é importante precisar que a enculturação não pode ser considerada como uma mera aquisição de uma nova cultura em detrimento da cultura preexistente formada no cotidiano. O que interessa é que os estudantes aprendam a valorizar e a utilizar suas próprias concepções e as concepções das ciências conforme as situações específicas o exijam. Nesse sentido, Cobern e Aikenhead (1998) salientaram que a enculturação científica é evidenciada nos estudantes no momento em que eles apreendem a valorizar e utilizar as explicações científicas em determinados contextos sociais sem anular suas próprias concepções e experiências que caracterizam sua própria cultura.

A enculturação científica é um elemento relevante para a perspectiva CTSA na formação dos professores, porque implica um diálogo entre cultura científica e cultura humanística, tendo em consideração a dicotomia existente entre essas duas culturas. O trabalho de Snow (1995, p.127) salienta a importância de superar a dicotomia entre essas duas culturas.

A divisão da nossa cultura está nos tornando mais obtusos do que necessitamos ser. Podemos restabelecer as comunicações até certo ponto. Mas, como já disse antes, não estamos formando homens e mulheres que possam compreender o nosso mundo tanto quanto Piero della Francesca ou Pascal ou Goethe compreendiam o seu. No entanto, com sorte, podemos educar uma grande proporção de nossas melhores inteligências para que não desconheçam a experiência criativa, tanto na ciência quanto na arte, não ignorem as possibilidades da ciência aplicada, o sofrimento remediável dos seus contemporâneos e as responsabilidades que, uma vez estabelecidas, não podem ser negadas.

A enculturação científica é importante para a formação de professores, porque é um processo que vai além do desenvolvimento de habilidades para ensinar determinados conteúdos científicos. Implica voltar o ensino de Ciências ao diálogo entre cultura científica e as culturas escolares que os estudantes desenvolvem a partir de suas experiências e convicções.

Maddock (1981) propôs um ponto de vista cultural salientando que a ciência e o ensino de Ciências são empreendimentos sociais que abrangem uma rede de significados, a partir dos quais o ser humano interpreta o mundo em determinados contextos. Esse empreendimento social representa uma subcultura da cultura ocidental e, portanto, pode entrar em conflito com outras formas culturais de outorgar sentido ao mundo.

De acordo com Cobern e Aikenhead (1998), sob uma perspectiva antropológica, o ensino de Ciências pode ser entendido como um sistema organizado de significados e símbolos em termos de interações sociais. Assim, podemos caracterizar diversas culturas (oriental, ocidental, indígena etc.) de acordo com o sistema de significados e símbolos usados por determinados grupos sociais. A cultura implica normas, valores, crenças e expectativas de um grupo determinado. Conforme Giroux (1997, p.167), a cultura implica "as maneiras distintas nas quais um grupo social vive e dá sentido às circunstâncias e às condições de vida que lhe são dadas".

Em uma cultura há subgrupos que normalmente são identificados de acordo com a raça, a linguagem, a etnia, a classe social, a religião etc. Uma pessoa pode fazer parte de vários subgrupos ao mesmo tempo, de modo que se configura uma diversidade cultural importante para os processos de ensino de Ciências. Furnaham (1992) identificou a forte influência de determinados subgrupos na aprendizagem da ciência. Cada subgrupo está composto por pessoas que compartilham determinados significados e símbolos em determinados lugares e contextos.

Os cientistas compartilham um sistema bem definido de significados e símbolos em termos de determinadas interações sociais em determinados espaços sociais (universidades, institutos de pesquisa, empresas etc.) marcados por sua tradição ocidental, sendo que a cultura ocidental, ao ocupar um lugar privilegiado de prestígio, pode excluir outras culturas por considerá-las não cultura e por não compartilhar sua visão de mundo, criando dessa forma uma relação de dominação.

A enculturação autônoma proposta por Cobern e Aikenhead (1998) articula o ensino de Ciências com a constituição da cidadania dos estudantes ao reconhecerem sua cultura cotidiana. Assim, o desejável é que eles transponham as fronteiras entre sua cultura cotidiana e a cultura científica aprendendo a utilizar as possibilidades que cada uma lhes possibilita em determinadas situações ou contextos sociais.

A tentativa de construir processos de enculturação científica nas aulas de Ciências não é uma tarefa fácil e pode favorecer processos de encorajamento ou de perturbação nos estudantes, dependendo dos cuidados que sejam considerados. Para o primeiro caso, o ensino de Ciências articula-se com a cultura do cotidiano dos estudantes (senso comum) buscando que eles desenvolvam um raciocínio autônomo e crítico sobre as compreensões que possuem a propósito do mundo que os envolve ou dos fenômenos apresentados nesse mundo. Dessa forma, a enculturação autônoma não é um processo de substituição ou de mudança radical de ideias próprias do senso comum. Pelo contrário, busca-se que os estudantes aprendam as regras, as linguagens e os sistemas de valores da ciência que lhes permitam possuir uma visão de mundo mais abrangente e que ao mesmo tempo favoreçam a análise do senso comum contido em suas ações diárias.

No entanto, se o ensino de Ciências perturba o pensamento cotidiano dos estudantes, obrigando-os a abandoná-lo ou marginalizá-lo, para dar passo ao novo pensamento (cultura científica), apresenta-se uma aprendizagem mecanicista, e não uma enculturação científica, tendo em consideração que esta precisa de diálogo e negociação com o senso comum que orienta a vida da maior parte das pessoas.

Conforme Aikenhead (2002a), o ensino de Ciências convencional tenta transmitir a ciência livre de valores, o que seria uma verdadeira ficção, pois na verdade transmite determinados valores sociais investidos de uma ideologia cientificista fortemente apropriada pelo pensamento científico que outorga autoridade à ciência, desarticulando-a das preocupações humanísticas. Sob essa visão a ciência é autoritária, objetiva, universal, impessoal e estéril socialmente. A ideologia cientificista no ensino promove nos estudantes a ideia de que eles devem pensar como cientistas e devem excluir outras formas de pensamento.

A enculturação científica não é um problema de uma minoria de estudantes que desejam propiciar uma visão científica do mundo e que

QUESTÕES SOCIOCIENTÍFICAS NA PRÁTICA DOCENTE **87**

optam por cursos universitários de Ciências, pois implica também a educação dos cidadãos, que, em suas vidas, enfrentaram questões sociocientíficas. A maior parte dos estudantes que não escolhem a ciência como opção profissional a considera algo estranho à sua vida e termina alienando-se aos conteúdos transmitidos no processo de ensino, o que inviabiliza sua participação em debates públicos sobre ciência e tecnologia. O problema da alienação é ainda mais marcante para estudantes de outras culturas, por exemplo, aqueles que são descendentes de culturas indígenas, pois terminam colonizados pela ciência ocidental.

A imposição da cultura científica na escola decorre na transmissão de determinada visão de mundo, e não implica um processo de enculturação, pois os estudantes não outorgam sentido a um corpo de conhecimentos que lhes é estranho. Por essa razão, a enculturação científica trabalha nos limites entre a cultura dos estudantes e a cultura científica em busca de um diálogo intercultural.

Por exemplo, Maddock (1983) pesquisou algumas experiências de ensino de Ciências em Nova Guiné (África) e concluiu, a partir de fatos, que a ciência "transmitida" alienou os estudantes, separando-os de suas culturas tradicionais, oprimindo permanentemente o cotidiano dos estudantes e esvaziando-os do poder cultural do grupo social ao qual pertenciam.

O ensino de Ciências tradicional tem favorecido a aprendizagem mecanicista de uma cultura em detrimento da cultura dos estudantes, diante do que Cobern e Aikenhead (1998) propõem analisar os limites culturais da aprendizagem que favorecem uma enculturação autônoma, a qual é compreendida como um processo intercultural de fronteira entre aspectos de várias culturas, por exemplo, a cultura dos estudantes e a cultura científica.

A perspectiva que relaciona equidade cultural entre os diferentes saberes dos estudantes e conhecimentos científicos fundamenta um modelo sociocognitivo para o ensino e a aprendizagem das Ciências. Esse modelo proposto por O'Loughlin (1992) possui uma visão dialógica que se opõe ao discurso convencional de transmissão de informações e valores. Assim, o significado dialógico ocorre quando a aprendizagem é influenciada pelos textos e contextos que desempenham um papel ativo no desenvolvimento pessoal e social dos professores que participam dos processos de intercâmbio dialógico.

Conforme Aikenhead (2002a), a proposta de O'Loughlin abrange uma compreensão mais ampla que a oferecida pelo ensino de Ciências tradicional, que, entre outras coisas, é reduzido à interpretação de textos para o sucesso em provas e graduações. Pelo contrário, a visão dialógica de O'Loughlin implica o desenvolvimento de aprendizagens para a participação da cultura. Nessa perspectiva, o estudante, ao mesmo tempo que aprende, também reflete criticamente sobre as relações de poder de que participa.

A despeito de a proposta de O'Loughlin ter sua importância, ela não explicita com clareza o significado da perspectiva cultural delineada por Aikenhead (ibidem) nos seguintes aspectos: i) a ciência ocidental é uma cultura em si mesma, uma subcultura da sociedade euro-americana; ii) as identidades culturais das pessoas podem estar a favor ou contra a cultura da ciência ocidental; iii) ciência em sala de aula é uma subcultura da cultura escolar; iv) muitas mudanças nas experiências dos estudantes ocorrem quando estes transitam a partir de seus próprios pontos de vista até o mundo da ciência escolar; e v) a aprendizagem das ciências é um evento que perpassa a cultura dos estudantes.

A perspectiva cultural engaja os estudantes em processos de negociação no momento em que aprendem e participam em seu próprio mundo, que não é necessariamente o mundo da ciência ocidental, mas um mundo cada vez mais influenciado pela ciência e pela tecnologia ocidentais.

Consideramos que nós, professores de Ciências, devemos enfrentar os problemas de ensino nas interfaces culturais de nossos estudantes tomando em consideração sua cultura, bem como a cultura científica que pretendemos ensinar. Sob essa perspectiva, em seguida discutiremos as contribuições de Giroux (1999) para a perspectiva cultural, bem como sua contribuição para a formação de professores como intelectuais transformadores.

A formação dos professores como intelectuais transformadores

Giroux (ibidem) nos ajuda a abordar a questão dos limites ou das fronteiras culturais de nosso ensino oferecendo uma perspectiva crítica que possibilita compreender e transformar a cultura escolar. Nesse sentido, o autor (2003a; 2005) propõe um ensino crítico para os estudos culturais que transforma a educação em um projeto que visa a conquista da democracia radical.

Giroux (1999) incorporou novos discursos críticos dos estudos culturais, da política, da identidade e da diferença abrangida nos novos discursos sobre classe, gênero, raça, sexualidade etc., de modo que concebe as perspectivas da transdisciplinaridade transformadora da educação, a teoria social e os estudos literários como um "cruze de fronteiras". O autor citado, ao utilizar uma abordagem metateórica, expõe as razões da importância dos estudos culturais na reconstrução da educação contemporânea e a necessidade de uma nova compreensão da cultura, da política cultural e da pedagogia que superem a ortodoxia da esquerda e da direita e que visem a transformação social da democracia, trazendo à realidade as promessas de igualdade, liberdade e justiça.

Giroux (1997) considera que a pedagogia crítica ou radical surgiu na década de 1970 como uma resposta à ideologia da prática educacional tradicional, que concebia as escolas como espaço para a construção de uma sociedade democrática igualitária e ignorava os mecanismos de dominação e controle envolvidos nos processos de escolarização, de tal forma que o objetivo central dessa pedagogia foi desvelar como as escolas reproduzem a lógica do capital por meio de formas materiais e ideológicas que estruturam a vida de estudantes de diversas classes, gêneros e etnias. No entanto, a pedagogia radical precisou ser revitalizada com a linguagem da possibilidade, pois focou exageradamente na crítica da escola como espaço de reprodução de ideologias e interesses dominantes, descuidando a construção de uma linguagem programática que orientará o desenvolvimento de mudanças educacionais por parte dos professores.

A pedagogia crítica oferece elementos teóricos importantes para a formação do professor de Ciências como um intelectual transformador que se preocupa em construir a escola como uma esfera pública democrática.

O conceito de intelectuais transformadores na formação de professores de Ciências é importante para abordar o ensino de Ciências como um processo político e pedagógico, por meio do qual os professores, enquanto pesquisadores, em sua prática, exercem seu papel educacional e social junto aos seus colegas em busca de uma escola na qual os estudantes constroem conhecimentos e habilidades necessárias para conquistar a democracia.

Os professores, como intelectuais transformadores, ultrapassam a promoção de atividades de ensino orientadas à realização individual de seus alunos, para engajá-los em raciocínios críticos que lhes possibilitem interpretar e transformar o mundo em que vivem.

> Mas especificamente, a fim de atuarem como intelectuais, os professores devem criar a ideologia e condições estruturais necessárias para escreverem, pesquisarem e trabalharem uns com os outros na produção de currículos e repartição do poder. Em última análise, os professores precisam desenvolver um discurso e conjunto de suposições que lhes permitam atuarem mais especificamente como intelectuais transformadores. Enquanto intelectuais, combinarão reflexão e ação no interesse de fortalecerem os estudantes com as habilidades e conhecimento necessários para abordarem as injustiças e de serem atuantes críticos comprometidos com o desenvolvimento de um mundo livre da opressão e exploração. (ibidem, p.29)

A proposta de intelectuais transformadores como categoria estrutural da formação continuada de professores de Ciências é significativa para compreendermos de outra forma o trabalho docente, o que nas últimas décadas tem sido reduzido a uma racionalidade tecnocrática e instrumental em contextos sociais diferentes, tais como o norte-americano (ibidem), o europeu (Carr; Kemmis, 1988; Contreras, 2002) e o sul-americano (Reyes; Salcedo; Perafan, 1999; Maldaner, 2000). Os trabalhos citados têm documentado a existência dessa racionalidade entrelaçada à preparação do professor que desconhece suas capacidades pessoais e suas próprias experiências docentes. Essa racionalidade também tem favorecido a exclusão dos professores da participação ativa nas reformas educacionais.

Se considerarmos os professores como intelectuais transformadores, estaremos reivindicando sua capacidade de refletir e agir de acordo com seu próprio raciocínio. Em termos adornianos, estaremos admitindo que os professores podem ser autônomos quando deixam de estar sob a tutela de agentes externos à sua profissão, de modo que eles podem posicionar-se diante dos problemas particulares de seu ensino e diante das políticas curriculares que regulam seu trabalho docente.

Enfrentar a formação continuada de professores como um processo de encorajamento de intelectuais transformadores implica enfatizar que eles podem definir responsavelmente o que ensinar e por que ensinar, transcendendo sua função instrumental de definir somente o como ensinar. Cabe alertar que, sob essa perspectiva, o ensino do professor não pode ser reduzido ao treinamento de habilidades mentais ou práticas, por mais que estas sejam importantes, pois o ensino também envolve uma formação política e ética, necessária para o desenvolvimento de uma sociedade livre e democrática.

Os professores, como intelectuais, constituem uma crítica à ideologia tecnocrática e instrumental que separa conceitualização e planejamento das atividades de ensino de sua correspondente prática.

> Encarando os professores como intelectuais, nós podemos começar a repensar e reformar as tradições e condições que têm impedido que os professores assumam todo o seu potencial como estudiosos e profissionais ativos e reflexivos. Acredito que é importante não apenas encarar os professores como intelectuais, mas também contextualizar em termos políticos e normativos as funções sociais concretas desempenhadas pelos mesmos. Desta forma, podemos ser mais específicos acerca das diferentes relações que os professores têm tanto com seu trabalho como com a sociedade dominante. (Giroux, 1997, p.162)

Podemos recuperar a reflexão sobre a função social dos professores como intelectuais transformadores refletindo sobre a escola como um espaço sociocultural de disputas que congrega sujeitos com histórias e vozes diferentes em determinadas relações de poder, de tal forma que as escolas não são locais neutros e, portanto, os professores possuem determinados interesses políticos e ideológicos que estruturam seus discursos e práticas. Nesse sentido, Giroux (idem) salienta a importância de tornar o pedagógico mais político e o político mais pedagógico.

Tornar o pedagógico mais político significa que os professores, como intelectuais transformadores, contribuem com o encorajamento de seus alunos na perspectiva de aportarem para a transformação das injustiças econômicas, políticas e sociais. Assim, podemos dizer que o conhecimento e o poder estão orientados pelo interesse emancipador de alcançar uma sociedade democrática para todas as pessoas sem relevar sua classe, gênero, sexo, cor, religião ou etnia.

Tornar o político mais pedagógico implica que a dimensão política na escola trate os estudantes como agentes ativos que problematizam o mundo e agem de acordo com raciocínios críticos. Implica também que os professores deem voz ativa aos estudantes, de tal forma que considerem seus alunos em suas conotações subjetivas, coletivas e históricas.

O conceito de intelectual transformador na formação continuada de professores de Ciências também faz parte de um discurso mais amplo da pedagogia entendida como política cultural, que é compreendida por Giroux (ibidem, p.31) como um conjunto concreto de "práticas que produzem formas sociais através das quais diferentes tipos de conhecimentos, conjuntos de experiências e subjetividades são construídos".

A dimensão da política cultural se enquadra em uma nova compreensão do currículo diante das teorias curriculares tradicionais focadas nos conteúdos e metodologias de ensino. Essa nova compreensão do currículo considera a escolarização como espaço cultural e político que incorpora um projeto de transformação, bem como uma forma produtiva que constrói e define a subjetividade humana por meio das ideologias e práticas que incorpora (Giroux; Simon, 1997).

O currículo, sob um novo olhar, analisa a linguagem, a cultura popular, a teorização da formação social, a história e a pedagogia como temas essenciais. A linguagem, além de ser uma forma de nomear o mundo, implica um conjunto de relações sociais, de tal forma que o construído historicamente envolve discursos que são produzidos, distribuídos e consumidos de diferentes formas, constituindo nossa identidade social. Assim, as pretensões institucionais são intencionais. Diante disso, o professor precisa questionar as formas simbólicas e materiais dos discursos educacionais para estabelecer formas possíveis de educação.

As culturas populares e subordinadas constituem um tema relevante nos processos de escolarização. Por exemplo, as experiências desenvolvidas pelos estudantes em suas casas, bairros e na própria escola constituem um espaço cultural a partir do qual eles outorgam sentido à sua própria vida. As construções culturais dos jovens, na maior parte dos casos, são desconhecidas nos processos de ensino de Ciências e criam uma região de conflito com a cultura acadêmica ou a cultura científica que os professores pretendem ensinar. Por exemplo, Leal e Rocha (2008) salientam, no ensino de Ciências (Química), a importância da análise da cultura juvenil, já que esta é estigmatizada e gera choques com a cultura escolar.

A história é outro elemento relevante para a política cultural, pois possibilita a análise das práticas educacionais como construções históricas relacionadas com aspectos econômicos, políticos e sociais de um determinado momento. Giroux e Simon (1997) salientam a importância da história para a realização da crítica e a busca de novas possibilidades para a educação, pois, ao comparar diferentes experiências escolares em diferentes momentos e condições, podemos abstrair novos elementos que fundamentem nossa leitura do presente para propor um futuro diferente.

A pedagogia é outro tema importante e transversal da política cultural que implica uma preocupação com o que deve ser feito nos espaços escolares de acordo com determinados propósitos. Essa compreensão da pedagogia, sob o olhar de Giroux e Simon (ibidem), é coerente com nossa preocupação com o ensino de Ciências na medida em que nos interessa pensar sobre como os professores de Ciências podem organizar situações de aprendizagem que problematizem a cultura científica como uma forma de imposição cultural. Da mesma forma, interessa-nos pensar sobre atividades que podem oferecer aos estudantes novas possibilidades para que eles enfrentem as pressões sociais em suas próprias vidas. Essa visão pedagógica do ensino nos ajudaria a superar a visão tecnicista do ensino de Ciências, reduzido à simples transmissão de conteúdos e procedimentos.

> Estudar pedagogia nunca deveria ser confundido com nos dizerem o que fazer, mas a mesma de fato requer novas formas de estudo acadêmico que implicam definitivamente a faculdade universitária em reais esforços para definir projetos educacionais que sejam verdadeiramente transformadores. (ibidem, p.169)

Linguagem, cultura popular, história e pedagogia sob a perspectiva crítica são elementos estruturais da política cultural que identifica o currículo como forma de teoria social relacionada com diferentes formas de conhecimento e práticas sociais que reproduzem ou problematizam formas particulares de vida social. O currículo envolve uma dimensão política da educação que desvela questões de poder ocultas nas relações sociais.

A política cultural implica uma teoria radical da educação, no entanto é importante aclarar o que entendemos por radical em termos pedagógicos, pois, como é alertado por Giroux e Simon (ibidem), radical não significa que os estudantes devam aprender um determinado discurso ou determinada doutrina, como o marxismo ou o liberalismo. Ao contrário, o significado de radical é muito mais amplo e se refere à articulação entre a teoria/prática curricular e a pedagógica, entendida como um processo emancipatório, diante de qualquer forma de dominação subjetiva e objetiva, mesmo aquelas formas de dominação da esquerda ou da direita, em termos políticos. Essa visão radical visa à produção de conhecimentos e habilidades que contribuam para a construção de uma vida melhor e mais justa para todos.

Por essa razão, o discurso curricular radical da política cultural articula a linguagem da crítica com a linguagem da possibilidade no movimento dialético da educação. A linguagem da crítica sustenta a análise permanente das diferentes pretensões do conhecimento (científico, político, escolar, popular etc.) no contexto escolar e social como parte da dinâmica cultural entrelaçada à produção e à legitimação de formas sociais reproduzidas nas relações assimétricas de poder.

A linguagem da possibilidade reconhece que nos espaços escolares e sociais de disputa cultural existe a possibilidade e a necessidade de se construir teorias e formas de conhecimento que trabalhem com as experiências que estudantes e professores trazem para o ambiente escolar, o que implica um profundo reconhecimento da riqueza cultural presente em experiências, histórias e raciocínios próprios dos estudantes, que lhes dão voz no ambiente escolar. Contudo, essa riqueza cultural deve ser considerada criticamente, desvelando suas limitações e fraquezas, bem como suas potencialidades dentro e fora do mundo escolar.

> Como linguagem de possibilidade, o discurso curricular estaria ligado a formas de autofortalecimento e social que envolvessem a luta para desenvolver formas ativas de vida comunitária em torno dos princípios de igualdade e democracia. Ele iria infundir o trabalho pedagógico dentro e fora das escolas como um discurso que pode funcionar para trazer esperanças reais, forjar alianças democráticas e apontar para novas formas de vida social que pareçam realizáveis. (ibidem, p.171)

A linguagem da crítica e a linguagem da possibilidade na prática cultural também constituem uma nova leitura da relação universidade e escola, valorando ambos os espaços culturais no mesmo grau de importância, embora cada um tenha papéis e funções sociais diferentes. Na universidade, bem como na escola, é necessário reconstruir o conceito de intelectual como transformador na medida em que contribua com outros grupos ou movimentos sociais, aportando não apenas à produção de ideias, mas também às diferentes formas de luta coletiva com respeito às preocupações econômicas, sociais e políticas. Tudo isso é importante porque os programas curriculares têm esquecido a responsabilidade social de formar intelectuais e profissionais preparados para enfrentar as disputas sociais, preferindo privilegiar a preparação de funcionários obedientes.

Concordamos com Giroux e Simon (ibidem), que veem os professores como intelectuais transformadores e oferecem a oportunidade de ligar as possibilidades da emancipação às formas críticas de liderança articuladas com seu papel social.

A ideia de intelectual transformador proposta por Giroux está fortemente influenciada pela ideia de intelectual orgânico de Gramsci (1971), que defendeu o desenvolvimento de um novo intelectual que não podia se limitar à eloquência momentânea dos afetos e das paixões, mas era necessário seu comprometimento com a prática social como sujeito persuasivo que não está mais restrito aos seus conhecimentos técnicos e disciplinares, pois os contextualiza em um determinado cenário político.

A pretensão de entender a formação do professor como um intelectual transformador, articulando trabalho acadêmico com aspectos sociais e políticos, envolve contradições entre a lógica do mercado e a lógica da estrutura do trabalho docente, entre o desejo de liberdade intelectual descomprometido socialmente e a responsabilidade de se assumir como intelectual orgânico.

Tais contradições não têm uma solução determinada, mas podemos pensar na possibilidade de serem consideradas em três categorias oferecidas por Giroux e Simon (1997): a) o coleguismo ou trabalho coletivo; b) questionamento de noção de estudantes como clientela; e c) definição de conteúdo programático.

O fato de nosso trabalho docente no capitalismo tardio ser regido pelo individualismo e pela competitividade entre colegas para adquirir os escassos recursos da economia educacional leva os professores a disputar a realização de diversos cursos e a publicação de trabalhos como formas impostas para melhorar seus salários ou ter melhores oportunidades laborais, condicionando, dessa forma, a vida acadêmica aos desejos individuais, como pouca interação social. Diante dessa situação, o trabalho coletivo oferece a possibilidade de aproximar os professores para trabalharem de acordo com interesses comuns, o que pode contribuir para perpassar a fronteira do individualismo.

O trabalho coletivo realizado de acordo com interesses comuns também é relevante para a educação dos estudantes e constitui uma forma de questionar a ideia convencional de que eles são clientes que precisam receber somente conhecimentos especializados para torná--los cada vez mais individuais e dependentes dos especialistas ou pesquisadores das universidades ou das empresas.

Os professores podem pensar seu trabalho como parte de uma aliança com grupos de pessoas fora de sua especialidade conformando foros de discussão educacional que superem a convencional separação entre teoria-prática, objeto-sujeito, saber e fazer. Assim, a transformação interdependente de professores, estudantes e circunstâncias orienta o ensino crítico e a política cultural enquanto dimensão estrutural da formação continuada de professores.

O conteúdo programático é outro aspecto relevante da política cultural do currículo, pois esta não existe no vazio, ela precisa tratar de algum tema ou assunto programático. No entanto, a definição de conteúdos de ensino de acordo com uma perspectiva crítica não pode ser reduzida aos conteúdos das disciplinas tradicionais. O desejável é a constituição de grupos de trabalho interdisciplinar que possam trabalhar temas de interesse comum.

A questão do conteúdo de ensino está direitamente relacionada aos conteúdos que os professores ensinam e que os estudantes aprendem nas escolas. É claro que, sob uma perspectiva crítica, é concebível que os estudantes aprendam mais que conhecimentos e habilidades, pois aprendem muito mais do que está definido no currículo oficial (Giroux; Penna, 1997). Nesse sentido, qualquer intervenção de ensino pode fracassar se ignora as forças sociopolíticas que influenciam as práticas pedagógicas em sala de aula.

As escolas possuem um papel social e político importante que não é cumprido pela família nem pelo Estado e constitui um espaço de socialização particular, no qual crianças e jovens constroem conhecimentos, habilidades e raciocínios que possuem um papel fundamental na sua preparação para o enfrentamento dos problemas apresentados ao longo da vida.

A formação do professor como um processo permanente de amadurecimento intelectual orientado a um agir crítico implica que a educação do professor deve ser vista de acordo com interesses políticos e ideológicos que estruturam a natureza do discurso pedagógico. Segundo essa perspectiva, os professores devem tornar-se intelectuais transformadores na medida em que favorecem o exercício pleno da cidadania de seus alunos (Giroux, 1997; 2003b).

A formação do professor entendida com um processo eminentemente político reconhece a capacidade do professor de interrogar-se sobre o papel que desempenha na sociedade e sobre o papel de sua prática nos espaços culturais nos quais é desenvolvida. Assim, a aprendizagem e o ensino inserem-se em um espaço de disputa que pode favorecer o conformismo dos estudantes ou, de maneira contrária, pode favorecer mudanças.

A dimensão política da formação é uma necessidade atual, sobretudo quando o sentido de um professor intelectual crítico não é considerado nos currículos oficiais dos cursos e, portanto, constata-se que a formação do professor raramente ocupa um espaço crítico e político em nossa sociedade (Giroux; McLaren, 1997).

A despolitização da educação do professor de Ciências oculta os interesses inerentes a todo tipo de conhecimento, inclusive o conhecimento científico e tecnológico, por exemplo, em situações do cotidiano, quando determinadas ideias servem muitas vezes para mascarar com pretextos legitimadores as intenções reais das nossas ações. Esse tipo de agir será denominado, no caso individual, como certa racionalização e, no plano da ação coletiva, como ideologia.

Essa despolitização é também reproduzida na educação tradicional do professor de Ciências, garantindo a racionalidade técnica e a visão cientificista do conhecimento científico e tecnológico. Pedretti (2003) evidencia as dificuldades dos professores de Ciências para trabalhar a dimensão política do ensino de Ciências com enfoque CTSA, preferindo o ensino neutro da ciência. Assim, muitos professores encaram como um verdadeiro dilema abordar questões sociocientíficas (QSC) desvalorizadas no currículo, pois essas questões indispõem a ciência tradicional transmitida aos estudantes, colocando em perigo o próprio *status* do professor e do conhecimento científico, já que a inclusão de conteúdos sociocientíficos no currículo envolve um posicionamento político e um agir crítico.

A formação crítica do professor implica investir maiores esforços em pensar a questão da autonomia docente, na medida em que essa dimensão se refere às formas diversas como o professor atua nas escolas como profissional da educação, bem como remete aos problemas políticos relacionados com as diferentes formas de entender o trabalho docente.

Concordamos com Contreras (2002) que o estudo da autonomia docente é relevante, porque não é reduzido a uma questão individual, pois tem a ver com as relações sociais que o professor estabelece em sua prática educacional.

7
A QUESTÃO DA AUTONOMIA DOCENTE NA FORMAÇÃO DE PROFESSORES

A questão da autonomia docente tem sido desenvolvida no contexto do desenvolvimento profissional dos professores (Sanches, 1995; Monteiro, 2006; Guerra; Veiga, 2007; Contreras, 2002), de modo que primeiro devemos perguntar-nos se o trabalho do professor constitui em si uma profissão, em virtude dos critérios sociais que caracterizam as profissões. Segundo Carr e Kemmis (1988), o primeiro critério que deve ser considerado para estabelecer o trabalho do professor como uma profissão consiste em evidenciar se os conceitos e práticas desenvolvidos pelos professores fazem parte de pesquisas e conhecimentos próprios da comunidade de educadores. O segundo critério tem a ver com o objetivo social da profissão, relacionado com os interesses do público atendido no trabalho docente. E o terceiro critério consiste em estabelecer se o trabalho dos professores contribui para a construção e o desenvolvimento de sua autonomia pessoal e social. Historicamente, o ensino visto como profissão tem enfrentado problemas para atender plenamente a esses aspectos.

As restrições do ensino como profissão estão relacionadas à redução da autonomia dos professores nos contextos escolares e institucionais, no quais os professores atuam hierarquicamente, com pouca participação em relação à criação de políticas educacionais e à preparação dos futuros professores, o que evidencia a falta de autonomia coletiva, embora eles possuam uma relativa autonomia nas atividades cotidianas que realizam em sala de aula.

A perda da autonomia dos professores está relacionada com a crise da profissão docente na sociedade, o que é evidenciado nos processos de proletarização docente, que têm gerado nos professores a perda do controle de seu próprio trabalho (Apple, 1989; 1999a; 1999b; 2006).

A perda do controle do trabalho docente por parte dos professores está relacionada com o aumento dos processos de instrumentalização do ensino que implicam o aumento de habilidades dos professores para pôr em prática as orientações curriculares definidas por especialistas que ostentam o *status* acadêmico de estabelecer aspectos a serem ser aplicados nas escolas para desenvolver um ensino eficaz.

Segundo Contreras (2002), os professores tenderam a interpretar o incremento das responsabilidades técnicas do ensino como um aumento de sua competência profissional, apesar de estarem subordinados às orientações estabelecidas por agentes externos ao seu trabalho docente. Dessa forma, foi se constituindo a ideologia do profissionalismo, entendido com uma forma de justificação e legitimação de reformas curriculares que eram estabelecidas fora da realidade da escola e sem a participação ativa dos professores. No entanto, o autor considera que os processos de proletarização, mas que abrangem a perda de competências técnicas por parte dos professores, envolveram a perda do sentido ético próprio do trabalho de professor, pois a falta de controle sobre seu próprio trabalho representou uma desorientação ideológica que favoreceu o desenvolvimento do profissionalismo como uma nova forma sofisticada de controlar o ensino dos professores.

O profissionalismo justificou reformas administrativas e trabalhistas para os professores sob a justificativa de melhorar o aprendizado dos estudantes. Exigiu-se uma intensificação do trabalho docente, sem oferecer melhores condições laborais em termos de reconhecimento salarial e processos de qualificação. Assim, o profissionalismo criou um tipo de obrigatoriedade de trabalho voluntário entre professores nas escolas, mantendo as mesmas condições laborais, de tal forma que colaborar nas tarefas definidas pela diretoria das escolas ou pelos agentes externos destas constituía um compromisso profissional.

QUESTÕES SOCIOCIENTÍFICAS NA PRÁTICA DOCENTE 103

Os problemas ideológicos adjacentes ao profissionalismo são questionados por Contreras (ibidem), de tal modo que o autor considera mais pertinente construir um quadro teórico para entender a questão da autonomia a partir da ideia de profissionalidade que estaria fundamentada mais no sentido educativo do trabalho docente, em comparação com a ideia do trabalho docente enquanto profissão, que estaria fundamentado em características sociologicamente definidas em termos de compromissos laborais e estratégias corporativistas. Assim, a profissionalidade vista em termos de obrigação moral, compromisso com a comunidade e competência profissional constitui elementos centrais para entender a autonomia docente.

A obrigação moral implica reconhecer que os professores têm uma responsabilidade com o desenvolvimento pessoal de seus alunos acima de seus compromissos contratuais determinados por seu trabalho docente. Os professores não somente precisam cuidar dos processos de aprendizagem de seus alunos, mas também precisam se formar em valores individuais e sociais que levem seus alunos a agir de acordo com princípios de justiça, igualdade e solidariedade.

O compromisso social vai além da dimensão moral da profissionalidade, pois articula a dimensão ética como elemento estrutural dos processos formativos na educação. A ética abrange o reconhecimento do ensino como uma atividade social que deve levar em consideração os valores e direitos da comunidade, e não apenas do indivíduo.

O ensino dos professores não pode ser considerado como um processo isolado da sociedade, uma vez que é um processo partilhado na coletividade e, portanto, envolve diferentes problemas sociais que, apesar de serem evitados em sala de aula, se expressam nos conflitos entre as experiências culturais dos estudantes e as experiências acadêmicas dos professores. Por essa razão, o trabalho dos professores é uma atividade social que alude à responsabilidade pública desses profissionais em termos de evidenciar formas de pensar os problemas da educação com suas implicações sociais.

O fato de a educação ter uma conotação social e, portanto, pública implica que a comunidade pode e deve participar de processos educativos da escola e do trabalho do professor, o que gera o conflito entre a competência profissional dos professores para definir o que devem ensinar e os problemas que a comunidade enfrenta. O conflito entre a competência profissional do professor e as necessidades da comunidade mostra que a atuação do professor pode ter um componente político, porque o ensino não poderia estar reduzido à atividade em sala de aula, mas também influiria e seria influenciado por dinâmicas sociais e políticas mais amplas.

O caráter sociopolítico da profissionalidade nos leva a perguntar-nos se o ensino contribui ou não para dinamizar os processos sociais, seja para reproduzir ou para legitimar as desigualdades e injustiças sociais, ou seja, para provocar sua problematização e sua correspondente transformação. Nesse sentido, a profissionalidade imprime um caráter coletivo da profissão docente, na medida em que o ensino interfere de alguma forma na sociedade.

Além da obrigação moral e do compromisso com a comunidade, a profissionalidade abarca a competência profissional, uma vez que o trabalho docente também precisa do domínio de conhecimentos e habilidades específicas sobre os conteúdos que são ensinados nas escolas.

O grau de realização dos compromissos éticos, morais e sociais do trabalho do professor também tem relação com o domínio dos conhecimentos específicos dos professores que orientam sua ação docente. Contudo, não podemos reduzir a competência profissional a um processo meramente tecnicista que foca no desenvolvimento instrumental de formas eficientes do ensino, que na maioria dos casos não são propostas pelos próprios professores.

A competência profissional tem um significado mais amplo que o domínio de técnicas, ela está relacionada com dois elementos essenciais que resgatamos neste trabalho. O primeiro deles corresponde ao conhecimento profissional dos professores de Ciências, e o segundo elemento corresponde ao caráter crítico e coletivo da autonomia que fundamenta o processo de ação-reflexão permanente sobre os conhecimentos profissionais e as práticas docentes.

O desenvolvimento dos professores de Ciências como profissionais autônomos implica a construção do conhecimento sobre o ensino de suas disciplinas. Com tal intuito, vários trabalhos (Porlán; Rivero, 1998; García-Díaz, 1998; Porlán; Rivero; Martín, 2000; Mellado; González, 2000) têm salientado a necessidade de desenvolver um conhecimento com respeito aos conteúdos de ensino articulados com o desenvolvimento profissional dos professores.

Conforme Mellado e González (2000), o conhecimento profissional necessário para ensinar Ciências é complexo, porque integra saberes docentes epistemologicamente diferentes de acordo com as experiências e práticas dos professores. Assim, o conhecimento profissional é o resultado da integração de saberes e experiências docentes.

Para Tardif (2000a; 2006), todo conhecimento implica relações entre a teoria e a prática, então a relação entre pesquisa acadêmica e pesquisa realizada pelos professores da escola constitui um espaço social, no qual convergem vários atores possuidores de práticas e saberes.

Um dos grandes problemas da docência, apontado por Shulman (1987), Carr e Kemmis (1988) e Tardif (2006), tem sido a falta de sistematização individual e coletiva das experiências dos professores, o que implica uma verdadeira ausência de história da prática, sem a qual é difícil realizar uma análise de seus princípios. Por essa razão, as pesquisas de Shulman são relevantes, porque acompanharam professores de diferentes níveis de ensino, constituindo um importante número de casos, nos quais registram os raciocínios e ações de professores em serviço.

As contribuições de Shulman (1987) com respeito ao conhecimento pedagógico do conteúdo são interessantes para a formação de professores, pois consideramos que esse conhecimento favorece a construção da autonomia do professor. Contudo, é importante salientar que a conquista da autonomia não está reduzida ao conhecimento pedagógico de conteúdo, que permanece ainda na dimensão pessoal do desenvolvimento profissional do professor, sendo necessário aprofundar-se em sua dimensão social, pois a autonomia docente é especialmente um processo coletivo, e não apenas um processo individual.

> A autonomia não pode ser analisada de uma perspectiva individualista ou psicologista, como se fosse uma capacidade que os indivíduos possuem.

> A autonomia, como os valores morais em geral, não é uma capacidade individual, não é um estado ou um atributo das pessoas, mas um exercício, uma qualidade de vida que vivem. (Contreras, 2002, p.197)

A autonomia entendida como capacidade individual tem o perigo de configurar decisões particulares que excluem outros atores sociais, bem como pode desconhecer o contexto social no qual é produzida. Assim, a autonomia não é um atributo que se possui, mas uma prática de relações que se constrói reflexivamente na ação.

Concordamos com Contreras (ibidem) que a autonomia docente ou profissional não pode estar desvinculada de construir determinados contextos, valores e práticas de cooperação, porque se constrói na dialética entre as convicções pedagógicas e as possibilidades de realizá-las, de transformá-las nos eixos reais do transcurso e da relação do ensino. Essas possibilidades se realizam com os estudantes, pois, se o professor não compreende as circunstâncias e expectativas dos estudantes, não poderá realizar o trabalho cooperativo que implica a construção de sua autonomia.

Se a autonomia está vinculada à comunidade, à sociedade, e ela implica processos dinâmicos de relação, então as qualidades ou as características dessas relações nos oferecem elementos interessantes para a construção da autonomia.

Contreras (ibidem) afirma que os professores têm uma interação com o mundo em que desenvolvem sua prática, um ambiente que apresenta problemas sociais e políticos que exigem sua compreensão e problematização em seu desenvolvimento profissional, com o objetivo de posicionar sua autonomia no campo pessoal e, especialmente, no campo social. Desse modo, a autonomia não se desenvolve de forma isolada, mas passa pelo movimento coletivo, que vai além do valor humano, de busca dos problemas específicos do trabalho educativo.

Podemos dizer que a autonomia vai preenchendo os espaços sociais e pessoais habitados pela dependência, fundando novas responsabilidades, que o professor vai assumindo quando se encoraja em sua prática docente de acordo com princípios éticos que respeitam a dignidade e a autonomia de seus alunos (Freire, 2002).

QUESTÕES SOCIOCIENTÍFICAS NA PRÁTICA DOCENTE **107**

A autonomia dos professores, como um processo pessoal e social, é conquistada em um processo permanente de reflexão e ação sobre o trabalho docente. Ninguém conquista individualmente sua autonomia, pois esta se realiza no encontro dialógico com os outros. Dessa forma, professores vão crescendo e amadurecendo na medida em que constituem com seus colegas espaços coletivos de discussão voltados à educação crítica de seus alunos.

A autonomia vai se constituindo na experiência de várias, inúmeras decisões, que vão sendo tomadas [...]. Ninguém é sujeito da autonomia de ninguém. Por outro lado, ninguém amadurece de repente, aos 25 anos. A gente vai amadurecendo todo dia, ou não. A autonomia enquanto amadurecimento do ser para si é processo, é vir a ser. Não ocorre em data marcada. É neste sentido que uma pedagogia da autonomia tem de estar centrada em experiências estimuladoras da decisão e da responsabilidade, vale dizer, em experiências respeitosas da liberdade. (ibidem, p.120-1)

Para oferecer possibilidades de realização da autonomia docente nos processos formativos, pensamos que a ideia do professor como pesquisador de sua prática oferece um caminho concreto para trabalhar os elementos centrais que constituem, em termos de responsabilidade ética, compromisso social e competência profissional.

A pesquisa na formação do professor e o fortalecimento da autonomia docente

Sthenhouse (1987) foi o primeiro a impulsar o movimento educativo do professor como pesquisador de sua prática, o que oferecia grandes possibilidades para fortalecer a autonomia dos professores a partir da análise de seu próprio trabalho docente. Para esse autor, o professor tem a possibilidade de estudar sua prática estabelecendo hipóteses, descrições e explicações minuciosas sobre os processos de ensino que são desenvolvidos em sala de aula. Dessa forma, a pesquisa favorece o melhoramento do ensino dos professores porque implica que eles planejem e reflitam sobre suas atividades diárias.

108 LEONARDO FABIO MARTÍNEZ PÉREZ

Elliott (1997) ampliou a reflexão teórica sobre a ideia do professor como pesquisador de sua prática considerando que o ensino do professor com prática social pode ser visto como um processo de pesquisa, porque o estudo dos modos pelos quais os professores intervêm, experimentam e avaliam diferentes formas de ensinar conforme determinados pressupostos educativos, no intuito de favorecer a evolução pessoal e social de seus alunos, pode constituir um processo de pesquisa.

No entanto, segundo Schön (2000), podemos dizer que o paradigma da racionalidade técnica na educação reduziu o ensino do professor à aplicação mecânica de procedimentos ou estratégias preestabelecidas com o objetivo de alcançar a aprendizagem eficaz dos estudantes, embora não fosse demonstrado que tais estratégias melhorassem significativamente nesse aprendizado.

Elliott (1997) defendeu a ideia do professor como pesquisador em virtude de que o melhoramento do trabalho docente estaria relacionado com a capacidade dos professores de elaborar conhecimentos sobre sua própria prática. Dessa forma, questionou a tendência existente na preparação dos professores de aplicar conhecimentos elaborados fora dos contextos educativos.

Apesar dos esforços dos autores citados em constituir a ideia do professor como pesquisador de sua prática, Zeichner (1998) alertou, com razão, que esses esforços foram importantes para produzir uma literatura acadêmica relevante sobre a pesquisa dos professores, mas as limitações estariam na falta de utilização dos conhecimentos elaborados pelos próprios professores para repensar a prática docente de professores em serviço e universitários. Assim, o autor defendeu a necessidade de uma interação colaborativa entre as vozes dos professores das escolas e daqueles universitários, dada a existência de uma barreira entre o mundo da pesquisa acadêmica e o mundo da pesquisa que o professor realiza de sua prática.

> Acredito que podemos ultrapassar a linha divisória entre os professores e os pesquisadores acadêmicos de três modos: 1) comprometendo-nos com o corpo docente em realizar ampla discussão sobre o significado e a relevância da pesquisa que conduzimos; 2) empenhando-nos, nos

QUESTÕES SOCIOCIENTÍFICAS NA PRÁTICA DOCENTE 109

processos de pesquisas, em desenvolver uma colaboração genuína com os professores, rompendo com os velhos padrões de dominação acadêmica; 3) dando suporte às investigações feitas por professores (forma como os professores preferem se referir aos seus trabalhos nos EUA) ou aos projetos de pesquisa-ação, e acolhendo seriamente os resultados destes trabalhos como conhecimentos produzidos. (ibidem, p.229)

Com o trabalho de Zeichner, a ideia do professor como pesquisador é fortalecida em termos colaborativos, o que é relevante, porque transcende a pesquisa individual do professor realizada em sala de aula para pensar a pesquisa como uma construção coletiva realizada entre professores de escolas e professores universitários comprometidos com a formação continuada de professores, bem como com o melhoramento das práticas do ensino básico.

Zeichner, além de enfatizar o trabalho colaborativo como um elemento central na formação do professor pesquisador, também salientou a importância da reflexão sobre o contexto social e político da escola e o papel social que ela tem na construção de uma sociedade mais justa. A pesquisa realizada a partir da reflexão crítica da ação docente deve avançar para melhorar a formação profissional e, portanto, oferecer melhores serviços para a sociedade e melhorar a qualidade de vida das pessoas. Também deve favorecer um controle do conhecimento e das teorias que são utilizadas pelos professores, de tal forma que eles possam ter o controle de seu próprio trabalho docente. E, por último, deve contribuir para a construção de uma sociedade democrática, influenciando, desde o âmbito escolar, os processos de mudança social necessários para que se construa uma sociedade justa, na qual todos os cidadãos tenham acesso a uma vida digna e decente (Zeichner; Diniz-Pereira, 2005).

O professor, como pesquisador, faz parte de uma perspectiva de formação de professores voltada para a reconstrução social, na qual o ensino é concebido com uma atividade crítica, uma prática social com compromisso ético e transformador.

A perspectiva da reconstrução social compreende o professor como um profissional autônomo que reflete criticamente sobre sua prática diária com o objetivo de entender os processos de ensino e aprendizagem que orienta em sala de aula, bem como com o objetivo de pensar e transformar o ensino no contexto social no qual é produzido (Pérez-Gómez, 1998).

O professor, como pesquisador das questões das qualidades da profissão, oferece-nos um quadro teórico interessante para pensar a autonomia docente como um processo reflexivo, coletivo e crítico que visa o desenvolvimento pessoal e social dos professores e, por conseguinte, visa a formação de cidadãos comprometidos com a construção de uma sociedade plenamente democrática, o que implica a emancipação individual e coletiva do ser humano.

Assim, não podemos abandonar a ideia da autonomia docente entendida como um processo emancipatório guiado por valores de justiça, igualdade e liberdade, tanto individual quanto social, porque abandonar tal ideia implica aceitar que a autonomia é reduzível a preparar indivíduos insensíveis às injustiças, às desigualdades e aos processos de dominação existentes na sociedade em que vivemos.

No intuito de constituir elementos teóricos para analisar a prática dos professores de Ciências voltada ao trabalho com questões sociocientíficas (QSC), na seguinte parte do livro, apresentamos algumas considerações sobre a Análise de Discurso Crítica, de tal forma que seja possível desvelar as contribuições e as dificuldades que os professores enfrentam ao trabalharem QSC em sua prática. Da mesma forma, a análise de discurso possibilita compreendermos as formas como a autonomia docente se reconfigura nessas práticas dos professores.

Precisamente, a análise da abordagem de QSC na prática do professor exige o uso de dispositivos analíticos próprios das teorias de discurso que favoreçam a compreensão das interações estabelecidas entre os alunos e os professores, no decorrer de discussões controversas sobre as implicações sociais da ciência e da tecnologia.

PARTE III
ANÁLISE DE DISCURSO CRÍTICA (ADC)
COMO DISPOSITIVO ANALÍTICO

8
ORIGEM DA ANÁLISE DE DISCURSO CRÍTICA (ADC) E PRINCIPAIS ELEMENTOS TEÓRICOS

Nos últimos anos, as pesquisas sobre a linguagem e o ensino de Ciências têm aumentado consideravelmente, oferecendo um quadro teórico e metodológico interessante para estudar as relações entre ciência e cultura simbólica. Martins (2006) salienta que as pesquisas preocupadas com as questões da linguagem têm abandonado as análises das visões ou das concepções focadas no indivíduo para privilegiar as análises dos sentidos e significados construídos nos processos de interação discursiva.

Segundo a autora citada, as pesquisas sobre as interações discursivas no ensino de Ciências estão preocupadas em discutir os processos pelos quais as ideias são propostas, negociadas ou defendidas no discurso, levando em consideração que o ensino e a aprendizagem das Ciências são vistos como um processo de enculturação científica, no qual estudantes e professores negociam novos significados em um processo comunicativo.

O interesse pela linguagem e pela cultura no ensino de Ciências tem favorecido o desenvolvimento de diversas perspectivas de análise de discurso que fundamentam pesquisas na área.

Os trabalhos de Mortimer e Scott (2002), Mortimer et al. (2007) e Martins (2006) têm adotado a perspectiva sociocultural, a partir da qual vêm desenvolvendo seus trabalhos embasados na ideia de que a pesquisa no ensino de Ciências envolve a análise tanto de interações discursivas, como de suas condições sociais e cultuais de produção. Assim, esses trabalhos têm constituído contribuições relevantes para entender os tipos de interações e padrões discursivos estabelecidos em sala de aula.

Por sua vez, os trabalhos de Cortela e Nardi (2004), Almeida (2007) e Camargo e Nardi (2008) têm adotado a análise de discurso de linha francesa segundo a proposta de Michel Pêcheux (1938-1983) para estudar questões de memória da área e discursos de licenciandos e professores em serviço sobre processos de reestruturação curricular de cursos de licenciatura.

Os trabalhos embasados na análise de discurso pêchetiana têm oferecido importantes contribuições sobre as questões ideológicas e políticas que abrangem o ensino de Ciências e a formação dos professores.

Uma terceira perspectiva de análise de discurso pouco desenvolvida na área corresponde à ADC, também denominada análise de discurso crítica. Na área de ensino de Ciências no Brasil, essa perspectiva tem sido utilizada por Martins (2007) e Martins e Vilanova (2008) para estudar os discursos que mobilizam a produção de textos didáticos que abordam temas de saúde.

Martins (2007) salienta que a abordagem crítica da análise de discurso ajuda a compreender que os textos que circulam nos espaços educativos em Ciências constituem práticas sociais que podem constranger significações enunciativas dos sujeitos, mas que também podem conter alternativas de deslocamento dos sujeitos.

No contexto internacional, a pesquisa de Hanrahan (2006) utiliza a ADC para estudar os efeitos das práticas discursivas dos professores de Ciências a respeito das compreensões e atitudes dos estudantes sobre a ciência escolar e a ciência em um sentido mais amplo. A pesquisa utiliza o modelo tridimensional da ADC, que abrange a compreensão do discurso como texto, prática social e prática discursiva, com o intuito de estudar as formas de representar a ciência em sala de aula, bem como os modos de agir e de se relacionar em aulas de Ciências.

Hanrahan (ibidem) conclui em sua pesquisa que os dois professores participantes do estudo operam sob exigências curriculares disciplinares, e as diferenças identificadas entre eles estão nos estilos de ensino que desenvolvem em suas aulas. Nesse sentido, o autor sugere trabalhar habilidades de comunicação, habilidades de conhecimento pedagógico do conteúdo de Ciências que lhes possibilitem favorecer a formação de todos os seus alunos, na medida em que possam emancipar-se das práticas tradicionais do ensino de Ciências.

A ADC oferece grandes possibilidades teóricas e metodológicas para estudar processos de mudança educacional, uma vez que foca na compreensão dos problemas enfrentados pelos sujeitos em termos discursivos, oferecendo subsídios para que eles possam superar esses problemas e se engajar em processos transformadores de sua própria prática social.

A ADC é uma perspectiva de análise de discurso desenvolvida para estudar os diferentes usos da linguagem nos processos de mudança social, pois os discursos constroem e constituem diferentes relações sociais, que, por sua vez, posicionam os sujeitos de diferentes modos. Assim, é de interesse da perspectiva crítica estudar os efeitos sociais do discurso, bem como as mudanças culturais de como os discursos se combinam em determinados contextos sociais para produzir ou reproduzir significados, de acordo com determinadas relações de poder, interesses e compromissos ideológicos. Dessa maneira, a dimensão crítica da análise de discurso é relevante, pois contribui no estudo das "opacas" ou "transparentes" relações de dominação, discriminação, poder e controle.

Nesse contexto, focaremos em discutir os fundamentos teóricos da ADC conforme a sua origem e as dimensões de análise que serão utilizadas nesta pesquisa.

Adotamos a denominação análise de discurso crítica, e não análise crítica de discurso, porque foi o termo utilizado pela primeira vez em língua portuguesa no trabalho de Magalhães (1986) para se referir ao estudo da linguagem como prática social na sociedade contemporânea. Segundo Magalhães (2005), o termo *Critical Discourse Analysis* foi introduzido internacionalmente por Norman Fairclough em 1985 e foi se constituindo como um campo de pesquisa crítica sobre as transformações socioculturais e econômicas das últimas décadas. As

116 LEONARDO FABIO MARTÍNEZ PÉREZ

discussões teóricas mais importantes desse campo de pesquisa têm sido desenvolvidas em três periódicos internacionais: *Discourse and Society, Cadernos de Linguagem e Sociedade e Critical Discourse Studies.* Conforme Wodak (2003a), a ADC se desenvolveu internacionalmente no início da década de 1990, posteriormente à realização de um simpósio realizado em Amsterdã, do qual participaram autores tais como Teun van Dijk, Norman Fairclough, Gunther Kress, Teo van Leeuwen e Ruth Wodak, que são considerados atualmente como os representantes mais expressivos da ADC.

A partir desse momento a ADC foi se construindo em uma perspectiva teórica e metodológica de análise que abrange várias teorias sociais e linguísticas, o que foi caracterizando a transdisciplinaridade dessa perspectiva, em virtude de que diferentes disciplinas estão abertas para experimentar transformações na interação, transcendendo o nível interdisciplinar (Fairclough, 2003a).

Conforme uma concepção transdisciplinar, a ADC resgata as contribuições da filosofia da linguagem exposta por Mikhail Bakhtin (1895-1975), a linguística sistêmica de Michael Halliday (1925-) e as teorias sociológicas e filosóficas críticas de Gramsci (1891-1937), Foucault (1926-1984) e Habermas (1929-). Assim, constrói uma leitura particular sobre questões de discurso, ideologia e poder no contexto da sociedade contemporânea.

Conforme Fairclough (2003b, p.91), o discurso é "um modo de ação, uma forma em que as pessoas podem agir sobre o mundo e especialmente sobre os outros, como também um modo de representação". Nesse sentido, o conceito de discurso envolve uma concepção de linguagem como uma prática social, e não como uma atividade individual abstrata. O discurso também está relacionado dialeticamente com as estruturas sociais, de tal maneira que as dimensões sociais condicionam a produção de discursos, bem como os discursos produzem determinadas estruturas sociais.

O discurso pode ser compreendido como texto, prática discursiva e prática social. O discurso como texto constitui partes ou fragmentos da linguagem falada, escrita ou gestual que é produzida por determinados sujeitos em determinados contextos sociais e históricos. Assim, a

QUESTÕES SOCIOCIENTÍFICAS NA PRÁTICA DOCENTE 117

linguagem, de acordo com Bakhtin e Volochínov (1988), é constituída fundamentalmente pelo fenômeno social da interação verbal realizada por meio das enunciações.

O discurso entendido como prática discursiva abrange os processos de produção, distribuição e consumo de textos, de tal forma que a natureza desses processos varia, dependendo do tipo de discurso e dos fatores sociais adjacentes. O discurso como prática social entrelaça-se à questão de ideologia e de relações de poder.

O discurso como texto, prática discursiva e prática social possui também três efeitos construtivos. Em primeiro lugar, contribui para a formação de identidades sociais. Em segundo, contribui para construir as relações sociais entre as pessoas e, finalmente, no terceiro aspecto, contribui para a construção de sistemas de conhecimentos e crenças. Esses três efeitos do discurso se apresentam de três maneiras diferentes nas práticas sociais, como modo de agir (significado acional), modo de representar (significado representacional) e como modo de ser (significado identificacional).

Segundo Wodak (2003a), a ADC propõe pesquisar as diversas formas como o uso da linguagem legitima, expressa ou constitui desigualdades e injustiças sociais. Dessa maneira, o autor concorda com Habermas (1987) que a linguagem também pode ser um meio de dominação, bem como uma força social importante que serve para legitimar as relações de poder constituídas em uma determinada sociedade, seja de forma direta ou oculta, conforme sejam desenvolvidas ideologicamente.

A ADC questiona a sociolinguística pragmática e a tradicional, nas quais as variáveis contextuais são consideradas ingenuamente, uma vez que a linguagem é considerada como um sistema autônomo ou determinista em relação com o contexto social. Ao contrário, a perspectiva crítica da análise de discurso considera os usos da linguagem na produção discursiva como um processo histórico, no qual as estruturas sociais dominantes se legitimam por meio de ideologias de grupos que ostentam o poder. Portanto, é necessário o estudo das pressões desses grupos e daqueles que resistem ou geram propostas contrárias à ordem estabelecida.

As estruturas dominantes estabilizam determinadas convenções sociais e as naturalizam até o ponto em que os efeitos do poder e da ideologia na produção de sentido são naturalizados ou coisificados como se fossem algo predeterminado e imutável. No entanto, os efeitos do poder desencadeiam a crítica como processo criativo, no qual são geradas rupturas das convenções estabelecidas.

Podemos entender o papel da crítica como o necessário distanciamento do estabelecido socialmente e o posicionamento político aberto a outros pontos de vista que, na interação intersubjetiva, constroem novas leituras e propostas sobre os usos da linguagem na sociedade.

A crítica na análise de discurso abrange a teorização sobre processos e estruturas sociais que motivam a produção de textos, assim como a análise das estruturas e processos sociais, nos quais os indivíduos e grupos, enquanto sujeitos históricos, constroem sentidos em interação com esses textos. Conforme Fairclough (2001a), usamos o termo texto(s) para nos referirmos a qualquer tipo de produção discursiva, seja escrita, falada ou gestual.

Segundo Wodak (2003b), a ADC sob uma orientação sociológica e filosófica da teoria crítica[1] opera segundo um complexo conceito de crítica social constituído por três aspectos inter-relacionados: a crítica imanente, a crítica sociodiagnóstica e a crítica de caráter prognosticador.

A crítica imanente tem o objetivo de desvelar as incoerências, as contradições, os paradoxos e os dilemas existentes nas estruturas internas dos textos ou dos discursos. A crítica sociodiagnóstica implica que o analista desenvolva um estudo mais amplo do contexto social e político no qual está inserido o texto ou o discurso. Portanto, esse tipo de crítica se fundamenta em teorias sociológicas para interpretar os processos discursivos.

A crítica prognosticadora contribui para apontar possíveis trans-

---

1 A expressão teoria crítica utilizada por Wodak se refere às contribuições teóricas da escola de Frankfurt, de acordo com os trabalhos fundadores de Horkheimer, Adorno e Marcurse, bem como os trabalhos dos teóricos contemporâneos, tais como Habermas e Honneth.

QUESTÕES SOCIOCIENTÍFICAS NA PRÁTICA DOCENTE 119

formações nos processos comunicativos desenvolvidos em diferentes estruturas sociais, tais como a família, a escola, os órgãos de poder do Estado, entre outras.

O caráter crítico da ADC não nega o necessário posicionamento sociopolítico do pesquisador, pois este realiza suas análises investido de um compromisso social de desvelar os usos da linguagem nos quais se pretende exercer o poder com o objetivo de dominar e controlar as pessoas.

O compromisso político adotado na ADC não significa que essa teoria de análise desenvolva uma interpretação parcial dos dados, pois continuamente a análise é aberta aos novos resultados das pesquisas e ao exercício permanente da autocrítica e de crítica de outras perspectivas teóricas. Precisamente a própria construção teórica da ADC abrange diferentes perspectivas das teorias sociais do discurso e da linguística crítica com o objetivo de estudar a complexidade entre discurso e relações sociais.

Conforme Fairclough (2001a, p.28), o caráter crítico da análise de discurso "implica mostrar conexões e causas que estão ocultas; implica também intervenção na sociedade", de tal forma que os problemas sociais e educativos estão estreitamente vinculados com os usos da linguagem e, portanto, à produção, ao consumo e à transformação do discurso.

Existem seis aspectos relevantes salientados por Fairclough e Wodak (1997) que orientam os estudos da ADC: 1) as relações de poder são discursivas; 2) o discurso implica um papel ideológico; 3) o discurso é histórico; 4) o vínculo entre o texto e a sociedade é mediado discursivamente; 5) a análise de discurso é interpretativa e explicativa; 6) o discurso é uma forma de ação social. De acordo com os pontos apresentados anteriormente, focaremos em discutir o poder e a ideologia como dois elementos centrais da ADC.

9
A QUESTÃO DO PODER E DA IDEOLOGIA NA ANÁLISE DE DISCURSO CRÍTICA (ADC)

Segundo Wodak (2003a), os textos raramente são criados por uma pessoa. Na verdade, seu conteúdo obedece a processos de negociação de acordo com diferenças de poder que se acentuam parcialmente codificadas no discurso e determinadas por ele mesmo, bem como pela variedade discursiva. Em consequência, os textos são terrenos de disputa que mostram vestígios dos discursos e as ideologias que se enfrentam e competem por seu predomínio.

A unidade entre linguagem e relações sociais implica que a linguagem esteja vinculada com o poder, de forma que a linguagem classifica o poder e o expressa nos diferentes contextos sociais. Embora o poder não derive da linguagem, ela pode ser utilizada para desafiar aquele ou subvertê-lo.

Fairclough (2001a) analisa criticamente os trabalhos de Michel Foucault (1926-1984) sobre o discurso com o objetivo de constituir um embasamento sociológico para a ADC no que diz respeito à produção do poder e à ideologia. Embora o trabalho de Foucault seja importante para estruturar uma teoria social do discurso em temas como a ordem do discurso e a construção discursiva de sujeitos sociais e do conhecimento, Fairclough não segue uma perspectiva foucaultiana sobre o poder, estabelecendo as limitações do trabalho de Foucault e valorizando suas contribuições no que diz respeito à ordem de discurso.

As fraquezas relevantes no trabalho de Foucault têm a ver com as concepções de poder e resistência, e com as questões de luta e mudança [...]. Não é que Foucault ignore tais questões: ele está interessado na mudança [...]. Mas na totalidade de seu trabalhado e nas análises principais, a impressão dominante é a das pessoas desamparadamente assujeitadas a sistemas imóveis de poder. Foucault certamente insiste que o poder necessariamente acarreta resistência, mas ele dá a impressão de que a resistência é geralmente contida pelo poder e não representa ameaça. (ibidem, p.82)

Concordamos com Fairclough (ibidem) que o problema de Foucault tem a ver com a concepção de prática que não estaria propriamente articulada a ações concretas e reais de sujeitos em determinados contextos sócio-históricos, o que é importante para a ADC. De forma diferente, refere-se à prática quando introduz a ideia de prática discursiva entendida como regras que subjazem a um sistema de "regras anônimas", reduzindo o termo "prática" a seu inverso, "estruturas". Dessa forma, os trabalhos de Foucault permanentemente focam nas estruturas.

Para a ADC, as práticas não são reduzidas a estruturas, pois a questão central está na compreensão da relação entre linguagem e ação, a qual é entendida de forma dialética, o que possibilita considerar que as estruturas são reproduzidas por meio de discursos, mas também podem ser transformadoras na prática. As transformações podem acontecer ou não, dependendo do estudo das relações de equilíbrio do poder entre os que lutam em um domínio particular de prática, tal como a escola ou o lugar do trabalho.

Levando em consideração as limitações da teoria de Foucault sobre o poder, Fairclough (ibidem) fundamenta a ADC na concepção de Antonio Gramsci (1891-1937) sobre o poder em termos de hegemonia e luta hegemônica. Nessa concepção, o poder é considerado como um processo de dominação ou controle em permanente instabilidade, em virtude de que sua existência sempre está articulada a disputas e lutas sociais. Tal concepção sobre o poder é importante para fundamentar os estudos sociais voltados à compreensão da mudança discursiva na sociedade contemporânea.

QUESTÕES SOCIOCIENTÍFICAS NA PRÁTICA DOCENTE **123**

A hegemonia representa o exercício do poder de uma classe, pessoa ou grupo social determinado em aliança com outras forças sociais com o objetivo de impor uma determinada forma de vida material e de pensamento, e, graças a essas alianças com várias forças sociais, a hegemonia é aceita e reproduzida por grandes camadas da população. No entanto, a própria natureza da hegemonia implica uma relativa estabilidade que pode ser alterada permanentemente por disputas e lutas desenvolvidas por grupos subordinados ou inclusa por grupos que estabelecem alianças com o(s) grupo(s) ou classe(s) dominante(s). Por essa razão, a hegemonia nunca é absoluta, mas envolve uma disputa permanente, o que pode ser caracterizado como luta hegemônica.

Hegemonia é um foco de constante luta sobre pontos de maior instabilidade entre classes e blocos para construir, manter ou romper alianças e relações de dominação/subordinação, que assume formas econômicas, políticas e ideológicas. A luta hegemônica localiza-se em uma frente ampla, que inclui as instituições da sociedade civil (educação, sindicatos, família), com possível desigualdade entre diferentes níveis e domínios. (ibidem, p.122).

As limitações da teoria de Foucault com respeito às práticas sociais e sua visão estruturalista também restringem as possibilidades do conceito de luta na análise de discurso, porque para esse autor a luta representaria processos de resistência incapazes de gerar ou favorecer transformações nas estruturas sociais.

Outra discrepância entre a visão de Foucault e a ADC tem a ver com as propriedades constitutivas do discurso, pois, embora os objetos e os sujeitos sociais sejam moldados pelas práticas discursivas tal como é proposto por Foucault (1987), essas práticas são perturbadas (constrangidas) pelo mundo material da sociedade, de modo que a ADC considera os processos constitutivos do discurso de forma dialética, na medida em que a prática discursiva depende da realidade constituída historicamente. Assim, a constituição dos sujeitos tem lugar dentro de dinâmicas interativas entre vários "eus" que não são simplesmente posicionados no mundo de forma passiva, pois eles têm a capacidade de ser agentes, seja para reproduzir, contestar ou negociar seu relacionamento com diversos tipos de discurso.

A questão da ideologia constitui outro elemento teórico da ADC, relacionado com o estabelecimento e a conservação de relações desiguais de poder, mas que se constroem e transmitem significados por meio de formas simbólicas.

> Formas simbólicas não são meramente representações que servem para articular ou obscurecer relações sociais ou interesses que são constituídos fundamental e essencialmente em um nível pré-simbólico: ao contrário, as formas simbólicas estão, contínua e criativamente, implicadas na constituição das relações sociais como tais. Por isso, proponho conceitualizar ideologia em termos das maneiras como o sentido, mobilizado pelas formas simbólicas, serve para *estabelecer e sustentar* relações de dominação: estabelecer, querendo significar que o sentido pode criar ativamente e instituir relações de dominação; sustentar, querendo significar que o sentido pode servir para manter e reproduzir relações de dominação através de um contínuo processo de produção e recepção de formas simbólicas. (Thompson, 2000, p.78)

Segundo a concepção gramsciana do poder, a ADC considera que o campo das ideologias constitui formações conflitantes sobre diferentes visões e propostas que podem ser estudadas como complexos ideológicos que são estruturados, reestruturados, articulados e desarticulados de diferentes formas. Essa concepção de ideologia foca em processos de mudança buscando transcender a visão reproducionista da ideologia defendida por Louis Althusser (1918-1990).

É claro que para a ADC a ideologia tem existência material nas práticas discursivas de sujeitos e instituições e pode ser reestruturada ou transformada, pois faz parte de relações de poder que podem ser desequilibradas, dependendo do desenvolvimento das disputas e forças sociais existentes.

> Prefiro a concepção de que a ideologia está localizada tanto nas estruturas (isto é, ordens de discurso) que constituem o resultado de eventos passados como nas condições para os eventos atuais e nos próprios eventos

QUESTÕES SOCIOCIENTÍFICAS NA PRÁTICA DOCENTE 125

quando reproduzem e transformam as estruturas condicionadoras. É uma orientação acumulada e naturalizada que é construída nas normas e nas convenções, como também um trabalho atual de naturalização e desnaturalização de tais orientações nos eventos discursivos. (Fairclough, 2001a, p.119)

Existe uma relação dinâmica entre conteúdo, sentido e forma porque os textos podem ser investidos ideologicamente, de várias maneiras podendo ser naturalizados e automatizados. Por essa razão, a ADC destaca a crítica dos processos ideológicos do discurso para que as pessoas se comprometam com a análise de sua própria prática e questionem as pretensões ideológicas de discursos manipuladores.

A ADC questiona a ideia de que os sujeitos sejam simplesmente assujeitados por determinados dispositivos ideológicos, tal como é proposto por Althusser, pois os sujeitos também podem ser capazes de agir criativamente no sentido de questionar as práticas e ideologias às quais são expostos. Assim, os sujeitos podem posicionar-se de diferentes formas, o que é caracterizado por Fairclough (2001a, p.121) como um "equilíbrio entre o sujeito efeito ideológico e o sujeito agente ativo".

A ADC reconhece a função social da ideologia nos processos de dominação embasados em diferenças de classe social, gênero, raça e grupo cultural, mas também reconhece que os seres humanos podem transformar tais relações de dominação que estão investidas ideologicamente. Por isso, é possível transcender a ideologia, o que difere da teoria althusseriana, segundo a qual a ideologia é inseparável da sociedade. O fato de os discursos serem investidos ideologicamente não significa que invistam na ideologia da mesma forma, porque existem diferentes graus e formas de apropriação, reprodução ou contestação subjetiva das ideologias.

A ADC fundamentada na teoria social crítica da era dos meios de comunicação de massa estuda os modos por meio dos quais a ideologia opera na sociedade, de acordo com os postulados teóricos sobre a ideologia propostos por Thompson (2000). Para esse autor, o conceito de ideologia pode ser reformulado a partir de três aspectos: o sentido, a dominação e as maneiras como o sentido pode servir para estabelecer e sustentar relações de dominação.

O sentido nas questões ideológicas tem a ver com as formas simbólicas que estão circulando em diferentes cenários sociais. Tais formas simbólicas são constituídas por ações, falas, imagens e textos produzidos por determinados sujeitos e que podem ser analisados de forma intencional, convencional, estrutural, referencial ou contextual.

Dependendo do posicionamento dos sujeitos em um campo social ou institucional, eles podem compartilhar determinados graus de poder para tomar decisões ou realizar seus interesses. Quando as relações de poder são estabelecidas sistematicamente por um indivíduo ou um grupo de maneira permanente, sendo inacessível a outros sujeitos ou grupos de pessoas, podemos dizer que é estabelecido um processo de dominação ideológica.

Os conceitos de sentido e dominação levam a pensar os inúmeros modos pelos quais o sentido pode manter ou questionar determinadas relações de poder em determinadas condições sócio-históricas. A produção de sentido também pode estar relacionada aos modos como a ideologia opera nos processos de construção simbólica.

Conforme Thompson (ibidem), elaboramos a Figura 1, na qual apresentamos os modos gerais por meio dos quais a ideologia opera, mediante a legitimação, a dissimulação, a unificação, a fragmentação e a reificação.

Figura 1 – Formas gerais como a ideologia opera na sociedade segundo o trabalho de Thompson (2000)

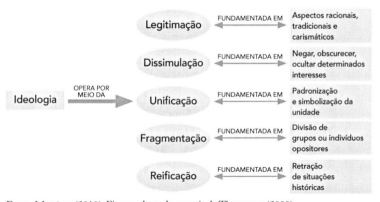

Fonte: Martínez (2010). Figura adaptada a partir de Thompson (2000).

QUESTÕES SOCIOCIENTÍFICAS NA PRÁTICA DOCENTE **127**

A legitimação ideológica pode embasar-se em determinadas regras sociais que foram constituídas racionalmente ou, em outros casos, em tradições que com o tempo foram sacralizadas. Também pode fundamentar-se em valores individuais que apelam à autoridade de certo indivíduo. Essa forma de dominação ideológica e, portanto, simbólica utiliza as estratégias da racionalização, universalização ou naturalização. A racionalização implica a construção de uma rede de raciocínios coerentes voltados a defender, justificar determinado tipo de relações sociais e, dessa forma, busca persuadir um amplo público social de que determinada pretensão deve ser digna de apoio. Por sua vez, a universalização é uma estratégia que serve para apresentar interesses de um indivíduo ou grupo determinado como interesses de todos.

A naturalização é outra estratégia utilizada nos processos de dominação ideológica. Ela trabalha histórias do passado para tratar do presente como parte de uma tradição eterna e aceitável. A dissimulação é outra forma como a ideologia opera, na qual as relações de dominação são ocultadas, negadas ou obscurecidas, para o que se vale das estratégias de deslocamento, eufemização e tropo.

O deslocamento é utilizado para transferir conotações positivas ou negativas de um objeto ou pessoa para outro objeto ou pessoa com o intuito de disfarçar as concretas intenções de um indivíduo ou grupo.

A eufemização é uma estratégia que implica a dissimulação ideológica de determinadas relações sociais, ações ou instituições visando favorecer uma visão positiva diante de determinadas situações ou aspectos sociais. Por exemplo, o termo "biocombustíveis" pode dar a impressão de produção de combustíveis "limpos" e, portanto, pode levar a pensar que não causam poluição alguma. No entanto, essa forma de energia alternativa envolve impactos ambientais não necessariamente associados com a emissão de $CO_{2(g)}$, mas relacionada com a alteração do ciclo biogeoquímico do nitrogênio. Outros exemplos podem ser a descrição de prisões ou campos de concentração como centros de reabilitação.

O tropo corresponde ao uso figurativo da linguagem, que pode ser utilizado para dissimular determinadas relações de dominação, inverter as formas linguísticas de sinédoque, metonímia e metáfora. A sinédoque abrange a junção semântica da parte e do todo e pode ser utilizada para dissimular relações sociais por meio da confusão ou da inversão entre coletividades e suas partes, entre grupos e estruturas sociais e políticas mais amplas. A metonímia consiste em designar um objeto por meio de uma palavra dependendo de determinadas relações de causalidade (trabalho-obra). A metáfora implica transferência de uma palavra para um âmbito semântico que não corresponde ao âmbito que a designa.

É importante precisar que o uso da linguagem figurativa não é sempre ideológico, mas é uma maneira de mobilizar o sentido das pessoas em determinados contextos e ela pode ser utilizada para criar ou reproduzir relações de dominação.

Outro modo pelo qual a ideologia opera corresponde à unificação, que de forma simbólica liga pessoas em uma identidade coletiva, independentemente das diferenças que possam separá-las. A unificação utiliza a padronização e a simbolização da unidade como estratégias para seu desenvolvimento.

A padronização implica o estabelecimento ou a adaptação de uma forma simbólica única pela qual são regidas as formas simbólicas dos indivíduos. Essa é uma estratégia bastante utilizada pelas autoridades dos Estados para desenvolver a linguagem nacional, a despeito da existência de diferenças culturais presentes entre diversos grupos sociais de uma mesma nação.

A simbolização da unidade é uma estratégia de unificação que implica a adoção de símbolos por parte de um grupo para garantir sua unidade e a criação de uma identidade coletiva, mas em determinadas circunstâncias pode contribuir ao estabelecimento de relações de dominação com grupos diferentes que não partilham os símbolos adotados. Essa estratégia pode estar articulada à narrativização de histórias aceitas pelo coletivo com respeito ao símbolo adotado.

A fragmentação é outro modo pelo qual a ideologia opera, embasada na divisão daqueles indivíduos ou grupos que desafiam o poder estabelecido. As estratégias utilizadas nesse modo de operação da ideologia são a diferenciação e o expurgo do outro, focando nas diver-

QUESTÕES SOCIOCIENTÍFICAS NA PRÁTICA DOCENTE   **129**

gências dos grupos ou indivíduos opositores, o que desencadeia sua divisão para evitar colocar em perigo o poder estabelecido.

O expurgo do outro é uma estratégia que implica a construção de imagem simbólica negativa de um indivíduo ou um grupo, que passa a ser visto como "inimigo" ou como um ser ameaçador, diante do que se criam ações coletivas para expurgá-lo.

A reificação é um modo pelo qual a ideologia opera e que denota o estabelecimento de relações de dominação por meio da retratação de uma situação histórica e transitória como algo natural ou permanente, eliminando dessa forma o caráter histórico dos processos sociais. A reificação utiliza a naturalização, a eternalização e a nominalização como estratégias de construção simbólica.

Finalmente, a naturalização faz o uso de situações históricas como se fossem acontecimentos naturais e, portanto, inevitáveis. De forma semelhante, a eternalização esvazia os fenômenos históricos de seu conteúdo sócio-histórico, sendo estes apresentados como imutáveis e recorrentes. Por sua vez, a nominalização concentra a atenção em certos termos, gerando prejuízos a outros, apagando atores de acontecimentos, e dessa forma passa a impressão de que esses acontecimentos são desenvolvidos com a ausência de sujeitos.

Thompson (2000) salienta que as estratégias simbólicas (racionalização, universalização, narrativização, deslocamento, eufemização, naturalização, entre outras) de construção de sentido não são ideológicas em si mesmas, pois adquirem esse papel quando são utilizadas para estabelecer e sustentar relações de dominação. No entanto, essas estratégias também podem servir, de determinada forma e em determinadas relações sociais e históricas, para subverter relações de dominação. Esta função dupla das estratégias de construção simbólica pode ser entendida a partir da ADC sobre as formas atuais como as pessoas produzem sentidos em determinados contextos.

De acordo com todo o exposto anteriormente sobre ideologia e poder, salientamos que a ADC não pretende somente descrever e explicar as diferentes formas como a linguagem é usada na sociedade, mas também busca desvelar ideologias e interesses que restringem a liberdade humana e as possibilidades de sua realização subjetiva e intersubjetiva. Dessa forma, a ADC está interessada em favorecer processos de emancipação dos sujeitos, de modo que eles estabeleçam processos permanentes de crescimento e amadurecimento pessoal e social que os encoraje a superar a dependência de qualquer tipo de pensamento totalitário e alienante.

10
A INTERTEXTUALIDADE COMO DIMENSÃO CENTRAL DA ANÁLISE DE DISCURSO CRÍTICA (ADC)

Fairclough (2001a) aponta que o termo "intertextualidade" foi introduzido por Júlia Kristeva no final da década de 1960 a partir dos trabalhos de Bakhtin, pois esse autor, embora não tivesse usado o termo, já apresentava seu significado em sua obra. A intertextualidade envolve a heterogeneidade de discursos presentes em um determinando texto, e sua correspondente análise busca entender as diferentes maneiras como esses discursos são produzidos, distribuídos e consumidos por determinados atores socais em determinados contextos, de modo que os discursos podem estabelecer relações de cooperação, competição ou dominação. Nesse sentido, um texto pode envolver vários discursos que, em determinados casos, competem e estabelecem relações antagônicas, nas quais um deles se legitima por meio da negação do outro.

Intertextualidade é basicamente a propriedade que têm os textos de ser cheios de fragmentos de outros textos, que podem ser delimitados explicitamente ou mesclados e que o texto pode assimilar, contradizer, ecoar ironicamente, e assim por diante. Em termos de produção, uma perspectiva intertextual acentua a historicidade dos textos [...]. Em termos da distribuição, uma perspectiva intertextual é útil na exploração de redes relativamente estáveis em que os textos se movimentam, sofrendo transformações predizíveis ao mudarem de um tipo de texto a outro [...]. E em termos do consumo, uma perspectiva intertextual é útil ao acentuar que não é apenas "o texto", nem mesmo apenas os textos que intertextualmente o constituem, que moldam a interpretação, mas também os outros textos que os intérpretes variavelmente trazem ao processo de interpretação. (ibidem, p.114)

As diferenças entre os discursos são importantes porque têm uma base ideológica, na qual a força de uma parte do texto é seu componente acional e a parte de seu significado interpessoal é a parte da ação social que realiza. Tudo isso constitui um elemento fundamental do componente ideológico dos textos.

Segundo Bakhtin e Volochínov (1988), o signo é considerado como parte da realidade que a representa e a constitui de formas particulares, de tal forma que pode instaurar, sustentar ou superar determinadas relações de dominação. É por essa razão que todo signo envolve uma conotação ideológica, e, portanto, toda modificação da ideologia desencadeia uma modificação da linguagem. Ao contrário da filosofia psicologista, que interpreta a ideologia em termos de consciência, a filosofia da linguagem a interpreta em termos semióticos, dado que a própria consciência existe mediante sua materialização em signos criados socialmente.

O potencial móvel e evolutivo do signo envolve confrontos sociais, pois um grupo ou uma pessoa que toma o lugar de outra pessoa ou grupo é obrigado a usar seus próprios pensamentos, de tal forma que os represente como os únicos razoavelmente válidos, isto é, precisamente a forma como a ideologia opera na sociedade.

Bakhtin (2000) entende a ideologia como constituinte das práticas sociais fundamentadas em perspectivas particulares que suprimem contradições em virtude de seus interesses e projetos de subordinação ou dominação.

Se entendermos a palavra como signo social, poderemos compreendê-la articulada a todo processo de criação ideológica.

> Toda refração ideológica do ser em processo de formação, seja qual for a natureza de seu material significante, é acompanhada de uma refra-

ção ideológica verbal como fenômeno obrigatoriamente concomitante. (Bakhtin; Volochínov, 1988, p.38)

Para Bakhtin, a comunicação verbal entrelaça-se a outros tipos de comunicação e, devido a isso, ela sempre é acompanhada de atos sociais de caráter não verbal, dos quais às vezes ela é apenas um complemento. A contribuição de Bakhtin para a ADC é fundamental, em termos de estudarmos os atos de fala (enunciações) de forma coletiva e isolada em permanente interação, isto é, atos de fala na vida e na criação ideológica. Assim, Bakhtin nos propõe uma concepção dialógica e polifônica da linguagem, segundo a qual mesmo os discursos aparentemente não dialógicos, tais como os monólogos ou textos escritos, sempre são parte de uma cadeia dialógica, na qual respondem a discursos anteriores e antecipam discursos posteriores da várias formas. A interação discursiva é, antes de qualquer coisa, uma operação polifônica que retoma vozes anteriores e antecipa vozes posteriores (Resende; Ramalho, 2006).

A intertextualidade em termos dos processos de produção discursiva alude à historicidade dos textos na medida em que eles conformam acréscimos das cadeias verbais estudadas por Bakhtin (2000). Para ele, todas as esferas da vida social estão relacionadas com a língua, que se manifesta por meio das enunciações não só por seu conteúdo temático, estilo verbal (recursos lexicais, fraseológicos e gramaticais), mas também por sua composição que se funde no enunciado.

Para Bakhtin e Volochínov (1988), o ato de fala, ou exatamente seu produto, que seria a enunciação, não pode ser considerado somente em termos das condições psicofisiológicas do sujeito falante, pois, apesar de não podermos prescindir dessas condições, a enunciação é de natureza social, e para compreendê-la é necessário entender que ela sempre acontece em uma interação.

Assim, a linguagem é constituída fundamentalmente pelo fenômeno social da interação verbal, realizada por meio das enunciações. A linguagem vive e evolui historicamente na comunicação social concreta e abrange uma verdadeira totalidade da vida humana, e seu estudo não pode ser reduzido somente aos aspectos linguísticos, é necessário incorporar os aspectos contextuais.

Em termos da distribuição de textos, a intertextualidade é interessante para estudar a forma como os textos se movimentam sofrendo determinadas transformações de um para outro. E, em termos de consumo de textos, a intertextualidade ajuda a entender que o significado não está constituído apenas pelo texto interpretado, mas também pelos outros textos que o(s) intérprete(s) utiliza(m) para dar sentido ou interpretar o(s) texto(s) em questão.

Fairclough (2001a) diferencia intertextualidade manifesta da intertextualidade constitutiva ou interdiscursividade. A intertextualidade manifesta implica a constituição heterogênea de textos que são claramente diferenciáveis entre si, enquanto a interdiscursividade implica tipos de discurso que estão envolvidos em práticas sociais ou discursivas.

Na intertextualidade manifesta, outros textos estão implicitamente presentes no texto objeto de análise, de tal maneira que estão manifestamente marcados ou indicados por marcas tais como as aspas. Já a interdiscursividade é configurada de convenções discursivas (por exemplo, ordens de discurso), que entram em sua produção e não estritamente em outros textos explícitos, o que pode abranger processos particulares de tradução entre os textos envolvidos.

A ADC apropria a ideia de ordem de discurso proposta por Foucault (1987; 1996) para estudar os processos de interdiscursividade, sugerindo que as ordens de discurso têm primazia sobre os tipos particulares de discurso que são analisados na ordem societária e institucional, bem como em suas próprias particularidades discursivas. No entanto, de acordo com a concepção gramsciana da ADC, as ordens de discurso são reinterpretadas como elementos internamente heterogêneos, intertextuais e instáveis, o que permite pensar que as ordens do discurso podem ser desarticuladas ou rearticuladas nos processos de luta hegemônica.

> Pode-se considerar uma ordem de discurso como a faceta discursiva do equilíbrio contraditório e instável que constitui uma hegemonia, e a articulação e rearticulação de ordens de discurso são, consequentemente, um marco delimitador na luta hegemônica. Além disso, a prática discursiva, a produção, a distribuição e o consumo (como também a interpretação)

QUESTÕES SOCIOCIENTÍFICAS NA PRÁTICA DOCENTE **135**

de textos são uma faceta de luta hegemônica que contribui em graus variados para a reprodução ou a transformação não apenas da ordem de discurso existente (por exemplo, mediante a maneira como os textos e as convenções prévias são articuladas na produção textual), mas também das relações sociais e assimétricas existentes. (Fairclough, 2001a, p.123)

Dado que a intertextualidade abrange a identificação da diversidade de textos existentes em um texto, a ADC foca em caracterizar os níveis e as relações simples e complexas que são estabelecidas entre esses textos. Da mesma forma, as relações intertextuais podem ser difusas ou ocultas, o que pode indicar a ambivalência dos textos, na medida em que diferentes sentidos podem coexistir, e em determinados casos resulta bastante difícil determinar o sentido do texto como um todo.

Em um texto constituído no decorrer de uma interação verbal, as falas dos agentes secundários, com respeito ao locutor principal, podem ser representadas por meio do discurso indireto, o que pode denotar ambivalência. Por exemplo, na frase "os ambientalistas do Greenpeace disseram o quanto eles concordam com o desenvolvimento sustentável" existe uma ambiguidade, pois não se pode afirmar se as palavras podem ser atribuídas realmente aos ambientalistas do Greenpeace que são representados ou se representam a voz de outro ator social interessado em mostrar que os ambientalistas concordariam com o desenvolvimento sustentável. Esse exemplo nos mostra que os elementos de um texto podem ser escritos ou ditos de determinadas formas para ser interpretados de diferentes modos, o que constitui uma característica da intertextualidade manifesta e da interdiscursividade.

Uma forma de estudar a representação de um discurso direto consiste em analisar a forma como são estabelecidos os relatos por parte de autores de textos ou interlocutores de uma conversação, particularmente quando estão se referindo a relatos que outros disseram.

Também é útil caracterizar o tipo de intertextualidade manifesta no texto ou conversação objeto de análise, a qual pode ser sequencial, na medida em que diferentes textos ou tipos de discursos se alternam de diferentes formas.

136 LEONARDO FABIO MARTÍNEZ PÉREZ

O caso em que em um texto o discurso esteja claramente contido dentro (da matriz) de outro texto se denomina intertextualidade manifesta encaixada, ou também pode ser mista, quando os textos ou tipos de discurso estão fundidos de forma mais complexa e, portanto, são dificilmente separáveis, o que pode ser interpretado de melhor forma em termos de interdiscursividade.

Fairclough (ibidem), embasado em Bakhtin, considera que as vozes ou textos presentes em um texto envolvem relações dinâmicas do discurso representado e do discurso representador. Em alguns casos as vozes se fundem, se sobrepõem ou permanecem diferenciadas. Por essa razão, é importante analisar até que ponto estão definidos os limites entre o discurso representador e o discurso representado, ou em que extensão o discurso é traduzido na voz do discurso representador.

A pressuposição é outro elemento para analisar a maneira como se incorporam os textos de outros em um texto. Consiste em proposições tomadas pelo produtor do texto como estabelecidas ou dadas, o que pode ser interpretado em termos de textos prévios do produtor do texto. Essas pressuposições podem ser estabelecidas de forma sincera, desonesta ou com a intenção de manipular. As pressuposições podem ser formas efetivas de manipular as pessoas, porque são difíceis de desfiar. Também requerem sujeitos interpretantes com experiências e suposições particulares em textos anteriores, de tal forma que contribuem na construção ideológica das pessoas.

Finalmente, podemos dizer que a interdiscursividade e a intertextualidade manifesta possibilitam constituir novos âmbitos de ação, os quais podem ser caracterizados como fragmentos das práticas sociais que contribuem para constituir e configurar o marco social do discurso.

PARTE IV
A PESQUISA QUALITATIVA CRÍTICA COMO ABORDAGEM METODOLÓGICA

11
A PESQUISA QUALITATIVA CRÍTICA

Com o objetivo de realizar uma análise de discurso crítica (ADC) sobre a abordagem de questões sociocientíficas (QSC) por parte de um grupo de professores de Ciências em serviço, caracterizando as contribuições e dificuldades dessa abordagem para a formação continuada de professores de Ciências, estruturamos uma metodologia qualitativa.

Na pesquisa qualitativa, concebemos a realidade estudada como uma construção social e subjetiva, reconhecendo que nossas ações nesse processo estão carregadas de intenções e valores que influenciam nosso trabalho de campo, a coleta dos dados e as próprias análises, e isso constitui uma marca fundamental que diferencia a abordagem qualitativa da abordagem quantitativa, que enfatiza a mediação de fatos e o estabelecimento de relações causais de variáveis, justificando uma "aparente imparcialidade" que garante a obtenção de um resultado "verdadeiro". Assim, as pesquisas quantitativas correm o risco de não considerar interesses e valores que influenciam seus trabalhos, prestando maior atenção às condições iniciais e finais dos fenômenos estudados do que aos próprios processos envolvidos na pesquisa.

Segundo Denzin e Lincoln (2006, p.17), "a pesquisa qualitativa é uma atividade situada que localiza o observador no mundo" por meio de um conjunto de práticas materiais interpretativas mediante as quais buscamos a compreensão do mundo social. Assim, essas práticas vão se materializando e representando a situação estudada por meio de diversos registros qualitativos constituídos a partir de entrevistas, observações, notas de campo e gravações. A pesquisa qualitativa envolve uma abordagem naturalística, interpretativa do mundo, o que significa que os pesquisadores abordam os problemas em termos dos significados que as pessoas a eles conferem.

A adjetivação da pesquisa como qualitativa implica uma ênfase sobre as qualidades das entidades estudadas e sobre os processos e os significados que não podem ser examinados simplesmente em termos de quantidade, volume ou frequência, pois esses processos são construções sociais que abrangem necessariamente uma íntima relação entre o pesquisador e as práticas sociais estudadas.

A principal razão para a escolha da perspectiva qualitativa corresponde ao nosso compromisso epistemológico com uma concepção crítica da pesquisa educacional, partindo do pressuposto de que a realidade não pode ser entendida como uma construção independente do sujeito cognoscitivo, pois essa realidade é uma construção social subjetiva e intersubjetiva, marcada por um contexto histórico e influenciada por valores políticos, culturais e econômicos.

O objetivo central de uma pesquisa qualitativa de corte crítico transcende a explicação, a predição, o controle ou a verificação de hipóteses, aspectos característicos da pesquisa quantitativa. Diferentemente, a perspectiva qualitativa busca a compreensão das situações educacionais em determinados contextos sócio-históricos, e visa favorecer mudanças orientadas à emancipação dos sujeitos envolvidos.

De acordo com Lincoln e Guba (2006, p.178), "os teóricos críticos" sempre têm defendido "os graus variados da ação social", desvelando a existência de práticas injustas e propondo a transformação profunda de sociedades inteiras. Para aprofundar as justificativas oferecidas com respeito à importância de uma abordagem qualitativa de corte crítico, resgatamos os trabalhos de Carr e Kemmis (1988) e de Carr (1996) relacionados à pesquisa educacional crítica. Coerente com uma teoria social crítica, esses autores questionaram a instrumentalização do conhecimento científico, propagada pelo positivismo, por meio da racionalidade técnica, diante da qual a crítica

QUESTÕES SOCIOCIENTÍFICAS NA PRÁTICA DOCENTE 141

reivindica a importância de pensar os conhecimentos em relação a valores, interesses e ideologias.

Tratar de pesquisa educacional não se reduz a falar do objeto de estudo nem aos métodos ou técnicas utilizadas, mas também das ações e da compreensão das ações dos sujeitos envolvidos no processo educacional.

> Falar de pesquisa educacional não é falar de nenhum tema concreto, nem de procedimentos metodológicos, mas implica explicitar a finalidade distintiva em virtude do que empreende esse tipo de pesquisa e a quem explicitamente se propõe servir [...]. Se bem que a pesquisa educacional compartilha com outras formas de pesquisa um determinado interesse em pesquisar e resolver problemas e que diverge delas no sentido de que os problemas educacionais [...] sempre serão problemas práticos, ou seja, que, em relação às pesquisas teóricas, os problemas não ficam resolvidos com a produção de um novo saber, mas sim com a adoção de uma determinada orientação para a ação. (Carr; Kemmis, 1988, p.121, tradução nossa)

Tendo como base esses autores, reiteramos que a pesquisa educacional foca a atenção na análise sobre os problemas atrelados à práxis, o que constitui uma marca de sua identidade, pois outras áreas de pesquisa, tais como a Psicologia, a Sociologia e a Filosofia, podem estudar os fenômenos da educação sem necessariamente constituir pesquisas educacionais. Podem até construir teorias pedagógicas marginalizadas da ação-reflexão. Dessa forma, conforme Carr e Kemmis (ibidem, p.122), a pesquisa educacional não pode ser "exclusivamente teórica". Assim, o que oferece coerência e identidade a essa pesquisa é a capacidade de resolver problemas de práticas pedagógicas, e não somente a construção de sofisticadas teorias educacionais. A tentativa de reduzir a pesquisa a um conjunto de problemas teóricos reduz a própria natureza da educação.

Da mesma forma, consideramos que, para o caso da pesquisa em ensino de Ciências, o caráter prático de sua natureza educacional constitui um elemento fundamental, pois esta não pode ser reduzida às disciplinas das Ciências Sociais (Filosofia da Ciência e Sociologia da Ciência) ou às disciplinas das Ciências Naturais (Química, Biologia e Física), dado que essas disciplinas não estão necessariamente orientadas a questões práticas, pois estão estritamente condicionadas a estruturas teóricas que orientam seu desenvolvimento. Por exemplo, problemas da evolução e da construção de conceitos científicos são abordados pela Filosofia das Ciências sem necessariamente se importar com os aprendizes ou professores de Ciências. De acordo com essa ideia, acreditamos que os problemas do ensino de Ciências derivam de práticas de ensino nas quais os diferentes atores sociais participantes já estão comprometidos com determinados sistemas de crenças que, a despeito de não estarem explícitos, constituem um marco de referência importante para a compreensão e orientação de determinadas práticas.

O pesquisador em ensino de Ciências encontra um microcosmo social cheio de interpretações, intenções, crenças e discursos dos participantes do processo educacional, de tal forma que sua pesquisa não pode ignorar os valores e os significados dos sujeitos participantes dos processos pedagógicos.

Embora tenhamos defendido o caráter prático da educação como um elemento inerente à sua natureza, isso não significa que não reconheçamos o papel da fundamentação teórica no que diz respeito à pesquisa. De fato, a perspectiva crítica da educação constitui um ponto de partida teórico. No entanto, defendemos que a existência de problemas educativos deve abranger tensões entre significados, sistemas de crenças e até teorias necessariamente articuladas à práxis dos sujeitos ativos nos processos pedagógicos. Assim, posicionamo-nos a favor do resgate da relação dialética entre a teoria e a prática como um elemento fundamental da pesquisa educacional crítica.

Os problemas educacionais surgem particularmente da discrepância entre presunções teóricas e sua correspondência na prática. Os trabalhos mais destacados de Carr e Kemmis (ibidem) e Carr (1996; 1997) abrangem uma nova visão do problema clássico da relação teoria e prática, reconstruindo o significado da prática desde a perspectiva aristotélica de raciocínio prático até a construção de um conhecimento mais aprimorado de acordo com um raciocínio crítico.

Carr (1996) considera que a questão sobre a educação e a prática educacional tem sido trabalhada há algum tempo, encontrando uma representativa quantidade de trabalhos, mas pouco se tem avançado

QUESTÕES SOCIOCIENTÍFICAS NA PRÁTICA DOCENTE **143**

em resolver as dificuldades abrangidas na compreensão das práticas dos professores. A questão poderia ser abordada limitando-se a considerar que o problema é dos professores, que não têm se esforçado na compreensão da teoria e na sua articulação com a prática. No entanto, concordamos que a dificuldade não está somente nos professores, mas na forma como historicamente tem-se trabalhado a relação teoria-prática.

Na década de 1960, observamos uma tendência de acadêmicos preocupados em construir a educação com determinado *status* de disciplina, favorecendo a emergência da Filosofia, da Psicologia e da Sociologia da Educação. No entanto, os questionamentos surgiram rapidamente, pois as grandes análises feitas a partir dessas disciplinas careciam de uma identidade com respeito à questão propriamente educacional, além de permanecerem afastadas das situações concretas e dos problemas enfrentados pelos professores em suas aulas. As primeiras críticas realizadas a essa tendência não foram elaboradas no interior das denominadas Ciências da Educação, mas foram realizadas por visões analíticas da educação embasadas em uma visão "científica", que defendiam a tese de que a teoria da educação tinha um fim prático e, portanto, era importante orientar a teorização educacional de acordo com as descobertas empíricas; visão que reduzia a relação teoria-prática à predição e à explicação causal.

> A crença de que a teoria da educação deve adaptar-se aos critérios convencionais da academia, desconsiderando que a tarefa teórica não se legitima pelo simples fato de adotar os métodos, descobertas ou critérios do fazer teórico, mas sim pela capacidade de explorar um conjunto concreto de problemas de forma sistemática e rigorosa. (ibidem, p.54, tradução nossa)

A relação entre teoria e prática, entendida como elemento estrutural da pesquisa educacional crítica, abrange a dialética no desenvolvimento de práticas conscientes que só podem ser compreendidas no contexto dos pensamentos que outorgam sentido aos fazeres dos professores ou praticantes. Nesse sentido, qualquer sujeito dedicado às tarefas educacionais possui alguma perspectiva "teórica" ou intencionalidade usada para avaliar, até certo ponto, os objetivos alcançados.

144 LEONARDO FABIO MARTÍNEZ PÉREZ

As brechas existentes entre a teoria e a prática são a fonte dos problemas educacionais, e a análise dessas lacunas implica compreensão dos significados produzidos pelos professores ao desenvolverem suas práticas. Assim, o papel da teoria da educação consiste em reduzir a distância entre a teoria e a prática, e não em elaborar teorias que depois serão aplicadas eficazmente.

A teoria da educação não é uma "teoria aplicada" embasada em teorias da Filosofia, das Ciências Sociais ou de qualquer outra forma de conhecimento, mas refere-se à tarefa de avaliar criticamente a adequação dos conceitos, crenças, suposições básicas e valores que fazem parte das teorias mais destacadas da prática educacional [...] qualquer teoria da educação que leve a sério o objetivo de sua atividade deve compartilhar com os profissionais os elementos intelectuais que lhes permitam enfrentar suas atividades com maior seriedade. Uma característica básica da teoria da educação, entendida dessa forma, consiste na emancipação dos profissionais para superar a dependência de práticas e costumes tradicionais. (ibidem, p.58-9, tradução nossa)

Paulo Freire (1921-1997), em sua pedagogia problematizadora, proposta na década de 1960, apresenta a natureza dialógica da educação articulada à práxis e à leitura do mundo por meio da palavra construída dialeticamente na ação-reflexão.

Freire (2002) considera que pesquisar exige reflexão crítica sobre a prática, na medida em que, ao aproximar nossas compreensões teóricas à prática, podemos nos tornar melhores, passando de uma condição ingênua do cotidiano a uma condição epistemológica da ação. Pensando criticamente a prática de hoje, poderemos melhorar a prática do futuro.

O próprio discurso teórico indispensável à prática deve ser suficientemente concreto para que se "confunda" com a prática, segundo Freire, é precisamente essa ação-reflexão crítica que podemos denominar como práxis ou como o pensar "certo".

O pensar certo sabe, por exemplo, que não é a partir dele como um dado dado, que se conforma a prática docente crítica, mas sabe também que sem ele não se funda aquela. A prática docente crítica, implicante

QUESTÕES SOCIOCIENTÍFICAS NA PRÁTICA DOCENTE 145

do pensar certo, envolve o movimento dinâmico, dialético, entre o fazer e o pensar sobre o fazer. O saber que a prática docente espontânea ou quase espontânea, "desarmada", indiscutivelmente produz é um saber ingênuo, um saber de experiência feito, a que falta rigorosidade metódica que caracteriza a curiosidade epistemológica do sujeito. (ibidem, p.42-3)

A partir das considerações expostas até agora com respeito à caracterização da pesquisa educacional crítica, podemos nos perguntar: qual é a validade de nossa pesquisa se ela não se legitima simplesmente com as teorias das disciplinas acadêmicas?

A validade da pesquisa qualitativa crítica é justificada de acordo com critérios diferentes dos utilizados pela pesquisa de corte positivista. Essa validade faz sentido a partir de uma leitura problematizadora dos seguintes critérios, considerados tradicionalmente na validação da pesquisa: objetividade/subjetividade; explicação causal/compreensão; e visão anacrônica/visão diacrônica.

Tendo como base o trabalho de Gamboa (1997), discutiremos sucintamente cada um desses aspectos, no intuito de esclarecer os critérios utilizados na validação da nossa pesquisa.

A questão de causalidade é explícita no experimento, na sistematização, no controle de dados e nas análises estatísticas de pesquisas de corte quantitativo ou de corte empírico-analítico,[1] de tal forma que a validade está determinada pelos testes de instrumentos e significância estatística. De forma diferente, a pesquisa qualitativa crítica valida suas análises de acordo com a lógica interna dos processos intersubjetivos, no intuito de explicitar a dinâmica e as tensões internas dos fenôme-

---

1 Referimo-nos às ciências empírico-analíticas adotando essa expressão de Habermas (2006, p.131) para caracterizar a concepção positivista presente nas ciências que mantém uma conexão com o pensamento filosófico antigo "de descrever teoricamente o universo na sua ordem conforme as leis, tal como é". Nessas ciências, o sistema de referência que se avalia com antecipação as possíveis proposições científico--experimentais estabelece regras para a construção de teorias e para sua correspondente comprovação. Assim, segundo a lógica hipotético-dedutiva, sob determinadas condições é possível prognosticar fatos que logicamente não fujam do sistema de regras estabelecido inicialmente, evidenciando dessa forma que as ciências experimentais desvelam a realidade segundo o interesse técnico dos processos objetivados.

nos estudados valendo-se de reflexões voltadas à ação dos sujeitos envolvidos na pesquisa. Dito de outra maneira, a pesquisa qualitativa crítica propõe a relação teoria-prática como elemento estrutural da razão transformadora que movimenta seus resultados. Por outro lado, o positivismo se nega a aceitar a existência de outra realidade fora dos "dados empíricos" ou dos "elementos de rede causal".

Fenômenos ou objetos de pesquisa educacional, tais como as palavras, as ações, os símbolos, os sinais, os textos e os discursos, precisam ser compreendidos, desvelando-se seus significados e sentidos. Assim, a compreensão supõe indagação, esclarecimento dos pressupostos, das modalidades e dos princípios da interpretação.

O pressuposto gnosiológico da pesquisa qualitativa crítica se fundamenta na síntese da relação sujeito-objeto no processo de conhecer. O processo é dinâmico e passa pela compreensão das características subjetivas, formando uma síntese validada na mesma ação do conhecer, quando o conhecido é confrontado com seu ponto de partida por meio da prática.

Abordagens quantitativas e positivistas da pesquisa prestam pouca atenção à história e à historicidade da educação como processo criativo e sempre em permanente transformação. Nesse sentido, apresentam um caráter anacrônico da pesquisa. Ao contrário, a pesquisa crítica possui uma preocupação diacrônica, na qual a história é um eixo de explicação e compreensão, concebendo os fenômenos estudados em um contexto mais amplo. Assim, a realidade é dinâmica, e o mundo está em construção e inserido em seu movimento e em sua história.

A preocupação histórica também tem uma dimensão ontológica que é fundamental para a pesquisa crítica, pois, como diria Freire (2007, p.83), os homens são "seres inacabados, inconclusos, em e com uma realidade que, sendo histórica, também é igualmente inacabada". Assim, as pessoas são fazedoras de seus próprios projetos, nos quais elas se realizam e lutam por ser cada vez mais humanas.

Ao sermos, homens e mulheres, sujeitos inacabados, reconhecemos uma preocupação existencial que nos faz refletir sobre nós e sobre o mundo em que vivemos. Essa preocupação é o que nos leva a pensar no processo de humanização, e ao pensar nele inserido na história

QUESTÕES SOCIOCIENTÍFICAS NA PRÁTICA DOCENTE 147

evidenciamos a desumanização como uma realidade, mas não como um destino, pois é possível conquistar nossa liberdade como condição de nossa natureza inconclusa que nos leva a ser mais.

A pesquisa educacional crítica tem o compromisso ético de que os sujeitos envolvidos sejam cada vez mais, na medida em que interagem em um processo dialógico, criativo e transformador por meio do qual validam seus resultados.

Segundo a pesquisa qualitativa crítica, em seguida é apresentado um percurso metodológico de nossa pesquisa, que foi desenvolvida com professores de Ciências em exercício, isto é feito para facilitar a compreensão dos aspectos tratados na quinta parte deste livro.

Nossa pesquisa foi realizada com um grupo de 31 professores colombianos que realizavam uma disciplina que propusemos em um curso de Mestrado em Docência da Química, para estudar os pressupostos teóricos e metodológicos do ensino de Ciências com enfoque CTSA e suas possibilidades para melhorar as práticas de ensino.

No total, a disciplina teve três encontros presenciais de quatro horas e quatro encontros presenciais de oito horas, somando 44 horas de trabalho presencial gravado na íntegra, em áudio, para efeito das análises. Além desses encontros, foi organizado um grupo virtual[2] no qual os professores tinham a possibilidade de interagir permanentemente. Esse espaço permaneceu aberto após o término do último encontro, servindo para postar os trabalhos finais dos professores e para eventuais discussões. No Quadro 4 apresentamos os encontros realizados no desenvolvimento da disciplina, especificando as atividades realizadas.

Com as orientações oferecidas aos professores, realizamos uma reflexão sobre a importância da pesquisa educacional no processo de formação continuada vivenciado no Curso de Mestrado em Docência da Química, de tal forma que a pesquisa tivesse um lugar especial nos planos de ensino. A todo momento a pretensão foi defender a ideia de que a formação continuada de professores abrange indispensavelmente a constituição do professor como um pesquisador

---

2 http://espanol.groups.yahoo.com/group/ensinoquimicaCTSA/

de sua prática, o que contribui para seu desenvolvimento pessoal e profissional. Segundo Freire (2002, p.32), "não há ensino sem pesquisa e pesquisa sem ensino". A pesquisa é uma atividade inerente à profissão docente e que abrange a curiosidade epistemológica do professor no processo permanente de indagação e busca de novos conhecimentos.

Pesquisar também exige reflexão crítica sobre a prática, e, na medida em que aproximamos nossas compreensões teóricas à prática, tornamo-nos melhores, passando de uma condição ingênua do cotidiano escolar a uma condição ativa da ação epistemológica. Em termos de Freire (ibidem, p.43), podemos dizer que o momento fundamental da formação permanente dos professores está constituído pela "reflexão crítica sobre a prática".

Quadro 4 – Atividades realizadas durante os sete encontros da disciplina Ensino de Ciências com Enfoque CTSA a Partir de QSC

Encontros	Atividades realizadas	Duração
1. (14/2/09)	- Apresentação dos participantes e diálogo sobre suas experiências docentes. - Trabalho em grupo sobre questões do próprio ensino dos professores e reflexão a respeito de relações CTSA.	Oito horas
2. (6/3/09)	Discussão sobre a natureza do ensino de Ciências com enfoque CTSA.	Quatro horas
3. (7/3/09)	- Discussão sobre a perspectiva CTSA e as QSC. - O desafio de abordar uma QSC em sala de aula.	Oito horas
4. (27/3/09)	- Apresentação de propostas (projetos de ensino) dos professores para a abordagem de uma QSC em sala de aula.	Quatro horas
5. (28/3/09)	- Continuação das apresentações das propostas (projetos de ensino) dos professores para a abordagem de uma QSC em sala de aula. - Discussão sobre uma QSC e sua abordagem no ensino de Ciências (o caso dos biocombustíveis).	Oito horas
6. (24/4/09)	- Trabalho em grupo a respeito do andamento dos projetos de ensino dos professores de acordo com a QSC escolhida.	Quatro horas
7. (25/4/09)	- Socialização e discussão do trabalho em grupo realizado e fechamento do trabalho presencial.	Oito horas Total: 44 horas

Fonte: Martínez (2010).

A reflexão crítica sobre o ensino também pressupõe a disposição para aprender junto ao colega. O professor, como pesquisador, não se constrói sozinho, mas em interação com os outros. Portanto, os professores foram convidados a enriquecer seus trabalhos com as contribuições dos colegas que haviam compartilhado o trabalho em grupo realizado durante os encontros.

Para fortalecer a interação entre os professores, contava-se com o grupo virtual, no qual foram postadas as propostas dos professores e todos os materiais usados e produzidos durante a disciplina.

Ao final da disciplina, foi realizada uma entrevista focal semiestruturada (Apêndice 2) orientada aos mesmos grupos de professores organizados no primeiro encontro. A entrevista teve o objetivo de caracterizar as contribuições e dificuldades enfrentadas na abordagem de QSC por parte dos professores de Ciências em serviço de acordo com os seguintes aspectos: a) reflexão e transformação da prática docente; e b) compreensões sobre a autonomia docente e a perspectiva CTSA.

A entrevista, como um instrumento usado com frequência na pesquisa qualitativa, possibilita a constituição de dados para a compreensão de perspectivas ou pontos de vista de sujeitos sobre determinadas situações. O primeiro pressuposto da entrevista é que o "mundo social não é um dado natural, sem problemas, ele é ativamente construído por pessoas sob condições que elas não necessariamente construíram" (Bauer; Gaskell, 2002, p.65).

Preferimos a realização de uma entrevista focal visando explorar o espectro de opiniões e percepções do grupo de professores depois de terem participado dos encontros da disciplina.

A entrevista em grupo ou focal apresenta algumas vantagens em relação à entrevista individual, por exemplo, no sentido de que cria um espaço de interação entre indivíduos que pode gerar espontaneidade e criatividade. Quando as pessoas estão em grupo, podem ser mais propensas a explorar novas ideias e suas correspondentes implicações, além de ser pertinente quando se tem um significativo número de pessoas que dificilmente serão entrevistadas de forma individual.

A conveniência em se realizar uma entrevista em grupo ou focal é justificada de acordo com três características essenciais apontadas por Bauer e Gaskell (ibidem, p.76): i) "sinergia emergida da interação social que faz do grupo mais que a mera soma de suas partes"; ii) "possibilidade de observar o processo do grupo, em termos de sua dinâmica de mudança de opiniões e liderança de opinião"; e iii) "maior envolvimento emocional que raramente é observado em entrevistas individuais".

Para oferecer uma visualização mais clara da forma como foram registradas as informações durante a realização da disciplina, apresentamos no Quadro 5 os instrumentos usados, expondo seus objetivos específicos e o momento no qual foram aplicados. Dessa forma, constituímos vários instrumentos para a coleta dos dados, como é recomendado na realização de uma pesquisa qualitativa educacional (Cardona, 2002).

Para a caracterização dos participantes da pesquisa foi aplicado um questionário (Apêndice 3) a 31 professores inscritos na disciplina Ensino de Ciências com Enfoque CTSA a Partir de QSC com o objetivo de obter algumas informações sobre sua formação inicial, sua atuação profissional e seu contato com a perspectiva CTSA. Esse questionário considerou os seguintes aspectos: i) dados gerais dos professores: idade, gênero, título de graduação, estudos de pós-graduação e outros cursos relevantes no desenvolvimento profissional; ii) percurso profissional: anos de experiência profissional e cargos exercidos durante a vida profissional; iii) cargo atual: instituição onde trabalha, nível educativo, modalidade, disciplina, tempo de serviço nessa instituição e número de alunos; iv) informações sobre o processo vivenciado no mestrado em Docência da Química: disciplinas cursadas, estudo de aspectos da perspectiva CTSA durante o mestrado e relação do projeto de pesquisa com algum aspecto dessa perspectiva; e v) experiências ou contato com a perspectiva CTSA: aproximações com a educação CTSA na formação inicial, na formação continuada e no exercício profissional.

QUESTÕES SOCIOCIENTÍFICAS NA PRÁTICA DOCENTE 151

Quadro 5 – Instrumentos aplicados durante o desenvolvimento da disciplina Ensino de Ciências com Enfoque CTSA a Partir de QSC

Instrumento	Objetivos específicos da aplicação do instrumento	Momento de aplicação
Questionário inicial	Realizar uma caracterização inicial dos professores participantes da disciplina a partir de informações obtidas deles sobre os seguintes aspectos: a) dados gerais dos professores; b) percurso profissional dos professores; c) percurso no mestrado em Docência da Química; d) experiências ou contato com a perspectiva CTSA.	Grupo virtual depois do primeiro encontro.
Gravações em áudio dos sete encontros (44 horas)	Caracterização das contribuições e dificuldades apresentadas nos discursos dos professores com respeito à abordagem de QSC no ensino.	Durante o desenvolvimento dos sete encontros da disciplina.
Entrevista focal (gravada em áudio)	Caracterização das contribuições e dificuldades apresentadas nos discursos dos professores com respeito à abordagem de QSC no ensino.	Último encontro.
Trabalho final sobre o projeto de ensino desenvolvido com respeito à abordagem das QSC		Grupo virtual (1º -12/6/09).

Fonte: Martínez (2010).
* Cabe esclarecer que no total foram registrados cinco professores com cursos de especialização, dado que uma professora tinha realizado duas especializações: uma em Educação a Distância e outra em Educação Ambiental.

Quando foi perguntado aos professores sobre o cargo desempenhado em seus anos de serviço, eles escolheram várias opções. Como podemos observar na Tabela 2, a maior parte reporta ter desempenhado a função de professor de Biologia ou Química no ensino fundamental, e outra parte significativa tem desempenhado o cargo de professor de Química no ensino médio ou na educação de jovens e adultos (EJA). A minoria tem atuado como professor de Química ou Biologia em ensino superior ou como professor de Ciências Naturais no ensino fundamental.

Podemos evidenciar que o grupo de participantes da disciplina apresenta características interessantes com respeito tanto aos cargos desempenhados nos diferentes níveis de ensino quanto à variada experiência docente, oferecendo-nos importantes possibilidades para o estudo da abordagem de QSC na formação continuada de professores de Ciências.

Tabela 2 – Cargos desempenhados pelos professores participantes da disciplina

Cargos desempenhados pelos professores	Número de professores*
Professor de Ciências Naturais, ensino fundamental, da 3a à 5a série	7
Professor de Biologia, ensino fundamental, da 6a à 8a série	25
Professor de Química, ensino fundamental, da 2a à 3a série	22
Professor de Física, ensino fundamental, da 6a à 8a série	2
Professor de Química, ensino médio, da 2a à 3a série	18
Professor de Física, ensino médio, da 2a à 3a série	1
Professor de Ciências Naturais, EJA	9
Professor de Química, EJA	10
Professor de Biologia, EJA	5
Professor de Química, ensino superior	8
Professor de Biologia, ensino superior	3

* Cabe esclarecer que em vários casos os professores escolheram mais de uma opção.

PARTE V
A abordagem de questões sociocientíficas (QSC) e a construção da autonomia dos professores de Ciências em serviço

12
Aproximações dos professores de Ciências à perspectiva Ciência, Tecnologia, Sociedade e Ambiente (CTSA) e às Questões Sociocientíficas (QSC)

Neste capítulo analisamos os dados constituídos durante a pesquisa utilizando a teoria de análise de discurso crítica (ADC) conforme os dois níveis de interpretação propostos por Fairclough (2001b) e utilizados no trabalho de Leal (2003). No primeiro nível interpretamos os textos[1] como aspectos da prática discursiva e como processos de interpretação textual. No segundo nível de interpretação focamos a análise dos textos em termos de produções discursivas sociais, examinando as características ideológicas desses textos e suas possíveis relações de poder. O segundo nível de interpretação também favorece a análise do discurso atrelado a processos de luta hegemônica, o que está diretamente relacionado com ideologias.

Como já foi dito sob a ADC na Parte III deste livro, os processos discursivos na sociedade são considerados de forma dialética, com implicações nas estruturas sociais que são reproduzidas ou transformadas discursivamente, dependendo do estado de estabilidade ou instabilidade das relações de poder estabelecidas pelos discursos que estão em disputa.

---

1 Conforme Fairclough (2001a), usamos o termo "texto" para nos referir a qualquer tipo de produção discursiva, seja escrita ou falada. No caso desta pesquisa, os textos analisados são constituídos pelos registros das gravações de áudio dos encontros realizados com os professores, bem como pelos registros das entrevistas gravadas em áudio e os trabalhos escritos pelos professores.

Da mesma forma, a constituição dos sujeitos tem lugar intersubjetiva- mente, portanto, os sujeitos não são simplesmente assujeitados pelo dis- curso, pois podem agir como agentes ativos, seja para contestar, negociar ou transformar seu relacionamento com diversos tipos de discurso. Para efeito de análise utilizaremos os dois níveis de interpretação simultaneamente, realizando descrições textuais dos dados e interpre- tações teóricas com o objetivo de identificar e discutir as dificuldades e as contribuições da abordagem de QSC na formação continuada de professores de Ciências.

No decorrer do capítulo analisaremos diferentes episódios que representam os dados constituídos durante a pesquisa, os quais serão identificados por meio dos seguintes códigos elaborados a partir dos instrumentos descritos na Parte IV:

- GE: gravações de áudio dos encontros realizados com os profes- sores, especificando o número de encontro que foi analisado.

- TF: trabalho final escrito pelos professores participantes da pesquisa.

- EF: entrevista focal desenvolvida com seis grupos de professo- res, a qual foi realizada ao final dos encontros da disciplina Ensino de Ciências com Enfoque CTSA a Partir de QSC.

A transcrição dos episódios escolhidos e sua correspondente análise foram realizadas em conformidade com os seguintes sinais adaptados de Carvalho (2006), Santos, Mortimer e Scott (2001) e Santos (2002):

- [...] trecho da transcrição omitido por não ser de interesse para análise.
- [xxx] fala ininteligível.
- [ ] para inserção de comentários do pesquisador.
- ... as reticências denotam prolongamento da ideia.
- PU refere-se ao professor universitário e autor desta pesquisa.
- PP refere-se aos professores participantes da pesquisa.

A expressão "episódio" se refere a um fragmento ou recorte reali- zado a partir dos registros empíricos da pesquisa, e a expressão "turno de fala" se refere a uma forma de demarcar a mudança de um determi- nado falante, quando um dos interlocutores toma para si a elaboração de uma fala (Santos; Mortimer; Scott, 2001). A numeração dos turnos de fala que será apresentada nas análises corresponde à ordem em que cada fala aparece na transcrição realizada das gravações de áudio dos encontros e da gravação de áudio da entrevista focal.

De acordo com o Quadro 6, estabelecemos que a maioria de professores (54,8%) não estudou temas relacionados com a perspectiva CTSA durante seu curso de graduação. Inferimos também que 45,2% dos professores indicaram não haver estudado temas CTSA durante o mestrado, enquanto a mesma porcentagem indicou estudar algum tema CTSA durante a realização desse curso. A maioria dos professores respondeu que abordou algum tema sobre a perspectiva CTSA durante sua atuação docente.

Os dados apresentados anteriormente nos indicam que existe certa marginalização da perspectiva CTSA na preparação desenvolvida nos cursos de graduação realizados pelos professores, o que pode estar relacionado com problemas de estruturação curricular desses cursos no que diz respeito a sua fundamentação didática. Nesse sentido, as pesquisas de Gallego, Pérez e Torres (2004) e Gallego et al. (2004) concluem que os currículos dos cursos de licenciatura de Ciências na Colômbia consideram parcialmente as orientações oferecidas pelas pesquisas sobre o ensino de Ciências e a formação de professores. Para os autores, os cursos prestam pouca atenção à construção de novas concepções epistemológicas e pedagógicas diferentes das positivistas, que têm dominado por longo tempo o currículo e as práticas de ensino próprias da educação de professores de Ciências.

Analisamos as respostas oferecidas pelos PP que indicaram aproximações sobre a perspectiva CTSA em algum momento de sua preparação ou atuação docente e caracterizamos três formas como os professores trabalharam essa perspectiva em cada um dos momentos expostos na Tabela 3.

158 LEONARDO FABIO MARTÍNEZ PÉREZ

Quadro 6 – Aproximação dos professores de Ciências em serviço à perspectiva CTSA durante a graduação, o mestrado e a atuação docente

Nome do (a) professor(a)*	Estudou aspectos sobre a perspectiva CTSA durante o curso de graduação?			Estudou aspectos sobre a perspectiva CTSA durante o curso de mestrado?			Abordou aspectos sobre a perspectiva CTSA em sua atuação docente?		
	Sim	Não	N/R	Sim	Não	N/R	Sim	Não	N/R
Antônio	√	–	–	–	√	–	–	√	–
Pedro	√	–	–	–	√	–	–	√	–
David	√	–	–	√	–	–	–	–	√
Fátima	–	√	–	√	–	–	√	–	–
Adriana	–	√	–	–	√	–	√	–	–
Oliva	√	–	–	√	–	–	√	–	–
Roberta	–	√	–	√	–	–	√	–	–
Fernanda	–	√	–	√	–	–	–	√	–
Paulo	√	–	–	√	–	–	√	–	–
Cristina	–	√	–	–	√	–	√	–	–
Carol	–	√	–	√	–	–	–	–	√
Janeth	√	–	–	√	–	–	√	–	–
Camila	–	–	√	–	–	√	–	–	√
Natália	–	√	–	–	√	–	–	–	√
Lucas	–	√	–	√	–	–	√	–	–
Angélica	√	–	–	–	√	–	√	–	–
Ricardo	√	–	–	–	√	–	–	√	–
Andrea	–	√	–	–	√	–	√	–	–
Isabel	–	√	–	√	–	–	–	√	–
Roberto	–	√	–	√	–	–	–	√	–
Cláudia	√	–	–	√	–	–	–	√	–
Simone	√	–	–	–	√	–	√	–	–
Ernesto	–	√	–	–	√	–	√	–	–
Maurício	–	√	–	–	√	–	–	√	–
Paula	–	√	–	–	√	–	√	–	–
Laura	√	–	–	√	–	–	√	–	–
Edith	–	√	–	√	–	–	–	√	–
Verônica	–	√	–	–	√	–	–	√	–
Vinícius	–	√	–	–	√	–	–	√	–
Mônica	–	–	√	–	–	√	–	–	√
Edvaldo	–	–	√	–	–	√	–	–	√
Total	11 (35,5%)	17 (54,8%)	3 (9,7%)	14 (45,2%)	14 (45,2%)	3 (9,7%)	14 (45,2%)	11 (35,5%)	6 (19,4%)

Fonte: Martínez (2010).

*Todos os nomes dos professores participantes da pesquisa são fictícios.

QUESTÕES SOCIOCIENTÍFICAS NA PRÁTICA DOCENTE 159

Tabela 3 – Formas de abordar CTSA durante a preparação ou atuação docente

Formas de abordar a perspectiva CTSA	Número de professores que trabalharam temas sobre a perspectiva CTSA durante sua preparação ou atuação docente		
	Curso de graduação	Curso de mestrado	Exercício docente
Contextualização social de temas disciplinares de Ciências	4	4	4
Abordagem de temas de Ciências trabalhando esporadicamente temas CTSA	4	3	6
Abordagem de temas CTSA	3	7	4
Total	11	14	14

Observando os dados da Tabela 3, inferimos que no mestrado os professores estudaram temas específicos da perspectiva CTSA, enquanto no curso de graduação e na atuação profissional a preferência da abordagem CTSA está em suas possibilidades para contextualização social ou desenvolvimento de conteúdos disciplinares de Ciências.

A incorporação esporádica de temas CTSA no currículo de Ciências para a contextualização social dos conteúdos disciplinares ou para a motivação dos estudantes tem sido caracterizada por González, López e Luján (1996) como "enxerto" CTS(A), que implica a abordagem de temas de Ciências sem alterar sua organização curricular. Assim, pouco é feito para problematizar as implicações socioambientais e políticas dos conteúdos disciplinares.

González, López e Luján (ibidem) salientam a importância de investir maiores esforços para transcender a ideia de "enxerto" CTS, procurando orientar o ensino de Ciências a partir de temas CTS que deem valor à interdisciplinaridade como uma característica importante da inovação curricular, de tal forma que o ponto de partida nos processos de ensino não seria necessariamente os conteúdos disciplinares, pois seria mais pertinente partir de questões sociocientíficas ou ambientais que possibilitem o estabelecimento de relações entre conhecimentos científicos e conhecimentos sociais, econômicos e políticos.

Das três formas de abordagem CTSA caracterizadas na Tabela 3, a terceira, "Abordagem de temas CTSA", oferece maiores possibilidades para pensar as limitações do ensino tradicional de Ciências, que é reduzido à transmissão de conteúdos disciplinares. À medida que sejam trabalhados aspectos sociais e ambientais da ciência e tecnologia, emerge a necessidade de articular conhecimento das Ciências Sociais com os das Ciências da Natureza. Assim, é possível construir um espaço pedagógico enriquecedor e motivador para que estudantes e professores compreendam os conceitos da ciência, bem como suas implicações socioambientais em contextos globais e locais.

Concordamos com Pedretti (2003) que a perspectiva CTSA a partir de QSC é uma forma de repensar as limitações impostas pela lógica disciplinar dominante no ensino de Ciências, de modo que possam se constituir novas possibilidades para a construção de um currículo de Ciências pautado pela integração de diferentes conhecimentos pedagógicos e disciplinares, pois, ao trabalhar questões como os transgênicos, a utilização das células-tronco ou a produção de bicombustíveis, os professores terão a oportunidade de discutir com seus alunos conceitos científicos e as implicações éticas e ambientais do uso das pesquisas científicas de acordo com diferentes interesses sociais e políticos.

Conforme Reis (2004), a importância da abordagem de QSC no ensino de Ciências é justificada não somente pelos conhecimentos que mobiliza acerca de conteúdos e procedimentos científicos e tecnológicos, mas também pelas potencialidades educativas dessas questões no que se refere ao desenvolvimento pessoal e social de professores e estudantes.

No Quadro 7 registramos os temas relacionados com a perspectiva CTSA que os professores indicaram ter estudado em algum momento de sua atuação profissional. Observamos que, dos 31 PP, apenas quatro registraram alguma aproximação com o tema das QSC. A maioria dos professores manifestou aproximações com os temas desenvolvimento sustentável (14), alfabetização científica (11) e natureza da ciência e tecnologia (10), entretanto a minoria manifestou aproximações com os temas sustentabilidade (3), ação sociocrítica (4) e as QSC (4). Também observamos que treze professores não ofereceram resposta alguma.

Quadro 7 – Temas estudados pelos professores de Ciências em serviço durante sua formação docente ou exercício profissional

Nome do(a) professor(a)	Temas estudados pelos professores de Ciências em serviço durante sua formação ou exercício profissional*												
	1	2	3	4	5	6	7	8	9	10	11	12	Total
Antônio	–	√	–	–	√	√	–	–	–	√	√	√	6
Pedro	–	–	–	–	–	–	√	√	–	–	√	–	3
David	–	–	–	–	–	–	–	–	–	–	–	–	–
Fátima	–	–	–	–	√	–	√	√	–	–	–	–	3
Adriana	–	–	–	–	–	–	–	–	–	–	√	–	1
Oliva	√	√	√	–	√	√	√	√	√	√	√	√	11
Roberta	√	√	√	–	√	–	√	–	–	–	√	–	6
Fernanda	√	√	√	–	√	–	√	–	√	–	√	√	8
Paulo	√	√	√	√	√	–	√	–	–	–	√	–	7
Cristina	√	–	–	–	–	–	–	–	–	√	√	–	3
Carol	√	–	–	√	√	–	√	–	–	–	–	–	4
Janeth	√	√	–	√	√	–	√	–	√	–	√	√	8
Camila	–	–	–	–	–	–	–	–	–	–	–	–	–
Natália	–	–	–	–	–	–	–	–	–	–	–	–	–
Lucas	–	–	–	–	–	–	–	–	–	–	–	–	–
Angélica	√	–	√	–	√	–	√	√	√	–	√	√	8
Ricardo	–	–	–	–	–	–	–	–	–	–	–	–	–
Andrea	–	–	–	–	–	–	–	–	–	–	–	–	–
Isabel	–	–	–	–	√	√	√	–	–	√	–	–	4
Roberto	√	–	–	–	–	–	–	–	–	–	–	–	1
Cláudia	√	–	–	–	√	–	–	√	–	–	–	–	3
Simone	–	√	√	–	√	–	–	–	–	–	√	√	5
Ernesto	–	√	√	–	√	–	–	√	–	–	–	–	4
Maurício	–	–	–	–	–	–	–	–	–	–	–	–	–
Paula	–	–	–	–	–	–	–	–	–	–	–	–	–
Laura	√	√	–	√	√	–	–	–	√	–	√	√	7
Edith	–	–	–	–	–	–	–	–	–	–	–	–	–
Verônica	–	–	–	–	–	–	–	–	–	–	–	–	–
Vinícius	–	–	–	–	–	–	–	–	–	–	–	–	–
Mônica	–	–	–	–	–	–	–	–	–	–	–	–	–
Edvaldo	–	–	–	–	–	–	–	–	–	–	–	–	–
Total	11	9	7	4	14	3	10	6	5	4	12	7	

Fonte: Martínez (2010).

* 1. Alfabetização científica e tecnológica; 2. Ensino de ciência para todos; 3. Ensino de Ciências para cidadania; 4. Questões sociocientíficas; 5. Desenvolvimento sustentável; 6. Sustentabilidade; 7. Natureza da ciência e da tecnologia; 8. Raciocínio ético e moral; 9. Dimensão pessoal e política da ciência; 10. Reconstrução sociocrítica; 11. Tomada de decisão; 12. Ação crítica.

No primeiro trabalho em grupo realizado com os professores foi discutida a possibilidade de trabalharem em suas aulas as QSC sobre o "uso do fósforo branco na guerra" e a questão dos "biocombustíveis para geração de energia". A segunda questão, aparentemente, não era tão impactante quanto a primeira.

As duas QSC citadas ofereciam dois focos de discussão interessantes a serem considerados pelos professores em seu ensino. Nesse sentido identificamos no Episódio 1 o interesse dos professores por essas questões, uma vez que possibilitavam trabalhar implicações da tecnologia e facilitavam também a abordagem de conteúdos específicos de Ciências com suas implicações sociais e ambientais.

Episódio 1 (GE$_1$)[2]

151. PU: [...] Coloquei um texto atual, tomado do *El Tiempo* [um jornal da Colômbia], e perguntamos se vocês trabalhariam este texto em suas aulas de Ciências [Química, Biologia e Física]. Os que responderam afirmativamente podem justificar por que o trabalhariam e como o trabalhariam? Vamos trabalhar esta parte completa porque está relacionada?

152. David: O trabalharíamos, sim! Porque considera valores, efeitos ambientais, efeitos psicológicos e efeitos políticos.

153. Antônio: Dois professores convergiram em que não o trabalhariam [o texto sobre a questão sociocientífica], porque há outras formas de explicar este tema. Um professor considera que trabalharia o texto em séries avançadas porque os estudantes estariam na idade apropriada para conhecer o tema e poder enfrentá-lo com a realidade. Também porque a escola desenvolve esta forma de trabalho com o programa da ONU [Organização das Nações Unidas].

154. Adriana: O trabalharíamos para mostrar como a utilização incorreta da tecnologia pode afetar a sociedade do planeta.

155. Angélica: O trabalharíamos porque é um problema atual e porque é uma reflexão do uso da Química.

156. Fátima: O trabalharíamos, sim! Porque é um tema atual das implicações das reações químicas. Como o trabalharíamos? Provavelmente com uma consulta prévia sobre o fósforo branco, um trabalho em grupo para

---

2 Todos os episódios que serão apresentados foram traduzidos pelo autor.

QUESTÕES SOCIOCIENTÍFICAS NA PRÁTICA DOCENTE 163

ler e abordar o artigo. Aliás, o artigo permite reconhecer implicações relacionadas com outras ciências de forma geográfica, histórica e ambiental, pois este é um componente necessário.

158. PU: [...] Suponham que vocês foram convidados a participar em uma convenção sobre o uso de biocombustíveis como alternativa para diminuir a emissão de CO_2. Nesta convenção vocês terão que defender um ponto de vista sobre os seguintes questionamentos: para que utilizar biocombustíveis? A quem beneficia o uso de biocombustíveis? Deveria ser apoiada a produção de biocombustíveis?...

160. Oliva: Os que convergiram com a utilização dos biocombustíveis dizem que substituem os derivados do petróleo, diminuem o aquecimento global e supõem um bom uso de fontes de energia. Os que divergiram da utilização dos biocombustíveis consideram que nem a palavra biocombustíveis é pertinente, pois se deve usar a palavra agrocombustíveis, porque de vida não têm nada, geram grande produção de gases de efeito estufa.

161. PU: Por que dizer que não têm nada de vida?

162. Oliva: Porque as implicações sociais que representa a produção dos biocombustíveis são bastante fortes, geram deslocamento da população camponesa, também estão gerando toda uma série de interesses para manipular. [...] Por exemplo, aqui na Colômbia, o que ocorreu com os trabalhadores rurais que cortavam cana o ano passado é uma problemática social grande, implica domínio de latifundiários e implicações mais graves que têm relação com os alimentos. Nós estamos queimando o que poderíamos comer. Então podemos gerar muitos debates sobre o tema.

O interesse pela abordagem de QSC por parte dos professores foi importante para motivar o estudo dos aspectos conceituais da perspectiva CTSA, bem como das QSC entendidas como temas controversos que podem dinamizar o ensino de Ciências em espaços escolares e universitários.

Cross e Price (1996) indicam que a grande variedade de QSC na vida dos cidadãos exige o desenvolvimento de processos de ensino que problematizem o currículo tradicional de Ciências, o qual é apresentado livre de valores e compromissos sociais. Para esses autores é necessário trabalhar com os professores uma estrutura conceitual, a partir da qual possam construir propostas de ensino e abordagem de questões controversas que oferecem maiores oportunidades aos estudantes para explorarem as riquezas da perspectiva CTSA no decorrer de debates escolares.

A abordagem de questões sociocientíficas torna a perspectiva CTSA um elemento relevante do currículo de Ciências, o que implica comprometimento e responsabilidade social do professor para incentivar e favorecer o desenvolvimento de habilidades críticas dos estudantes, de tal forma que eles tenham a capacidade de avaliar o impacto da ciência e da tecnologia na sociedade.

A maioria dos encontros realizados com os professores na disciplina Ensino de Ciências com Enfoque CTSA a Partir de QSC teve a participação de vinte professoras e onze professores. No entanto, nem todos realizaram a apresentação oral de seu plano de ensino sobre a abordagem de uma QSC de seu interesse, e nem todos realizaram o trabalho final que foi combinado para efeito da sistematização das atividades de ensino desenvolvidas em sala de aula.

Dos 31 PP, 29 realizaram uma apresentação oral de seu plano de ensino, a partir da qual identificamos a dificuldade de alguns professores em diferenciar uma QSC de um tema convencional de Ciências.

Para considerar o assunto exposto pelos professores em suas propostas de ensino com uma QSC segundo Ratcliffe e Grace (2003), identificamos pelos menos duas características próprias dessas questões. A primeira: que fossem assuntos tratados com frequência na mídia local, regional ou global e, portanto, envolvessem discussões controversas entre diferentes atores sociais. A segunda: que incluíssem elementos de pesquisa científica e tecnológica que implicassem questionamentos socioambientais ou éticos.

De acordo com as características ditas das QSC, em um primeiro momento identificamos vinte professores que conseguiram determinar a QSC de seu interesse. Os nove professores restantes propuseram um tema de ciência geral. No Quadro 8 apresentamos as QSC propostas pelos professores. Embora todas as questões apresentadas pelos professores tenham a ver com aspectos ambientais, sociais, políticos, éticos e de saúde, sendo difícil classificá-los em algum desses aspectos, decidimos agrupá-los em três dimensões, de acordo com o foco de atenção de cada questão.

QUESTÕES SOCIOCIENTÍFICAS NA PRÁTICA DOCENTE 165

Quadro 8 – QSC propostas pelos PP

Nome do(a) professor(a)	QSC propostas pelos professores
Antônio	Os hidrocarbonetos como fonte de energia não renovável e o surgimento dos biocombustíveis como uma forma de energia alternativa
Pedro	A automedicação
Fátima	Implicações sociais dos xenobióticos na saúde
Adriana	Implicações ambientais dos biocombustíveis
Roberta	A segurança alimentar e seus efeitos sociais
Fernanda	A experimentação com animais
Carol	Contaminação atmosférica e impacto ambiental
Janeth	A anorexia e a bulimia
Lucas	Contaminação de fontes hídricas causadas por minas de carvão
Angélica	Terapia genética
Andrea	Desperdício de alimentos em uma escola pública
Isabel	O aborto
Roberto	Os transgênicos
Cláudia	Controvérsia sobre a invenção de uma vacina para *Acquired Immunodeficiency Syndrome* (aids)
Simone	Uso e abuso da água
Maurício	Consumo de drogas por adolescentes
Paula	Manipulação genética
Laura	Manipulação e disposição de lixo
Edith	Legalização das drogas ilícitas
Verônica	Peptídeos opioides no leite e implicações na saúde

Fonte: Martínez (2010).

No Quadro 9 expomos as QSC socializadas pelos professores em termos da dimensão ambiental, da saúde pública e da ética. Apesar de as questões poderem ter relações com as três dimensões, o foco de atenção de cada uma delas é um tanto específico. Por exemplo, os biocombustíveis, o desperdício da água, a manipulação e disposição de lixo e a contaminação atmosférica foram questões diretamente focadas na dimensão ambiental. Por sua vez, transtornos alimentares, tais como a bulimia e a anorexia, a experimentação de uma vacina para a *Acquired Immunodeficiency Syndrome* (aids), os peptídeos opioides do leite e a automedicação são questões voltadas à dimensão da saúde pública. Outras questões, como a terapia genética, os transgênicos e a experimentação com animais, se centralizam na dimensão ética.

A classificação descrita no Quadro 9 foi realizada com o intuito de ampliar as dimensões constituídas, as quais estruturavam a determinação de objetivos de ensino sobre as QSC propostas pelos professores. Por exemplo, as questões focadas na dimensão ética foram mais pertinentes para trabalhar o desenvolvimento do raciocínio ético e moral com os estudantes, na medida em que evidenciavam situações vinculadas com julgamentos éticos.

Quadro 9 – Dimensões das QSC propostas pelos PP

	QSC
Questões focadas na dimensão ambiental	Biocombustíveis, contaminação atmosférica e impacto ambiental, contaminação de fontes hídricas causada por minas de carvão, uso e abuso da água, manipulação e disposição de lixo, a segurança alimentar e seus efeitos sociais.
Questões focadas na dimensão da saúde pública	A automedicação, implicações sociais dos xenobióticos na saúde, a anorexia e a bulimia, desperdício de alimentos em uma escola pública, controvérsia sobre a invenção de uma vacina contra a aids, consumo de drogas por adolescentes, legalização das drogas ilícitas, peptídeos opioides do leite e implicações na saúde.
Questões focadas na dimensão ética	A experimentação com animais, terapia genética, o aborto, os transgênicos, manipulação genética.

Fonte: Martínez (2010).

No caso das questões correspondentes à dimensão ambiental, as intenções educacionais foram mais gerais e tiveram relação com práticas sociais sustentáveis. A determinação de uma dimensão particular subsidiou os professores para que entendessem as características das QSC, o que também foi importante para os nove professores que apenas explicitaram temas de ciências gerais e que, a partir das dimensões, foram estabelecendo implicações sociocientíficas aos temas propostos. No Quadro 10 apresentamos os temas propostos por esse grupo de professores.

Quadro 10 – Temas propostos pelos PP para serem trabalhados em sala de aula

Nome do(a) professor(a)	Temas gerais propostos pelos professores
Paulo	Problemas ambientais da região
Cristina	A água e o ambiente
Ernesto	Química da vida
David	Anticoncepcionais
Oliva	Resíduos sólidos
Vinícius	Tabagismo
Ricardo	A água e o ambiente
Natália	Doenças genéticas
Edvaldo	Reações químicas da chuva ácida

Fonte: Martínez (2010).

A dificuldade enfrentada pelos professores para caracterizar as QSC de seu interesse parece não estar relacionada com o tempo de atuação profissional, uma vez que quatro professores (Paulo, Cristina, David e Ricardo) tinham entre três e cinco anos de experiência docente. Os demais professores (Ernesto, Vinícius, Edvaldo, Oliva e Natália) tinham mais de oito anos de serviço.

No caso das professoras Oliva, Cristina e Natália, bem como dos professores Ernesto e Vinícius, um fator que poderia estar relacionado com a dificuldade de caracterizar a QSC é a falta de preparação na perspectiva CTSA, pois eles não tiveram oportunidade de estudar nenhum tema dessa perspectiva durante sua graduação e pós-graduação, conforme foi registrado no Quadro 6.

Para os professores Paulo e David, devemos considerar outros fatores associados à dificuldade apresentada por eles, dado que tinham estudado durante sua graduação e pós-graduação algum tema da perspectiva CTSA. O professor Ricardo estudou algum aspecto da perspectiva CTSA durante sua graduação, tal como foi exposto no Quadro 6.

É importante ressaltar que o professor Paulo possuía uma considerável preparação em aspectos da perspectiva CTSA, porque desenvolveu seu trabalho de conclusão de curso (TCC) fundamentado nessa perspectiva. Ele manifestou o envolvimento com atividades da mesma natureza em sua atuação profissional. Apesar dessa preparação,

168 LEONARDO FABIO MARTÍNEZ PÉREZ

o professor Paulo experimentou a mesma dificuldade que seus colegas em caracterizar uma QSC.

Depois que o professor Paulo apresentou seu plano de ensino, no qual explicava aspectos da perspectiva CTSA tais como tomada de decisão, alfabetização científica e tecnológica e a natureza da ciência, emergiu o questionamento pelas QSC por parte da professora Roberta, o qual pode ser interpretado a partir do Episódio 2.

Episódio 2 (GE$_4$)

35. Roberta: Que tipo de QSC você vai trabalhar? Porque não ficou claro para mim sobre qual QSC vai ser realizado o trabalho. Ou seja, você falou da tomada de decisão, mas não ficou claro para mim qual é a questão. Contextualizar os estudantes diante do entorno natural é uma intenção, mas que tipo de decisão [os estudantes] devem tomar sobre uma questão determinada?

36. Paulo: Primeiro, para contextualizar temos o problema dos curtumes. A partir disso, entender qual é o problema ambiental, coletar os dados para avaliar essa informação [do problema ambiental]. Como recuperar toda a informação para a tomada de decisão diante dos plásticos, das sacolas, deixar de usá-las. Poderiam dar uma sacola reciclável e poderiam dar um desconto por essa sacola.

37. Roberta: Existe um enfoque CTSA [a professora se refere à proposta apresentada pelo professor Paulo], mas não existe uma QSC. A QSC não está bem definida.

38. PU: Aproveitando a fala da professora Roberta, vou continuar com a reflexão. Trabalhei com Paulo a perspectiva CTSA [no TCC] de forma geral, o que foi importante. Mas em termos de desmarginalizar esta perspectiva de tua prática docente, qual seria a QSC que desenvolveria em suas aulas e como se articula esta questão com a tomada de decisão?

39. PP: [xxx].

40. Ricardo: Uma das questões [que poderia trabalhar o professor Paulo], por exemplo, seria os polímeros, a manipulação de resíduos, não só reduzir, mas também reutilizar, assim podem fazer várias coisas, começar com saídas da escola e dessa forma vai para o contexto [dos estudantes]. Aí apareceria essa história que se trabalha sobre educação ambiental. Resolver a problemática é impossível [a problemática da poluição gerada pelos curtumes]. Persuadir os donos desses curtumes é complicado.

44. PU: Importante que pensem [referindo-se ao professor Paulo] sobre as colocações feitas pelos colegas, pensem sobre as QSC conforme foi dito pelo Ricardo e pensem o que é uma QSC.

45. Roberta: Seria interessante considerar o diagnóstico ambiental de teu bairro, seria interessante revisar quais as instituições vinculadas [ao problema ambiental].

46. PU: Interessante revisar de novo o artigo do Zeidler que discute a relação entre CTSA e QSC.

No Episódio 2 observamos que o professor Paulo propõe trabalhar um problema ambiental conforme a perspectiva CTSA, mas não consegue especificar a QSC de seu interesse. No turno 40 o professor Ricardo tenta indicar as QSC que poderiam ser trabalhadas pelo professor Paulo de acordo com a problemática exposta por ele.

No mesmo episódio o PU salienta a necessidade de trabalhar a perspectiva CTSA a partir de QSC, o que poderia contribuir para renovar a prática docente do professor Paulo a partir da abordagem das QSC. Por sua vez, a professora Roberta salienta a importância do contexto social da escola na qual trabalha o professor Paulo como um elemento que poderia ajudar a caracterizar a QSC.

A professora Oliva também realizou uma ampla apresentação sobre aspectos ambientais dos resíduos sólidos considerados em um projeto ambiental de sua escola e que lhe serviram de contexto para desenvolver seu projeto de ensino. Nesse sentido, ela justificou a importância de sua proposta focada em sensibilizar os estudantes com respeito à manipulação de resíduos sólidos. No entanto, da mesma forma que o professor Paulo, a professora Oliva não conseguiu estabelecer a QSC de seu interesse.

No Episódio 3 percebemos que a professora Andrea questiona a professora Oliva por não ter delimitado a QSC e o objetivo de ensino em sua proposta. Também observamos que a própria professora não tem clareza do caráter controverso de uma QSC, o que é comentado pelo professor Antônio. Parece que a professora Oliva entende a QSC como um tema ambiental que poderia articular com conceitos de várias disciplinas, tais como a Química, a Física e a Biologia.

Episódio 3 (GE$_4$)

123. Andrea: Da mesma forma que tem acontecido com vários [outros colegas], o que tem acontecido conosco, não vejo bem definida a QSC. Não sei qual é o seu problema [risadas dos colegas], ou seja, qual é sua problemática e, de acordo com o dito pelo PU, o que pretende desenvolver com seus alunos. É isso da reciclagem ou isso da tomada de decisão? Ou desenvolver um ponto de vista crítico? Enfim, o que deseja desenvolver com seus alunos?

127. Oliva: [...] A QSC seria a manipulação irracional de resíduos sólidos. O que se pode trabalhar a partir daí? Podemos trabalhar desde a Física, o tempo de degradação, a forma de manipular esses materiais, até implicações sociais. No nível biológico, o impacto que têm esses resíduos sobre os ecossistemas. Desde o ponto de vista da Química, estudar os processos de degradação, isso tem grandes implicações sociais, começado pelo espaço no qual vão parar os resíduos, tal como o lixão. "Doña Juana" [o nome do lixão] é um espaço que seu tempo útil vai terminar. Tenho uma pergunta: a QSC deve ser polêmica? Não é como uma aula normal? [refere-se à aula tradicional]. Mas eles [pessoas afetadas pelo lixão] não têm mais opções, o que vai gerar polêmica.

128. Antônio: Uma QSC tem polêmica!

Constatamos novamente a dificuldade para a caracterização da QSC na fala da professora Natália, a qual se interessa pelo tema das doenças genéticas, justificando sua importância social, mas sem delimitar a controvérsia que seria abordada em sala de aula. Observemos que no Episódio 4 a professora Cláudia percebe a falta de entendimento do caráter controverso de uma QSC por parte da professora Natália, de modo que a professora Angélica, nesse mesmo episódio, sugere especificar a QSC a partir dos aspectos apresentados pela professora Natália sobre biotecnologia e genética. Da mesma forma, a professora Laura salienta a importância de trabalhar aspectos éticos e morais envolvidos nas QSC e sugere trabalhar a questão da manipulação genética.

Episódio 4 (GE$_5$)

266. Natália: Então, quando o PU falou que deveríamos escolher um tema, para mim foi fácil. Estava desenvolvendo o tema de genética, então pensei

QUESTÕES SOCIOCIENTÍFICAS NA PRÁTICA DOCENTE **171**

no tema de biotecnologia e doenças genéticas, tendo em consideração relações CTSA, as expectativas dos estudantes, aprendizagem colaborativa e significativa, compromisso para cidadania [...]. O objetivo de meu trabalho é abordar a biotecnologia para explicar as doenças genéticas [...]. A metodologia seria consulta de materiais, participação em debates sobre doenças [...]. Já comecei a trabalhar o tema das doenças. Eles [os estudantes] fizeram maquetes sobre DNA e eu tenho ajudado a melhorá-las. Dei tudo para os estudantes das duas turmas de 8ª série. Uma turma gosta do debate. Tem uma turma que gosta das questões. Temos feito debates e percebi que temos avançado...

267. PU: Obrigado, professora Natália, pela apresentação! Além do professor Ernesto, vou passar a palavra para as professoras Cláudia e Simone.

268. Cláudia: Não vejo a QSC. Qual é o foco? Pode ser os efeitos das descobertas do genoma?

269. Natália: Meu foco são as doenças genéticas e sua situação econômica [dos estudantes], dado que eles não possuem capacidade de comprar coisas, mesmo que sejam baratas, então imaginemos para fazer exames.

270. Cláudia: Tá certo, mas onde está o debate? Qual é o ponto de discussão?

271. Natália: Lá no bairro tem [pessoas com] síndrome de Down, nanismo, enfim, tem problemas genéticos...

274. Angélica: Eu sugiro considerar os temas de biotecnologia e genética e a partir deles pensar qual poderia ser a QSC.

278. Laura: Poderia trabalhar a parte ética e moral em relação à manipulação genética.

A professora Cláudia novamente intervém no Episódio 5 para questionar a necessária abordagem da controvérsia que poderia ser desenvolvida sobre o tema da proteção de fontes hídricas, o qual foi proposto pelo professor Ricardo, e no Episódio 6 observamos um questionamento semelhante realizado pela professora Fernanda sobre a intervenção do professor Ernesto em termos de especificar a QSC do interesse dele.

Episódio 5 (GE$_5$)

315. Ricardo: Eu trabalho em uma escola rural de um município do Departamento [estado]. O título de minha proposta é "CTSA: uma es-

tratégia para a formação ambiental". Neste município o abastecimento de água é realizado a partir do rio [...] não tem aqueduto [...] a água do rio é contaminada em diferentes pontos [...]. A proposta é trabalhar os valores em relação ao uso de água. O trabalho seria realizado com estudantes de ensino médio...

324. Cláudia: Você tem considerado a política neoliberal de vender a água para as empresas particulares. Porque, se eles [a comunidade] não sabem, é difícil, isto gera controvérsia.

Episódio 6 (GE$_5$)

366. Ernesto: [...] A minha proposta é a química da vida e do ambiente a partir da perspectiva CTSA, voltada para estudantes de ensino médio [...] penso trabalhar o conhecimento escolar a partir de um projeto realizado pelos estudantes. As estratégias são de pesquisa escolar e problemas práticos para caracterizar indicadores de avaliação [...].

375. Fernanda: Por gentileza, poderia precisar a QSC que você trabalharia?

376. PU: É uma proposta curricular para o ano todo. Poderia propor uma questão para cada período escolar [...].

377. Ernesto: Concordo com vocês. Sou consciente de trabalhar temas atuais, de prepará-los. Preciso focar a situação problema...

Os episódios que foram considerados anteriormente representam uma evidência da primeira dificuldade que os professores enfrentaram para abordar uma QSC em seu ensino. A dificuldade está na compreensão do caráter controverso das QSC, o que é desconsiderado no ensino de Ciências tradicional.

As próprias características das QSC dificultam sua abordagem no ensino, uma vez que exigem uma concepção de ciência e tecnologia em permanente evolução e transformação, o que é contrário à concepção de ciência tradicional ainda dominante nos currículos de Ciências, que a apresentam como um conjunto de conhecimentos conclusos e imutáveis.

A abordagem de QSC também exige desistir da crença da neutralidade dos conhecimentos científicos e tecnológicos, pois eles fazem parte de dinâmicas políticas que envolvem atores sociais, os quais se posicionam de diferentes formas, dependendo de seus interesses.

QUESTÕES SOCIOCIENTÍFICAS NA PRÁTICA DOCENTE **173**

Contudo, a partir dos episódios que foram descritos, salientamos a discussão coletiva dos professores sobre a determinação de uma QSC de seu interesse, porque nesse processo eles foram identificando algumas características dessas questões. Por exemplo, foi apontado em vários turnos o caráter controverso de uma QSC. Também ressaltamos a importância de enquadrar a abordagem de uma QSC no contexto do desenvolvimento de um projeto de ensino que explicite os objetivos que o professor pretende atingir.

Outro aspecto a ser destacado é a necessária superação do ensino tradicional focado nos conteúdos específicos ou gerais de Ciências, uma vez que as QSC não se reduzem a esses temas, pois é necessário que os temas sejam problematizados e contextualizados socialmente, de modo que o professor de Ciências tenha possibilidade de repensar sua prática docente.

13
A IDEOLOGIA DO CURRÍCULO TRADICIONAL E AS POSSIBILIDADES DE MUDANÇA NA ABORDAGEM DE QUESTÕES SOCIOCIENTÍFICAS (QSC)

No item "Aproximações dos professores de Ciências à perspectiva CTSA e às QSC" discutimos algumas dificuldades sobre o ensino tradicional de conteúdos de Ciências e sua necessária reconfiguração na abordagem de QSC. Assim, buscaremos compreender melhor os motivos que dificultam a problematização do ensino tradicional de Ciências que ainda perdura nos currículos, sejam escolares ou universitários.

No Episódio 7, referente à socialização do trabalho em grupo que foi realizado no primeiro encontro da disciplina Ensino de Ciências com Enfoque CTSA a Partir de QSC, identificamos que os professores convergem em ensinar vários conteúdos disciplinares de Ciências. Algumas justificativas salientadas pelos professores para ensinar esses conteúdos em primeiro lugar se referiam ao currículo oficial, o qual é estipulado pelo Ministerio de Educación Nacional (MEN) da Colômbia. Em segundo lugar se referiam às orientações e ao currículo determinado pela escola.

Os motivos que foram citados pelos professores para ensinar determinados conteúdos disciplinares se referem a diretrizes externas dos professores, o que representa um indício da ideologia tecnicista do currículo tradicional, que reduz o trabalho docente a uma questão metodológica, na qual o professor define como ensinar, mas não tem ingerência na definição do que ensinar.

Episódio 7 (GE$_1$)

1. PU: [...] Então podemos começar com o primeiro ponto [do trabalho em grupo]: "refletindo sobre nossa prática docente". O primeiro aspecto deste ponto era que tipo de conteúdos ensinaram no último período acadêmico do ano passado. Então, quem gostaria de começar?...

2. Antônio: Sobre o primeiro item: "que conteúdos ou temas ensinaram no último período acadêmico do ano passado? Em convergências, duas pessoas [professores] indicaram Bioquímica para a 3ª série de ensino médio. Em divergências, [temas] de Biologia, e sete [professores] falaram de pô-las na parte da Física, e outra pessoa falou de temas variados de Química.

3. Pedro: Neste ponto o grupo convergiu que se trabalharam temas tais como matéria, propriedades da matéria, tabela periódica, ligação química, nomenclatura, soluções. E como divergências se trabalharam temas como ligação química, balanceio de equações químicas e estequiometria.

4. David: Em convergências, [os colegas] apontaram [os temas] reações químicas, balanceio, pH, exercícios, sistemas de medição, magnetismo, farmácia e biomoléculas.

5. Fátima: Bom! Em nosso grupo, então, houve pontos convergentes: tabela periódica, ligação química, balanceio de equações e grupos oxigenados. E como pontos divergentes encontramos misturas, matéria, modelo quântico, estado gasoso, nomenclatura de grupos funcionais em Química Orgânica e ciclo de Krebs.

6. Adriana: Em convergência, na 2ª série de ensino médio trabalhamos Bioquímica, metabolismo, sistema digestório, sistema circulatório. Em divergências, a colega de 6ª série de ensino fundamental trabalha temas sobre legislação ambiental e nomenclatura de compostos orgânicos.

7. Oliva: Em convergências trabalhamos gases e soluções. Em divergências, [trabalharam] estequiometria, ligação química. Um colega é coordenador acadêmico e não está dando aula neste momento.

8. PU: Está bom! É o último grupo? [os professores respondem que é]. Então continuamos com o seguinte ponto: por que trabalharam esses conteúdos ou temas?

9. Antônio: Em convergências, três colegas indicaram que levaram em consideração os padrões curriculares estabelecidos pelo Ministério de Educação. Nós escolhemos a ordem dos temas. Muitas vezes não se conseguiu passar os temas estipulados pela falta de tempo ou pela realização de outras atividades.

QUESTÕES SOCIOCIENTÍFICAS NA PRÁTICA DOCENTE 177

10. Pedro: Em nosso grupo, em convergências, porque é uma política do Ministério de Educação. Porque está estipulado no currículo, pois há uma sequência de conteúdos que também são pré-requisito de outros [temas que serão abordados em outras séries]. Em divergências, políticas educativas da escola e porque estabelecemos um enfoque social [para o currículo].

11. David: Em convergências, os colegas disseram que por acordos na área [de Ciências Naturais] se desenvolve o trabalho por ciclos e por projetos. Em divergência, se ensinaram esses temas como preparação para o Exame Nacional de Ensino Médio.

12. Oliva: Em convergências, os colegas indicaram ensinar esses conteúdos pelos padrões curriculares do Ministério de Educação, e em divergências, porque está estabelecido no currículo da escola.

13. Adriana: Em convergências, também se trabalharam esses temas pelos padrões curriculares do Ministério de Educação, e em divergências, pela legislação laboral que contempla cada escola.

14. Fátima: Todos os membros do grupo concordaram que foram ensinados esses temas porque estão estabelecidos no currículo.

A ideologia tecnicista do currículo tradicional reduz o ensino à transmissão de conteúdos disciplinares que são abordados de forma desinteressada e investidos de uma aparente neutralidade política, de modo que os professores acabam reproduzindo essa ideologia focando o ensino na transmissão desses conteúdos, e dessa forma deixam em segundo plano as questões do por que, para que e para quem ensinar Ciências.

A crítica sobre a instrumentalização do trabalho docente por parte do currículo tecnicista tem sido alvo de críticas desenvolvidas por vários autores (Apple, 2002a; 2002b; Giroux, 2003a; Contreras, 2002). Algumas das críticas questionam a aparente neutralidade dos conteúdos curriculares, desvelando os interesses e as ideologias ocultas em seu correspondente estabelecimento.

No Episódio 8 podemos observar que alguns professores aceitam a ideia de seguir um currículo preestabelecido e apontam as maiores possibilidades de seu trabalho na definição de metodologias para ensinar os conteúdos que foram definidos por outros.

Episódio 8 (GE₁)

31. Fernanda: Bom! Observo que existem divergências nos conteúdos que estamos trabalhando, isso em virtude de que trabalhamos em diferentes contextos que têm diferentes necessidades, embora exista um currículo já definido pelo Ministério de Educação. Mas cada professor vai adequando-o conforme o tempo, o número de estudantes e as necessidades que surgem do contexto.

32. Oliva: Apesar de seguir o plano de ensino preestabelecido, evidencia-se que a caracterização da população é algo relevante, por isso se realizam as avaliações de diagnóstico e de conceitos prévios.

33. Paulo: Parece-me interessante que no grupo uma convergência era que o plano de ensino preestabelecido [currículo preestabelecido] nos diz o que ensinar no último período acadêmico sobre o qual estávamos falando. No entanto, vimos uma grande divergência na maneira como estamos ensinando. Então isso é muito significativo, porque sempre nos queixamos de que devemos seguir o currículo de nossa escola, mas podemos desenvolver os conteúdos de muitas formas, e eu acredito que esse foi o ponto no qual mais tempo ficamos discutindo, porque falávamos sobre muitas coisas que estamos realizando. Então gostaria que discutíssemos um pouco sobre isso. O currículo preestabelecido é uma camisa de força, mas não é porque existem muitas maneiras de ensinar e muitas coisas que podem ser consideradas nesse currículo.

A partir do turno 1 do Episódio 7 até o turno 33 do Episódio 8, somamos dezessete turnos, dos quais cinco (9, 10, 12, 13, 31) relacionam diretamente o MEN como um ator social responsável pela definição do que deve ser ensinado. Também no turno 11 menciona-se indiretamente esse mesmo ator na expressão "preparação para o Exame Nacional de Ensino Médio", sendo definido pelo Instituto Colombiano para el Fomento de la Educación Superior, instituição regida pelo MEN.

As frases "Levaram em consideração os padrões curriculares estabelecidos pelo Ministério de Educação", "Porque é uma política do Ministério de Educação", "Também pelos padrões estabelecidos pelo ministério" e "Embora exista um currículo já definido pelo Ministério de Educação, mas cada professor vai adequando-o segundo o tempo" evidenciam a força da voz do MEN nas falas dos professores, que em

QUESTÕES SOCIOCIENTÍFICAS NA PRÁTICA DOCENTE **179**

momento algum é questionada por eles, o que podemos considerar como uma forma de legitimar a ideologia tecnicista do currículo tradicional, que estabelece uma relação de subordinação entre os "fazedores" de política curricular e os professores, que devem aplicar suas definições.

A legitimação dessa ideologia nas falas dos professores ocorre de forma racional, na medida em que eles aceitam como necessário o desenvolvimento do currículo estabelecido pelo MEN. O problema curricular estaria simplificado em definir diferentes formas de ensinar aos estudantes conteúdos de Ciências preestabelecidos.

A legitimação racional da ideologia do currículo tradicional pode ser identificada nos padrões curriculares incentivados pelo MEN (Colômbia, 2004), os quais justificam ou persuadem os professores a aceitar esses padrões como um mandato de lei que garante o direito de todas as crianças e jovens a receber uma educação de qualidade. No entanto, segundo Bustamante (2003), não está demonstrado que a qualidade da educação melhore porque sejam efetuados os ditos padrões. Trata-se de uma afirmação utilizada ideologicamente para promover uma política educacional que acaba sendo imposta pelo fato de que é necessária sua realização, porque a lei[1] o estabelece dessa forma, mas pouco se diz sobre o fato de que a política educacional também concede a autonomia para que as instituições educativas (escolas, universidades) definam seu projeto político-pedagógico e curricular.

Bustamante (ibidem) salienta também que, a partir da criação da Lei Geral de Educação (Ley 115 de 1994), suas regulamentações têm promovido a autonomia escolar como um aspecto sempre dependente das normas técnicas produzidas pelo MEN, e quando se reivindica o espírito da autonomia estabelecido na lei, em termos de liderança política das instituições, isso é percebido como uma forma de contestação que deve ser controlada.

A ideologia tecnicista do currículo tradicional ainda presente em instituições educativas e materializada em práticas docentes pode constituir uma dificuldade a ser enfrentada por professores e pesquisa-

---

1 O marco legal da educação colombiana tem como base a Constitución Política de 1991 (Colômbia, 1991) e a Ley General de Educación – Ley 115 de 1994 (idem, 1994).

dores interessados em desenvolver propostas curriculares críticas que levem em consideração as questões ideológicas, políticas e culturais do ensino. Precisamente, a perspectiva ciência, tecnologia, sociedade e ambiente (CTSA) implica uma concepção crítica do currículo de Ciências, ao considerar que a ciência e a tecnologia são construções humanas e históricas, as quais têm relação com ideologias e interesses.

Nos primeiros encontros realizados com os professores na disciplina Ensino de Ciências com Enfoque CTSA a Partir de QSC, percebemos que o currículo tecnicista representava um desafio para repensar a prática docente dos professores em termos da abordagem de QSC. Dessa maneira, fomos identificando falas dos professores que se movimentaram entre a linguagem da denúncia sobre a reprodução de estruturas curriculares tradicionais e a linguagem da possibilidade fundamentada pelo trabalho docente.

A linguagem da denúncia limita-se a estabelecer aspectos que evidenciam a escola como um espaço de reprodução social e cultural, ligando sua função social a ideologias e práticas de dominação, sem dar maior importância às possibilidades que oferece a cultura escolar para contestar essas ideologias e, dessa forma, desencadear processos de reconstrução curricular, que emergem das experiências docentes. A linguagem da possibilidade, conforme Giroux (1997), resgata a linguagem da denúncia, mas a transcende, no sentido de oferecer novas oportunidades para pensar transformações curriculares e docentes.

Identificamos na fala do professor Lucas, Episódio 9, a dificuldade que impõe o currículo tradicional para que se trabalhem aspectos de Ciências voltados à cidadania, uma vez que os tempos e os espaços são reduzidos para atender a conteúdos previamente programados. Da mesma forma, no turno 20 desse episódio, o professor Lucas denuncia a inexistência de espaços de participação para desenvolver outras propostas de ensino. Por sua vez, identificamos na fala da professora Roberta a possibilidade de trabalhar a questão da cidadania por meio de espaços de participação construídos com os estudantes. Assim, apreciamos uma preocupação em superar os desígnios do currículo tradicional, na medida em que todos os espaços sempre seriam possíveis enquanto existisse vontade por parte do professor para fomentar a participação.

Episódio 9 (GE$_2$)

20. Lucas: Eu vejo um problema. Cada pessoa considera de acordo com seu ponto de vista, cada pessoa tem uma visão totalmente diferente do que se deseja formar como cidadão, então é algo bastante complicado. Também depende do lugar onde trabalhamos, porque não é igual trabalhar em ensino fundamental e trabalhar na universidade, pois deveríamos levar em consideração as diretrizes que nos regem, os espaços que nos dão para trabalhar com eles [os estudantes]. É muito complicado construir espaços. Em meu caso, ministro a disciplina de Físico-Química aos estudantes de primeiro semestre de Engenharia Industrial. É muito complicado, porque o tema é bastante extenso para estudá-lo em seis meses, e é bastante específico. Para trabalhar temas de Tecnologia e Sociedade, o complicado é o espaço. O horário está muito reduzido, e não posso dizer "encontramo-nos em tal hora para trabalhar estes temas". Então é bastante complicado, pois todos os espaços são diferentes.

21. Roberta: Eu considero, de acordo com meu ponto de vista, que todos os espaços são possíveis, se a abordagem da questão que desejo trabalhar se faz com certo nível de participação. Então a participação, aqui, é fundamental. Quando sou capaz de perguntar para meus alunos, isto é, em geral: o que poderíamos estudar e o que a universidade pensa que deveríamos estudar? Assim eu consigo que os estudantes façam parte de um trabalho e que a participação em um contexto se desenvolva. [...] O trabalho do currículo a partir do planejamento do currículo é a concretização do planejamento com os estudantes, gerando espaços de cidadania participativa, e isto tem relação com a forma como me posiciono diante da versão de ciência que desejo ensinar e diante da posição de cidadania que tenho [...].

Também identificamos a linguagem da denúncia na fala do professor Ernesto, no Episódio 10, referida à falta de "vontade política" de professores e funcionários públicos de instituições governamentais para desestabilizar a "estrutura de um currículo rígido", que limitaria o desenvolvimento da perspectiva CTSA com seus alunos, pois eles encontrariam os mesmos obstáculos para apoiar processos de inovação curricular. De forma diferenciada são colocadas as falas da professora Simone e do PU, as quais resgatam a linguagem da possibilidade em termos da transformação curricular que seria possível alcançar a partir do "fazer pedagógico", a

182 LEONARDO FABIO MARTÍNEZ PÉREZ

participação na elaboração de políticas educacionais, a articulação da perspectiva CTSA às práticas docentes e a vinculação dos estudantes às dinâmicas curriculares.

Episódio 10 (GE$_2$)

63. Ernesto: [...] Diante do tema das relações entre CTSA, me leva a pensar sobre a política multilateral. Vocês lembram que há um documento da Unesco [United Nations Educational, Scientific and Cultural Organization] no qual se propõe uma orientação para melhorar a didática das Ciências da Natureza, Química, Biologia etc. Se fala sobre interdisciplinaridade, o pensamento complexo, os paradigmas. Sabemos que o conceito de Educação Ambiental é um conceito de política de Estado. Falar de Educação Ambiental implica limitar-nos a isso. Preocupa-me isso, entendendo que há políticas internacionais sobre o tema, entendendo que no âmbito nacional, desde o Ministério do Meio Ambiente e do Ministério de Educação, há escritórios responsáveis pela Educação Ambiental. [...] Mas quero indicar que neste momento entendo a estratégia básica de orientar a ação participativa, a liderança, os direitos etc. [...] somos uns desses atores, dentro da vida educativa e formativa, mas não somos os únicos, e me preocupa a falta de participação ativa e organizada de todos os educadores para trabalhar tais temas mundiais. Mas em que medida os funcionários do Estado, as instituições que nós representamos no âmbito educativo, quebram a estrutura de um currículo rígido? [...] Desde que não exista vontade política dos diferentes atores deste processo, vai ser mínimo o desenvolvimento social e educativo deste país.

64. PU: Para dar continuidade à discussão, nós estamos de acordo que o desafio é esse. Durante a disciplina temos falado sobre a marginalização da perspectiva CTSA nos currículos. Precisamente, falamos da impossibilidade que temos de desenvolver propostas concretas para trabalhar esta perspectiva diariamente. Então este é o desafio da disciplina: que nós pudéssemos articular esta perspectiva em nossas práticas, primeiro desde um ponto de vista pessoal, subjetivo e formativo, mas também desde uma perspectiva coletiva e social. Na medida em que pensemos nesses processos formativos com os sujeitos que estamos trabalhando, eles também vão entrar em um processo intersubjetivo e, portanto, vão começar a trabalhar. Então este é o desafio. A pretensão não é transformar totalmente a instituição, porque isso obedece a outros tipos de dinâmicas sociais, mas

a partir de nossa profissão, com todas as limitações que possamos ter [...], podemos possibilitar outros processos...

65. Simone: [...] Nós, a partir de nosso fazer pedagógico e com todas as limitações que possuímos, até que ponto nós podemos? Que política podemos fazer? É essa uma das perguntas que queremos discutir, porque definitivamente nós devemos fazer parte das políticas educacionais. [...] Primeiro, a cidade está mudando constantemente. Segundo, nós fazemos parte da sociedade, mas sob outra perspectiva. Então, quem tem a perspectiva do que devemos procurar para ajudar no ensino de Ciências? Então a pergunta é: até que ponto nós fazemos parte dessas políticas e como fazemos para que os estudantes possam interagir com esta dinâmica curricular?

A partir das análises realizadas sobre as falas dos professores apresentadas nos episódios 9 e 10, salientamos a emergência da linguagem da possibilidade como um elemento importante para a construção de uma concepção crítica do currículo, a qual questiona o pessimismo e o imobilismo do professor que não visualiza espaços para a necessária renovação de seu ensino.

Se compararmos as falas dos professores apresentadas nos episódios 7 e 8 com as falas apresentadas nos episódios 9 e 10, perceberemos um avanço na forma como os professores representam o currículo de Ciências. De um lado o currículo é percebido como instrumento de transmissão de conteúdos, e de outro é entendido como uma construção social que envolve dificuldades e possibilidades.

Esse avanço não representa necessariamente um abandono da ideologia tecnicista do currículo tradicional, pois essa ideologia está atrelada à dinâmica social e escolar, da qual participam os professores. Mas o avanço representa um elemento importante na formação continuada de professores de Ciências, porque mostra que o currículo pode ser repensado e reconstruído, possibilitando, dessa forma, o desenvolvimento de um discurso emancipatório, no qual o poder não é simplesmente exercido por pessoas ou grupos que procuram controlar outros indivíduos, mas entendido como um processo discursivo por meio do qual se constitui um espaço de luta hegemônica que desencadeia processos permanentes de instabilidade do próprio exercício do poder.

184 LEONARDO FABIO MARTÍNEZ PÉREZ

Nesse sentido, o currículo pode ser entendido como um campo cultural que abrange a produção de significações diversas constituídas em determinadas relações de poder, de tal maneira que o que interessa, conforme os teóricos críticos do currículo (Apple, 1999b; 2006; Giroux, 1997), é saber por que alguns conteúdos são considerados como legítimos em detrimento de outros considerados como ilegítimos. Assim, é questionada a visão tradicional de currículo, que aprecia o conteúdo como algo acabado e verdadeiro. Os autores também questionam a ideologia tecnicista do currículo por limitar o ensino a metodologias eficazes.

A linguagem da possibilidade como um elemento fundamental da formação de professores como intelectuais transformadores (Giroux, 1997) entrelaça-se com a pretensão da abordagem CTSA de formar para ação responsável, de tal forma que o ensino de Ciências transcende o discurso da retórica e propende para o discurso da ação refletida envolvido na abordagem de QSC, a qual oferece grandes oportunidades para trabalhar em sala de aula polêmicas sobre ciência e tecnologia na sociedade contemporânea.

14
A INFLUÊNCIA DA ABORDAGEM DE QUESTÕES SOCIOCIENTÍFICAS (QSC) SOBRE A CONSTRUÇÃO DA AUTONOMIA DOS PROFESSORES DE CIÊNCIAS

A abordagem de QSC no ensino de professores implica um questionamento da ideologia tecnicista do currículo de Ciências, na medida em que os professores devem mobilizar seus conhecimentos disciplinares para esferas sociais controvertidas. Esse processo de mobilização apresenta obstáculos que estão relacionados com a preparação do professor e as dinâmicas sociais das instituições educacionais (escolas e universidades) altamente governadas pela lógica tecnocrática e pelo predomínio de currículos rígidos, que cada vez ocupam um maior espaço nas discussões sobre o que devem ensinar os professores em suas aulas. Dessa forma, o papel central do professor na elaboração do currículo é desconsiderado, contribuindo para a perda de sua autonomia, pois seu trabalho docente e suas experiências pedagógicas parecem não ter maior importância.

A perda da autonomia na profissão docente é um tema relevante a ser discutido na formação continuada de professores de Ciências. Embora tenha sido um tema frequentemente considerado na literatura educacional, ainda apresenta problemas não superados sobre as condições de trabalho e de formação dos professores.

Entender a forma como a perda da autonomia do professor é promovida ideologicamente por meio do tecnicismo curricular contribuiria para que se repensasse e reconstruísse a própria autonomia por meio de processos de formação continuada de professores.

No item "A ideologia do currículo tradicional e as possibilidades de mudança na abordagem de QSC" discutimos o caráter tecnicista do currículo, que caracteriza o professor apenas como executor de estratégias para o ensino de conteúdos preestabelecidos, desconsiderando sua capacidade de pensar o que, por que e para quem ensinar determinados conteúdos.

Segundo Apple (1989), a perda da autonomia do professor está relacionada com a tecnologização do ensino, que representa o processo de separação da fase da elaboração curricular da fase da execução curricular, de tal forma que o ensino é reduzido a simples aplicações de orientações definidas pelo currículo oficial ou pelos especialistas em desenho curricular.

Na obra de Contreras (2002) discute-se a forma como o controle ideológico do professor é sofisticado e se encobre na necessidade de desenvolver mais habilidades para que esse profissional ensine melhor e mais eficientemente. A forma de legitimação do profissionalismo que advoga pela eficácia do ensino encontrou seu embasamento no campo discursivo da instrumentalização da linguagem e da prática cientificista, pois assim o crescimento profissional seria validado com a crença de que a ciência e a tecnologia constituem o motor principal do progresso humano.

A racionalidade técnica da ciência na profissão docente justificou a utilização do conhecimento científico como construção neutra e objetiva que devia fundamentar o ensino eficiente sem maiores questionamentos sobre os interesses e visões do mundo adjacentes à produção desses conhecimentos. Nesse processo de instrumentalização os professores foram hierarquizados naqueles – geralmente professores universitários – que tinham um conhecimento reconhecido por sua legitimação científica e naqueles que possuíam uma titulação em Pedagogia, que na maioria dos casos não se tornavam professores universitários.

Conforme Contreras (idem, p.63), essa hierarquização pode ser explicada com a própria história dos sistemas educativos.

[...] conforme foram sendo desenvolvidas as práticas institucionalizadas da educação, surgiram corpos administrativos de controle sobre a atuação dos professores e se institucionalizou sua formação para controlar as características sob as quais desenvolveram seu trabalho. Portanto, a formação dos docentes não surge como um processo de controle interno estabelecido pelo próprio grupo, mas como um controle estabelecido pelo Estado.

Ainda segundo Contreras (ibidem), o resultado dessa hierarquização é que os professores ocupam uma posição de subordinação em relação aos grupos acadêmicos ou pesquisadores universitários que detêm a condição de profissionais por representarem a autoridade das disciplinas acadêmicas, enquanto os professores geralmente não universitários se veem como consumidores de conhecimentos construídos por outros.

Nesse contexto, a autonomia não poderia ser dita simplesmente como desenvolvimento profissional dos professores, porque isso poderia ser utilizado como elemento de legitimação de reformas educativas, que se caracterizam pelas metas curriculares definidas pelo Estado ou pelos interesses do mercado.

Geralmente as reformas são justificadas sob uma lógica tecnocrática que privilegia os conhecimentos dos especialistas, que com suas orientações tecnicistas pretendem que os professores sejam autônomos, na medida em que desenvolvem habilidades para executar currículos definidos por eles. Por essa razão, concordamos com Contreras (ibidem, p.70) que é necessário ressignificar o conceito de autonomia transcendendo os aspectos impostos pelo profissionalismo tecnicista e, portanto, prestando maior atenção "no que o trabalho de professor tem de educativo e no que ele teria de profissão". O autor citado busca entender a autonomia em termos de qualidade educativa, e não apenas como qualidade profissional do trabalho docente.

Todavia, vislumbramos que ainda existem valores atrelados à profissão docente que devem ser potencializados e articulados ao trabalho educativo dos professores. Dessa forma seria possível construir uma visão de autonomia que parte da docência do professor, ou seja, o interesse seria pela profissionalidade docente, e não pelo profissionalismo.

A profissionalidade estaria referida às qualidades e aos valores da prática profissional dos professores, em conformidade com a exigência e a dinâmica da prática de ensino, o que não significa de forma alguma que as "qualidades a que faz referência a profissionalidade docente" sejam uma descrição do "bom ensino", nem uma precisão do que o professor deveria fazer, porque, se fosse assim, novamente se enfrentaria o risco de entender o ensino como um "catálogo de atrações externamente impostas", tal como tem sido compreendido sob o profissionalismo (ibidem, p.74).

A profissionalidade implica uma defesa das características do trabalho do professor com o objetivo de conquistar *status* e reconhecimento social, bem como reivindica melhor formação dos professores para enfrentar os complexos problemas educativos que não são redutíveis a normas ou à dignificação da carreira docente que leve a um melhor bem-estar pessoal.

Embora os processos formativos estejam relacionados e dependam de alguma forma de adequadas condições de trabalho, as quais são cada vez mais prejudicadas pelo avanço das concepções conservadoras e mercadológicas dominantes nas reformas educacionais (Apple, 1999a; 1999b; 2002c), tais processos são mais profundos e também estão relacionados com a capacidade dos professores de se posicionar e decidir de modo responsável o tipo de ensino que possibilitaria a realização pessoal e social de seus alunos.

O conceito de profissionalidade nos ajuda a construir um conceito de autonomia que envolve os seguintes aspectos: responsabilidade ética dos professores com seu trabalho docente, comprometimento social de seu ensino e desenvolvimento do conhecimento profissional. Conforme esses aspectos, assumimos um ponto de vista crítico sobre a autonomia docente, o que nos ajuda a entendê-la como um processo mediado por conflitos e possibilidades abrangidas nas práticas docentes.

Analisaremos alguns episódios que mostram a influência da abordagem de QSC com respeito ao desenvolvimento da autonomia docente dos PP. Os dados constituídos foram agrupados de acordo com os seguintes elementos de análise: a pesquisa dos professores em serviço como expressão da construção da autonomia docente e maneiras como a autonomia docente é compreendida pelos professores de Ciências em serviço.

15
A PESQUISA DOS PROFESSORES DE CIÊNCIAS EM SERVIÇO COMO EXPRESSÃO DA CONSTRUÇÃO DA AUTONOMIA DOCENTE

Carr e Kemmis (1988) desenvolveram a tese do professor como pesquisador embasados nos trabalhos de Stenhouse (1987). Segundo esses autores, o professor como pesquisador constituía um caminho concreto para construir a autonomia docente. Assim, um indício da falta de autonomia dos professores consiste na dificuldade que eles enfrentam para se assumir como pesquisadores de sua prática.

Embora a maioria (vinte) dos professores participantes da pesquisa tenha determinado a questão sociocientífica (QSC) de seu interesse (Quadro 8), vários deles não explicitaram qual seria o objetivo de ensino trabalhado durante a abordagem da QSC em sala de aula, bem como as formas de coletar e analisar informações de suas aulas.

As discussões desenvolvidas com os professores sobre a importância da pesquisa como parte de sua atuação docente e de sua formação no curso de mestrado[1] possibilitaram que os professores fossem assumindo a abordagem de QSC de seu interesse como um projeto de pesquisa de seu ensino e dessa forma fossem avançando na construção de sua autonomia.

---

1 Os PP realizavam o segundo ano do curso de mestrado e, portanto, todos eles tinham estudado disciplinas relacionadas com pesquisa.

Nos quadros 11, 12, 13, 15 e 16[2] apresentaremos uma síntese dos objetivos, referenciais teóricos, dos procedimentos metodológicos e das conclusões dos 23 trabalhos de pesquisa[3] que foram entregues pelos PP após a finalização da disciplina Ensino de Ciências com Enfoque CTSA a Partir de QSC. A partir dos dados constituídos nesses quadros e de outros episódios, buscaremos caracterizar a forma como os professores avançaram na pesquisa sobre sua prática a partir da abordagem de QSC e dessa forma também caracterizaremos avanços sobre a construção de sua autonomia docente.

De acordo com os dados registrados no Quadro 11, evidenciamos que os professores Pedro e Vinícius não consideraram em seus trabalhos um objetivo de ensino específico sobre a abordagem de QSC. No caso do professor Pedro, seu trabalho esteve limitado à descrição de dados sobre a automedicação, os quais foram levantados com seus alunos que participavam de um curso técnico de Farmácia oferecido a distância. As conclusões constituídas pelo professor são limitadas a descrever causas da automedicação apontadas por moradores de uma cidade da Colômbia.

---

2 Esses quadros são apresentados na medida em que sejam feitas análises sobre os trabalhos dos professores.

3 Dos 31 PP foram recebidos 23 trabalhos finais. Dois professores que não entregaram os trabalhos manifestaram problemas pessoais de ordem familiar; um professor mudou de emprego, dificultando a realização do trabalho; e os cinco professores restantes não manifestaram razões que justificassem a falta de seus trabalhos, apesar de serem motivados permanentemente pelo PU para compartilhar suas dificuldades, com o intuito de apoiá-los.

QUESTÕES SOCIOCIENTÍFICAS NA PRÁTICA DOCENTE 191

Quadro 11 – Síntese de trabalhos apresentados pelos professores Pedro e Vinícius

	Nomes dos professores	
	Pedro	Vinícius
Objetivos propostos pelos professores	– Determinar as causas que influem na automedicação e seus efeitos secundários na saúde e na sociedade dos habitantes de uma cidade X da Colômbia.	– Diminuir os fatores de risco relacionados com o consumo de tabaco.
Referenciais teóricos	– Teorias sobre a saúde. – Aspectos legais sobre a saúde pública.	– Tabagismo. – Problemas de saúde.
Procedimentos metodológicos	– Metodologia quantitativa descritiva com o uso de questionários e observações.	– Sensibilização sobre o tema e caracterização de ideias prévias. – Realização de oficinas.
Conclusões	– O uso de medicamentos sem receita médica é uma prática generalizada em famílias da cidade X da Colômbia. As pessoas têm o costume de procurar medicamentos nas farmácias e, se a doença persiste, procuram ajuda médica. – Alguns fatores que geram a automedicação são: a) a burocracia no atendimento do sistema de saúde público; b) dificuldade no sistema de transporte; c) falta de tempo para ir a consultas médicas; d) desinformação da população.	– O tabagismo é um grave problema que exige o compromisso dos diferentes atores sociais, o que exige a elaboração de políticas mais amplas que gerem ações concretas para abordar o problema.

Fonte: Martínez (2010).

Apesar de o professor Pedro participar de todos os encontros da disciplina e realizar comentários sobre as propostas de seus colegas, ele não conseguiu abordar pedagogicamente uma QSC em sua prática. Essa situação pode ser atribuída à preparação e experiência docente desse professor, pois ele tinha se formado como bacharel em Química Farmacêutica. A experiência profissional do professor, em sua maioria, não esteve vinculada à docência, pois, dos dezesseis anos percorridos por ele após da conclusão do bacharelado, somente sete foram vinculados à docência universitária, e não foi registrada experiência alguma no ensino básico.

O caso do professor Vinícius é diferente, porque ele possuía uma ampla experiência docente no ensino superior e no ensino básico, em um total de trinta anos de serviço. O professor realizou seu trabalho final sobre um programa sobre tabagismo para o ensino fundamental por convicções próprias e porque, segundo ele, o problema do tabagismo requeria estratégias de prevenção, as quais poderiam ser fundamentadas com os subsídios pedagógicos oferecidos na disciplina Ensino de Ciências com Enfoque CTSA a Partir de QSC. Isso foi interessante para nossa pesquisa, porque percebemos uma iniciativa autônoma do professor, embora não estivesse abordando uma QSC em seu ensino. No Episódio 11 observamos na fala do professor Vinícius os ganhos de seu trabalho para o fortalecimento de sua iniciativa, a qual tinha sido desconsiderada como trabalho de pesquisa do curso de mestrado.

Episódio 11 (EF Grupo 1)

1. PU: [...] Primeiro vamos conversar sobre o seguinte: o trabalho que temos desenvolvido durante a disciplina os tem ajudado a repensar sua prática de ensino? Ou seja, os tem ajudado a considerar como trabalham ou não os tem ajudado? Por que não os tem ajudado?

8. Vinícius: Pareceu-me interessante o relacionado com o pensamento crítico, isso me levou a fazer um trabalho com a comunidade. O relacionado com o tema de tabagismo é muito bom, pois pensava fazer isso em minha pesquisa de mestrado, mas me falaram que não podia.

A seguir apresentamos as análises sobre as contribuições e dificuldades caracterizadas a partir dos trabalhos dos professores em cada um dos objetivos de ensino (tomada de decisão, desenvolvimento de pensamento crítico, argumentação e incorporação da perspectiva CTSA à prática docente) propostos por eles para abordagem das QSC de seu interesse.

A abordagem de QSC e a tomada de decisão

Conforme o Quadro 12, observamos que a maioria dos professores (Roberta, Cristina, Roberto e Laura) que trabalharam a tomada de decisão em sala de aula explicitou em suas conclusões dificuldades enfrentadas com seus alunos ao trabalharem QSC de seu interesse. Entretanto, o professor Maurício e a professora Paula apontaram apenas contribuições dessa abordagem.

A partir dos trabalhos da professora Roberta e da professora Cristina, salientamos o conflito existente entre a cultura dos estudantes (adolescentes) e a cultura do professor de Ciências. A primeira cultura é caracterizada pela espontaneidade e pelas experiências cotidianas dos estudantes que não têm o interesse de abordar o processo de tomada de decisão de forma sistemática e fundamentada. A cultura do professor de Ciências caracteriza-se pela preocupação acadêmica de fundamentar a tomada de decisão como um processo sistemático.

Nos referenciais teóricos utilizados pelas professoras em seus trabalhos evidenciamos a apropriação de várias pesquisas sobre a tomada de decisão no ensino de Ciências. Os trabalhos de Santos e Mortimer (2002) e Ratcliffe (1997) apresentam diferentes modelos para orientar a tomada de decisão, os quais foram utilizados pelas professoras para desenvolver suas atividades em sala de aula, afiançando dessa forma o caráter acadêmico de seu trabalho.

É interessante destacar que o conflito entre a cultura dos estudantes e a cultura acadêmica do professor de Ciências é enfrentado pela professora Roberta por meio do "diálogo de saberes", que foi desenvolvido no decorrer do jogo de papéis e no trabalho colaborativo realizado com seus alunos.

A partir do Episódio 12 identificamos o conflito citado anteriormente e a forma como a professora Roberta o enfrenta.

Quadro 12 – Síntese dos trabalhos apresentados pelos professores em serviço focados na tomada de decisão

Nome do(a) professor(a)	Questão sociocientífica	Objetivos propostos pelos professores	Referenciais teóricos	Procedimentos metodológicos	Conclusões
Roberta	– A segurança alimentar e seus efeitos sociais.	– Formar os estudantes para a participação cidadã por meio da reflexão de seu saber sobre uma QSC para favorecer a tomada de decisão.	– Diálogo de saberes. – Tomada de decisão.	Metodologia qualitativa focada no diálogo de saberes e estruturada nas seguintes fases: 1) caracterização da questão sobre a segurança alimentar no contexto da crise ambiental; 2) estudo e discussão da questão; 3) identificação de atores sociais relacionados com a QSC e jogo de papéis; 4) análise do processo de tomada de decisão.	– O conflito entre a cultura dos estudantes e a do professor influi no processo de tomada de decisão. – A cultura juvenil pode fomentar a participação dos estudantes e gerar neles processos de conscientização. – A perspectiva CTSA melhora o planejamento e o desenvolvimento do microcurrículo (ensino da professora) e gera novas dinâmicas em sala de aula.
Cristina	– Conservação do recurso hídrico no contexto escolar.	– Desenvolver nos estudantes a tomada de decisão como uma potencialidade humana a partir da QSC relacionada com a importância e a preservação do recurso hídrico.	– QSC e perspectiva CTSA. – Tomada de decisão.	– Metodologia descritiva organizada nas seguintes etapas: 1) leitura de notícias de jornal relacionadas à problemática da água; 2) espaços de reflexão e discussão sobre a QSC.	– Muitos estudantes desconhecem a QSC sobre a conservação da água, na medida em que não são capazes de valorar a questão nem de estabelecer as implicações CTSA. Apesar de a questão ser atual e da considerável informação sobre ela na mídia, foi necessário trabalhar com os estudantes discussões com o objetivo de analisar as implicações socioambientais da questão.

Continua

Nome do(a) professor(a)	Questão socio-científica	Objetivos propostos pelos professores	Referenciais teóricos	Procedimentos metodo-lógicos	Conclusões
Roberto	– Transgênicos.	– Conhecer e apropriar aspectos relacionados com os transgênicos para assumir uma postura diante do consumo de alimentos modificados.	– Referencial epistemológico: visão de ciência e tomada de decisão. – Referencial psicológico: aprendizagem significativa. – Referencial didático: relações CTSA.	– Metodologia descritiva, relacional e representacional. – O nível descritivo envolve as competências comunicativas, cognitivas, cidadãs e laborais. – O nível relacional abrange habilidades de pensamento crítico. – O nível representacional abrange a elaboração de mapas conceituais.	– A abordagem da QSC possibilitou que os estudantes adotassem um ponto de vista sobre o consumo de alimentos transgênicos, estabelecendo vantagens e desvantagens. – A prática docente voltada ao estudo dos alimentos transgênicos não tem sido mais que um convite e um pretexto para motivar a reflexão e vivenciar uma aventura, na qual os estudantes e o professor enfrentam um processo difícil (especialmente com o trabalho em grupo realizado), mas enriquecedor, pois as vivências contribuíram com a aquisição de conhecimentos e experiências, bem como com o aperfeiçoamento dos níveis de comunicação.
Maurício	– Consumo de drogas por adolescentes.	– Potencializar nos estudantes a tomada de decisão a respeito do consumo de drogas.	– Consumo de drogas na Colômbia. – Drogas utilizadas pelos adolescentes. – Consequências do consumo de drogas.	– Metodologia quantitativa estrutura nas seguintes etapas: 1) trabalho inicial com estudantes utilizando um vídeo sobre drogas e estudo de um artigo sobre o tema; 2) aplicação de um questionário.	– É necessário mostrar para os jovens as consequências do consumo de drogas para que eles possam tomar decisões da melhor forma. – Os estudantes se interessaram pela QSC. – Não é importante apenas cumprir [ensinar] os conteúdos estabelecidos no currículo, mas também trabalhar as problemáticas educativas.

Continua

Nome do(a) professor(a)	Questão socio-científica	Objetivos propostos pelos professores	Referenciais teóricos	Procedimentos metodológicos	Conclusões
Paula	– Manipulação genética.	– Analisar o desenvolvimento da tomada de decisão de um grupo de estudantes a partir da questão sobre a manipulação genética.	– Tomada de decisões	– Metodologia qualitativa estruturada nas seguintes etapas: 1) planejamento; 2) intervenção; 3) avaliação.	– Os estudantes aumentaram o interesse em conhecer a QSC. – Fomentou-se a participação dos estudantes. – Os estudantes assumiram posturas e tomaram decisões a partir de suas crenças, as quais foram justificadas pertinentemente.
Laura	– O problema da produção e disposição do lixo.	– Explorar e caracterizar aspectos da tomada de decisão diante da QSC proposta. – Desenvolver um processo de tomada de decisão diante da produção e disposição de lixo na escola.	– Educação CTSA. – Tomada de decisão.	– Metodologia descritiva de acordo com as seguintes etapas: 1) aplicação de um questionário inicial; 2) explicação e discussão de aspectos relacionados com a produção e disposição do lixo; 3) trabalho sobre a tomada de decisão; 4) aplicação de questionário final.	– A maioria de respostas oferecidas pelos estudantes mostra que a tomada de uma decisão simples, tal como colocar o lixo no local adequado, implica dinâmicas educativas mais complexas e difíceis, e não é um simples processo mecânico. – Como professores de Ciências, temos um papel e uma responsabilidade na formação dos estudantes. Em tal sentido devemos trabalhar a dimensão conceitual, a atitudinal e os valores que favoreçam o compromisso e a participação social nos processos de tomada de decisões desenvolvidos pelos estudantes.

Fonte: Martínez (2010).

Episódio 12 (EF Grupo 2)

1. PU: [...] Então, vamos conversar um pouquinho. O trabalho desenvolvido durante a disciplina lhes permitiu repensar sua prática docente? Permitiu-lhes ou não lhes permitiu? E como lhes permitiu repensar sua prática docente?

5. Roberta: [...] uma coisa que tem sido muito difícil de vencer na turma é a atitude e seus próprios interesses [dos estudantes], que são colocados por cima do interesse acadêmico. Isto tem sido um processo de tensões, eu cedo um pouco para avançar. Tem sido um processo de negociação, não explícita, mas implícita. No entanto, eu tenho gostado do que temos feito...

O conflito entre cultura juvenil e cultura acadêmica é um tema pouco explorado no ensino de Ciências e na formação de professores de Ciências. No entanto, alguns trabalhos, tais como os desenvolvidos por Leal e Rocha (2008), Corti et al., (2001) e Corti e Souza (2005), oferecem importantes elementos para pensar o conflito em termos de processos de negociação e diálogo.

Torres (2001) discute a forma como a cultura juvenil constitui uma das culturas silenciadas ou negadas no currículo, na medida em que sua construção idiossincrática é ignorada frequentemente nos processos de ensino. De modo que a negociação e o "diálogo de saberes" proposto pela professora Roberta na abordagem de sua QSC constituem uma possibilidade importante para aproximar culturas diferentes em salas de aula que configuram conflitos no espaço escolar, sobretudo quando a possibilidade do diálogo persuasivo ou polifônico é desconsiderada.

O ensino de Ciências voltado à tomada de decisão por parte dos estudantes é reconstituído como um processo de negociação sobre o tipo de decisões que deveriam ser tomadas e os saberes que contariam nessa tomada de decisão. Portanto, não se trata simplesmente de ensinar as estratégias metodológicas para que os estudantes possam tomar decisões responsáveis, como costuma ser focado em pesquisas da área (Ratcliffe, 1997; Kortland, 1996). O problema da tomada de decisão também estaria relacionado com aspectos interculturais estabelecidos em sala de aula.

A professora Roberta, em vez de desconsiderar o conflito cultural expresso nas discussões realizadas com seus alunos, valoriza-o e busca

198 LEONARDO FABIO MARTÍNEZ PÉREZ

avançar nos processos de ensino voltados à tomada de decisão conforme as expressões culturais dos estudantes.

A seguir apresentamos um recorte do trabalho final apresentado pela professora Roberta que evidencia o diálogo de saberes como um processo importante para favorecer aspectos relacionados com a tomada de decisão, tais como identificação do problema e avaliação dos custos e benefícios.

Recorte TF professora Roberta

[...] Tem-se reconhecido neste trabalho que a complexidade do trabalho realizado em sala de aula se deriva de alguns elementos antagônicos [contraditórios] próprios dos ambientes humanos. No entanto, é necessário reconhecer que a cultura juvenil é um fator determinante no desenvolvimento de estratégias didáticas. O docente não deve esquecer a dinâmica escolar, também não pode esquecer os mundos que entram em contato [em sala de aula]. Por um lado, o mundo acadêmico do professor, que, apesar de reconhecer a individualidade, não se afasta da realidade do que para ele ou para ela constitui uma perturbação: "chamar a atenção dos estudantes", convidando-os para o diálogo de saberes, o que não é um ato fácil. [...] Os elementos da cultura juvenil "da forma de ser jovem" e as complexidades em sala de aula, em um caso de tomada de decisão diante da questão "Que tipo de agricultura urbana desenvolver na escola? Orgânica, transgênica, hidropônica, agroquímica?" [...]. Por exemplo, diante da pergunta "Que elementos são importantes para decidir corretamente em um grupo social o tipo de prática agrícola de plantio?", as opções apresentadas na discussão pelos estudantes foram: conhecimento, custo, pobreza, tecnologia agrícola e manipulação genética de sementes:

Estudante$_4$: Pois, pela ignorância não avançamos no conhecimento, você me entende? As pessoas deveriam produzir melhores produtos. Você entende como é a vida, não é? Há "que plantar sem químicos, isto tem que ser 'algo leve'". Você me entende?

Professora: Alguém pode me explicar o que é algo leve neste caso?

Estudante$_5$: O que ele quer dizer [estudante$_4$] é que, produzindo melhores frutos, as pessoas vão comercializar melhor e vão receber melhores receitas para poder melhorar a tecnologia e a vida.

QUESTÕES SOCIOCIENTÍFICAS NA PRÁTICA DOCENTE **199**

Professora: Ou seja, você acredita que a qualidade dos produtos influencia na qualidade de vida, e isto faz que pensemos em melhores tecnologias para o plantio.

Estudante$_6$: Isso, professora! "Um abraço para os caras do rap" [o estudante provavelmente fala dessa forma porque a aula estava sendo filmada pela professora e os outros estudantes dão risada].

Podemos observar na fala exposta anteriormente que os estudantes incluem em suas respostas elementos de sua cultura juvenil, compreendem o contexto [social no qual vivem] e fazem uso de expressões juvenis no processo da tomada de decisão. É relevante considerar que o contexto sociocientífico pode ser analisado para a tomada de decisões para o exercício da cidadania diante da questão de segurança alimentar, essa compreensão é característica dos elementos próprios da cultura juvenil [mas da cultura acadêmica do professor].

Em contraste com o diálogo de saberes proposto pela professora Roberta, a professora Cristina expressa nas conclusões de seu trabalho final (Quadro 12) que, apesar da importância da QSC abordada em sala de aula e das discussões desenvolvidas com seus alunos, voltadas a valorizar as consequências sociais e ambientais relacionadas com o desperdício de água, os jovens não evidenciam um avanço significativo para uma tomada de decisão responsável.

Percebemos no trabalho da professora Cristina um grande esforço para preparar os estudantes para a tomada de decisão segundo esquemas metodológicos, conforme a cultura acadêmica que ela representa em sala de aula como professora de Ciências. No entanto, a pouca atenção prestada à cultura juvenil de seus alunos poderia ser um fator limitante dos resultados obtidos por ela.

A partir das análises realizadas sobre os trabalhos das professoras Roberta e Cristina, podemos inferir que a cultura dos estudantes (cultura juvenil) influi em alcançar os objetivos de ensino propostos na abordagem de uma QSC em sala de aula. Parece não ser suficiente que as QSC sejam impactantes em termos socioambientais para interessar e engajar os estudantes na tomada de decisão. Para isso é necessário aproveitar a riqueza existente no diálogo entre a cultura juvenil dos estudantes e a cultura acadêmica dos professores.

Os currículos escolares e, portanto, os professores que desconsideram a cultura de seus alunos podem estar perdendo a oportunidade de estabelecer diálogos significativos. O encontro entre diferentes saberes oferece enriquecedoras possibilidades para que os estudantes percebam e reconheçam que sua visão de jovem pode ser ampliada com outras visões expressas por seus professores e colegas. Torres (2001, p.165) salienta a importância de levar em consideração o encontro cultural na escola:

> Uma instituição que não consiga conectar essa cultura juvenil que tão apaixonadamente os/as estudantes vivem em seu contexto, em sua família, com suas amigas e seus amigos, com as disciplinas acadêmicas do currículo, está deixando de cumprir um objetivo adotado por todo mundo, isto é, o de vincular as instituições escolares com o contexto, única maneira de ajudá-los/las a melhorar a compreensão de suas realidades e a comprometer-se em sua transformação.

Por outro lado, a análise dos trabalhos e das falas dos professores Roberto, Maurício, Paula e Laura nos permite identificar outras contribuições e dificuldades relacionadas com a abordagem de QSC voltadas à tomada de decisão. Todos os professores concordam nas conclusões apresentadas em seus trabalhos (Quadro 12) que os estudantes se interessaram pelo estudo das Ciências e também optaram por um posicionamento pessoal diante das questões trabalhadas.

É interessante notar que a professora Laura expressou que a tomada de decisão não é um processo simples de agir de forma bem-comportada, referindo-se à disposição dos estudantes para colocar os resíduos descartáveis (lixo) no local certo. A tomada de decisão estaria relacionada tanto à mudança atitudinal dos estudantes quanto à construção de determinados valores que lhes possibilitem um comportamento e um agir mais consistente.

A conclusão estabelecida pela professora Laura mostra que uma decisão simples, tal como colocar os resíduos no local certo, pode envolver um processo complexo, uma vez que o trabalho desenvolvido por ela era com crianças da 4ª série do ensino fundamental.

Assim, a partir do Episódio 13 podemos identificar a dificuldade exposta pela professora e a forma como ela a enfrentou por meio de atividades específicas.

Episódio 13 (EF Grupo6)

7. PU: Bom! Muito obrigado. Nesse processo que vocês têm desenvolvido, que tipo de tensões ou dificuldades têm enfrentado e como as têm enfrentado?

16. Laura: Na verdade, quando você falou que devíamos encontrar uma QSC, eu pensava nas crianças tão pequeninas e também pensava até onde eu posso trabalhar uma QSC com elas. Essa era a primeira questão que me fazia, e a segunda: como oriento meu trabalho? Sei que a primeira coisa que devo fazer é oferecer-lhes [estudantes] uma informação sobre o que é uma decisão, para não limitar sua participação espontânea.

17. PU: Como enfrentou essa dificuldade?

18. Laura: Pensando em como faria atividades específicas para olhar a participação dos estudantes e avaliar o avanço dessa dificuldade.

A fala do professor Roberto no Episódio 14 também aponta a dificuldade de abordar uma QSC com os estudantes, embora ele estivesse trabalhando com jovens e adultos. A dificuldade se deveu à falta de compromisso dos estudantes e à forma como ele foi sistematizando suas atividades. Apesar das incertezas apontadas pelo professor, ele conseguiu observar que a abordagem das QSC implica a construção de um currículo diferente.

Episódio 14 (EF Grupo 6)

10. Roberto: Para mim era um desafio muito grande [abordar uma QSC]. Eu sei que não queria trabalhar, porque lá [na escola] são muito fechados e sem compromisso. No período da noite temos jovens que estão em um contexto totalmente diferente, tinha muitas temáticas para trabalhar, os alimentos transgênicos. Puxa! O impacto é difícil [o professor apresenta admiração diante da temática proposta por ele], não tinha conhecimento algum do que são os alimentos transgênicos, "para nada", então esse era o desafio, como podia trabalhar essa questão. O que mais me preocupa é a sistematização do trabalho realizado. Inclusive tenho me perguntado como

faço com a gravação para ter um registro físico. [...] No começo não sabia o que era uma QSC. Era uma temática ou um tipo de debate? Mas não deixei de lado o grupo de estudo [referindo-se aos grupos de estudos conformados durante a disciplina] nem a população na qual trabalharia a QSC, pois trabalhar com esta questão é trabalhar com um currículo diferente.

O caso do professor Maurício é interessante porque ele não tinha uma preocupação de pesquisa com o ensino de Ciências, pois tinha se formado como bacharel em Química. Além disso, ele mesmo reconhecia que se limitava a ensinar os conteúdos específicos de Química. No entanto, esta visão foi ampliada com o trabalho realizado em sala de aula com a QSC de seu interesse.

No Episódio 15 observamos que o professor Maurício ainda considera a questão social como um aspecto estranho ao ensino de sua disciplina, mas ele começa a valorizar a inovação trazida pela abordagem de QSC, sobretudo quando se enfrentam assuntos morais. O avanço do professor é ratificado nas conclusões estabelecidas por ele em seu trabalho final (Quadro 12), nas quais reconhece a importância das problemáticas educativas e sociais, bem como os conteúdos disciplinares de Ciências.

Episódio 15 (EF Grupo 1)

1. PU: [...] Primeiro vamos conversar sobre o seguinte: o trabalho que temos desenvolvido durante a disciplina os tem ajudado a repensar sua prática de ensino? Ou seja, os tem ajudado a considerar como trabalham ou não os tem ajudado? Por que não os tem ajudado?
7. Maurício: Focava-me só na parte científica, mas há uma parte social importante. A parte do desenvolvimento de pensamento crítico e a tomada de decisões é importante. Também que considerem [os estudantes] a parte formal [da disciplina de Química].

A abordagem de QSC voltada a favorecer processos de tomada de decisão nos estudantes do ensino básico não deve considerar apenas as estratégias didáticas para estruturar e fundamentar as escolhas dos estudantes, pois é relevante também considerar aspectos culturais dos estudantes e da escola que influíam na forma como aqueles se posicionam e realizam suas escolhas. A análise das implicações educacionais do encontro cultural entre jovens e professores em sala de aula constitui um campo de trabalho interessante para o ensino de Ciências focado na preparação dos estudantes para participar ativamente na sociedade por meio de posicionamentos que valorizem seus interesses, mas também que valorizem a importância da reflexão racional envolvida nesses posicionamentos.

A abordagem de QSC e a argumentação

No Quadro 13 apreciamos que os professores Carol, Janeth, Simone, Edith e Edvaldo salientam algum tipo de contribuição da abordagem de QSC com respeito ao desenvolvimento de processos argumentativos com seus alunos. Por exemplo, a professora Carol descreve nas conclusões de seu trabalho final avanços de um considerável número de estudantes de ensino médio em analisar textos, identificar ideias principais, relacionar ideias e organizá-las hierarquicamente. Todas essas habilidades, segundo a professora, são importantes para o desenvolvimento de processos argumentativos.

Por sua vez, a professora Janeth expressou em suas conclusões que seus alunos conseguiram enfrentar e discutir aspectos sociais e científicos relacionados com a anorexia e a bulimia, o que enriqueceu os processos de argumentação desenvolvidos em sala de aula. A professora identifica os baixos níveis de interpretação de estudantes, a linguagem e as idades (de 11 a 13 anos) que eles apresentam como aspectos que limitam o desenvolvimento de processos de argumentação nos estudantes.

A professora Simone salienta que a introdução de QSC ajuda a contextualizar a aprendizagem de conceitos de seus alunos, especificamente relacionados com o conceito de pH, que é utilizado para avaliar a qualidade da água da escola. O uso de imagens na abordagem de QSC possibilita que a professora favoreça o desenvolvimento de habilidades da linguagem escrita e de argumentação. É interessante que no trabalho da professora as habilidades descritas são vinculadas a processos de argumentação que, conforme nosso ponto de vista, também têm a ver como o desenvolvimento do pensamento dos estudantes.

Olson (1999) salienta que a escrita não apenas implica a transcrição da fala, mas também fornece uma forma de pensar a linguagem oral. Para esse autor, a escrita tem uma função epistemológica, pois ajuda a lembrar o pensado e o dito, bem como possibilita apreciar o dito e o pensado de forma diferente.

A professora Edith e o professor Edvaldo expressam nas conclusões de seus trabalhos que a abordagem de QSC favoreceu a participação de seus alunos e o estabelecimento de relações sociais, no entanto manifestaram dificuldades em termos curriculares para o desenvolvimento dos processos argumentativos que eles pretendiam favorecer em sala de aula. O professor Edvaldo especificou em suas conclusões (Quadro 13) que a abordagem de QSC em sala de aula pode ser limitada por uma questão de tempo, bem como pelo currículo tradicional de Ciências.

Da mesma forma, apreciamos no Episódio 16 que o professor Edvaldo menciona as limitações impostas pelo currículo tradicional que desencadeiam uma atitude passiva em seus colegas, até o ponto de expressar um sentimento de desesperança a respeito de gerar um ensino diferenciado por meio da abordagem de QSC.

Quadro 13 – Síntese dos trabalhos apresentados pelos professores em serviço focados na argumentação

Nome do(a) professor(a)	Questão socio-científica	Objetivos propostos pelos professores	Referenciais teóricos	Procedimentos metodo-lógicos	Conclusões
Carol	– Contaminação atmosférica e impacto ambiental.	– Desenvolver nos estudantes a capacidade de argumentação por meio de textos expositivos sobre QSC da Química.	– Ensino por pesquisa. – Trabalho educativo embasado na utilização de textos.	– Metodologia descritiva estruturada nas seguintes etapas: 1) leitura de textos sobre a QSC; 2) identificação das ideias principais dos textos; 3) estabelecimento de relações entre as ideias dos textos; 4) organização hierárquica das ideias dos textos.	– 52 % dos estudantes de 2ª série de ensino médio alcançaram os seguintes parâmetros para analisar textos: 1) identificação de ideias principais; 2) relação de ideias; 3) organização hierárquica de ideias. – 48% dos estudantes somente alcançaram o primeiro parâmetro.
Janeth	– A anorexia e a bulimia.	– Favorecer o desenvolvimento de capacidades de argumentação e negociação por meio da abordagem da QSC sobre anorexia e bulimia.	– A argumentação no ensino de Ciências.	– Metodologia descritiva estruturada nas seguintes etapas: 1) aspectos: contextualização social de atividades; 2) discussões sobre a QSC; 3) compromissos adquiridos.	– Depois da avaliação das intervenções dos estudantes analisadas em sala de aula sobre a QSC abordada, observou-se que os estudantes trabalharam aspectos dos transtornos alimentares gerados pela anorexia e a bulimia, o que enriqueceu o trabalho com os estudantes visando o desenvolvimento de processos argumentativos. – Os seguintes fatores limitam e interferem no desenvolvimento de processos argumentativos nos estudantes: 1) baixos níveis de interpretação; 2) linguagem limitada; 3) idade dos estudantes, o que dificulta a atenção deles.

Continua

Nome do(a) professor(a)	Questão sociocientífica	Objetivos propostos pelos professores	Referenciais teóricos	Procedimentos metodológicos	Conclusões
Simone	– Uso e abuso da água.	– Estabelecer o grau de argumentação dos estudantes de ensino médio a partir da abordagem da QSC sobre o uso e abuso da água na escola.	– Utilização de imagens no ensino de Ciências. – Argumentação. – QSC.	– Metodologia descritiva organizada em três momentos: 1) apresentação do projeto; 2) coleta da informação; 3) análise da informação.	– A abordagem de QSC ajuda a contextualizar a aprendizagem de conceitos por parte dos estudantes. Por exemplo, os estudantes utilizaram o conceito de pH para argumentar se a água da escola era potável ou não. – A análise e a elaboração de imagens promovem a aprendizagem dos estudantes, na medida em que fortalecem habilidades de linguagem escrita e de argumentação. – A diretoria e a coordenação da escola rejeitaram o trabalho realizado com a QSC e incentivaram o ensino de Ciências tradicional.
Edith	– Legalização de drogas.	– Promover nos estudantes capacidades argumentativas que lhes permitam se adaptar às mudanças e os desafios da sociedade.	– Argumentação no ensino de Ciências. – QSC.	Metodologia qualitativa embasada no jogo de papéis conforme a QSC trabalhada.	– O currículo de Química atual não responde às inquietações dos estudantes sobre seu entorno, pois supostamente respondem a perguntas que são realizadas nas Ciências. Mas essa ciência não é atual nem relacionada com o cotidiano dos estudantes. – Os estudantes valorizaram o trabalho realizado sobre a QSC e reconhecem a pressão social exercida pela família e pelos amigos sobre a questão da legalização das drogas, que em muitos casos é muito forte, e os leva a tomar decisões erradas, o que gera conflitos e angústia.

Continua

Nome do(a) professor(a)	Questão sociocientífica	Objetivos propostos pelos professores	Referenciais teóricos	Procedimentos metodológicos	Conclusões
Edvaldo	–Contaminação gerada pela chuva ácida.	– Desenvolver uma estratégia de ensino embasada na perspectiva CTSA por meio da questão sobre a chuva ácida para melhorar a habilidade argumentativa dos estudantes.	– Conteúdos CTSA.	Metodologia descritiva estruturada nas seguintes etapas: 1) seleção e discussão de artigos de jornal que tratam sobre a chuva ácida; 2) realização de trabalho experimental.	– As QSC são uma alternativa educativa para favorecer aprendizagens sociais e fomentar a participação dos estudantes sobre temas polêmicos de ciência e tecnologia. – A abordagem de QSC no currículo de Química apresenta problemas em relação ao tempo, pois esse currículo está preestabelecido e dificulta o trabalho aberto e flexível proposto pela abordagem de QSC.

Fonte: Martínez (2010).

Episódio 16 (EF Grupo 3)

6. PU: Bom! No processo que temos desenvolvido durante a disciplina e as atividades práticas trabalhadas de acordo com a perspectiva CTSA a partir de QSC, quais tensões têm enfrentado? Que dificuldades têm enfrentado? E como têm enfrentado essas dificuldades ao trabalhar as QSC na prática [docente]?

11. Edvaldo: A questão da inovação. Os colegas estão resistentes, digamos que pela tradição. Temos cumprido os objetivos da instituição. Então é um pouco essa resistência e também a parte curricular, porque não encaixava muito bem com a questão do tempo...

12. PU: Você, como tem enfrentado essa dificuldade?

13. Edvaldo: Eu tenho tentado envolver os meus colegas, motivando-os individualmente, isso me parece interessante. Também devo estar como coordenador da área [Ciências Naturais]. Percebe-se um pouco de imposição sobre o professor para que faça coisas novas, mas isso também não tem funcionado, então deixei assim.

Também identificamos no Episódio 17, na fala da professora Edith, a limitação e a pressão impostas pela dinâmica burocrática da escola, que faz parte da instrumentalização do currículo focado no controle de resultados por meio de determinados processos avaliativos. No entanto, a atitude da professora diante desse problema é diferente da atitude assumida pelo professor Edvaldo no Episódio 16, pois ela destaca a forma como o trabalho desenvolvido a partir da QSC revitaliza sua prática docente, o que a motiva a continuar investindo esforços nesse trabalho.

Episódio 17 (EF Grupo 2)

7. PU: Vamos continuar com o que estava falando Paulo para conversar sobre as dificuldades que têm enfrentado durante o trabalho desenvolvido sobre QSC na prática e como têm enfrentado essas dificuldades.

12. Edith: Estamos pressionados pelo tempo, mas cada um é autônomo em sala de aula e no desenvolvimento de seu trabalho. Por casualidade, o coordenador acadêmico [da escola] é um tradicionalista 100% e estabelece uma programação semanal, na qual se definem os temas [de ensino]. Mas ele nunca passa pelas salas para avaliar nosso trabalho. Quem dá autonomia é o Comitê de Convivência, e com ele podemos trabalhar. Temos

encontrado resistência do diretor e do coordenador acadêmico, eles não percebem que não vamos conseguir o que lhes exige a normatividade Decreto 1278. Todo trabalho é deixado para nós. Algo que tem servido é a reflexão [referindo-se à abordagem de QSC], e me sinto como uma professora nova, apesar de ter doze anos de experiência. Eu me sinto como se tivesse saído da faculdade. Um mundo de profundidade [para trabalhar] com as crianças, o que tem me motivado bastante a continuar trabalhando.

No item "A ideologia do currículo tradicional e as possibilidades de mudança na abordagem de QSC", discutimos as limitações impostas pela ideologia tecnicista do currículo à abordagem de QSC. Novamente desvelamos a força dessa ideologia, que é materializada nas falas do professor Edvaldo e da professora Edith. A questão do tempo, atrelada à racionalidade técnica do currículo tradicional e à burocratização da escola, pode ser um aspecto que limita a formação continuada de professores de Ciências embasada em processos de pesquisa sobre a prática do professor, tal como é considerado por Maldaner (2000, p.400):

> [...] é a própria organização escolar, sempre com base na racionalidade técnica, que dificulta o tempo de produção coletiva dos professores ao não proporcionar espaços efetivos para encontros de professores, na concepção de horário e distribuição das aulas, na concepção de um componente curricular independente dos outros, na prevalência da burocracia sobre outras formas de organização da produção intelectual, na concepção e distribuição do espaço escolar, na avaliação como processo de controle de alunos e professores etc. Isto tudo dificulta a organização do tempo de autoformação do professor em processo permanente. O professor é sempre impulsionado a atender à burocracia escolar mais do que às necessidades dos alunos e ao seu próprio desenvolvimento.

Embora a racionalidade técnica que fundamenta o currículo tecnicista limite o trabalho do professor, é interessante analisar nas falas do professor Edvaldo e da professora Edith os dois tipos de linguagens utilizados por eles. Em ambos os casos existe a linguagem da crítica, que questiona as limitações impostas ao trabalho docente, mas no caso da professora Edith evidenciamos a linguagem da possibilidade, pois ela considera que pode continuar dinamizando seu trabalho docente, apesar das limitações impostas. Por sua vez, o professor Edvaldo não percebe maiores possibilidades de superação das limitações curriculares, dada a apatia de seus colegas e a lógica tecnicista que naturaliza a passividade do trabalho docente.

Apesar das dificuldades analisadas sobre "A abordagem de QSC e a argumentação", evidenciamos que todos os professores mencionados avançaram em sua formação enquanto pesquisadores de sua prática. Conforme os dados constituídos no Quadro 13, todos os professores conseguiram estabelecer em seus trabalhos um objetivo, um referencial teórico, procedimentos metodológicos e conclusões, o que representa avanços consideráveis da pesquisa voltada ao melhoramento de sua própria prática.

Como exemplo, analisaremos o trabalho da professora Simone, que evidencia indícios importantes do favorecimento de processos argumentativos em seus alunos. Escolhemos esse trabalho por sua consistência e porque, em comparação com seus colegas, essa professora conseguiu avançar da elaboração de um trabalho escrito convencional para a elaboração de um artigo que sistematiza sinteticamente o trabalho realizado por ela.

No Quadro 14 apresentamos uma síntese dos resultados e das análises do trabalho realizados pela professora Simone em seu artigo. De acordo com essa síntese, evidenciamos que a professora desenvolveu habilidades para promover argumentação nos estudantes por meio de questionamentos e da elaboração de atividades que motivaram os estudantes a realizar entrevistas e levantar dados sobre o consumo e o desperdício da água em sua escola.

QUESTÕES SOCIOCIENTÍFICAS NA PRÁTICA DOCENTE 211

Quadro 14 – Síntese de resultados e análises do trabalho realizado pela professora Simone

Momentos de análise	Descrição de resultados e análises
Primeiro momento: caracterização de opiniões dos estudantes sobre o fornecimento e a portabilidade de água na escola.	– 33% dos estudantes sabem que a escola tem tanques de abastecimento de água. – 33% dos estudantes pensam que a água não é potável. – 91% dos estudantes consideram que a água do tanque é desperdiçada.* – Os estudantes consideram que a água não é potável porque lhes diziam que não podiam beber água da torneira. – Os estudantes consideram que a água é desperdiçada porque faltava conhecimento sobre a crise mundial da água.
Segundo momento: análise sobre os trabalhos desenvolvidos pelos estudantes.	– Os estudantes realizam entrevistas com pessoas da escola para determinar por que a água é desperdiçada. – Os estudantes determinam o pH da água para saber sobre sua portabilidade. – A maioria dos estudantes alcançou um nível de argumentação básico, no qual utilizaram dados empíricos para justificar afirmações tais como "se demonstrássemos que a água das torneiras é potável, poderíamos consumir essa água e diminuir o desperdício da água do tanque". – Outros estudantes levantaram a hipótese de que a portabilidade diminuiria durante o dia devido à perda de cloro. – Nenhum estudante conseguiu alcançar um nível maior de argumentação, no qual deveriam sustentar propostas concretas para diminuir o desperdício da água na escola.

Fonte: Martínez (2010).

Interpretando os dados expostos pela professora Simone em seu trabalho, podemos dizer que seus alunos conseguiram um segundo nível de argumentação, representado pela utilização de afirmações competitivas com justificações, conforme os quatro níveis de argumentação[4] descritos no trabalho de Capecchi, Carvalho e Silva (2000). Esse nível de argumentação pode ser evidenciado na

---

4 Nível 1: questionamentos incompletos com justificativas; nível 2: afirmações competindo; nível 3: uso de qualificadores ou refutadores; nível 4: julgamento integrando diferentes argumentos.

discussão realizada pela professora Simone sobre a portabilidade da água de sua escola.

É interessante que a professora Simone reconhece que não foi possível alcançar um alto nível de argumentação, no qual os estudantes teriam capacidade de realizar julgamentos que integrem diferentes argumentos para fundamentar uma ação responsável sobre o desperdício de água na escola. No entanto, os dados registrados em seu trabalho podem ser um indício de que a abordagem da QSC de seu interesse possibilitou a ela desenvolver algumas habilidades de argumentação com seus alunos. Também destacamos o encorajamento da professora Simone enquanto pesquisadora de sua prática.

A professora considera que a dificuldade para os estudantes alcançarem um alto nível de argumentação esteve relacionada com as crenças escolares desses estudantes, que não lhes possibilitam problematizar temas controversos, pois eles se orientam, na maioria de vezes, por um raciocínio superficial.

Sadler, Chambers e Zeidler (2004) têm evidenciado em suas pesquisas que alguns estudantes confiam mais em provas ou experiências que confirmem suas crenças, e não naquelas que as contradigam. Por essa razão, é importante incentivar a constituição de evidências pelos próprios estudantes, o que os leva a problematizar suas crenças e os engaja em processos de argumentação.

A abordagem de QSC no ensino de Ciências pode ser focada em processos de argumentação em sala de aula, oferecendo possibilidades para que os professores realizem intervenções pedagógicas que contribuam para melhorar a qualidade da participação de seus alunos (Santos; Mortimer; Scott, 2001).

A abordagem de QSC e o desenvolvimento de pensamento crítico

Consoante as informações registradas no Quadro 15, apreciamos que o professor Antônio e as professoras Fátima, Adriana e Fernanda concordam, nas conclusões de seus trabalhos, que a abordagem de QSC

QUESTÕES SOCIOCIENTÍFICAS NA PRÁTICA DOCENTE 213

lhes permitiu desenvolver algum tipo de habilidade de pensamento crítico em seus alunos. O professor e as professoras expuseram em seus trabalhos referenciais teóricos sobre o desenvolvimento de pensamento crítico conforme vários autores (Ennis, 1987; Halpern, 1998; 2006; Campos, 2007). Segundo esse referencial, os professores entendem o pensamento crítico como um processo reflexivo e racional, por meio do qual os indivíduos decidem o que fazer e no que acreditar diante de determinadas situações ou problemas.

Embasados nos autores citados anteriormente, os professores salientaram a habilidade de análise de argumentos, a de tomada de decisão e a de solução de problemas como habilidades de ordem superior, as quais evidenciam o desenvolvimento do pensamento crítico. Salientaram também outras habilidades básicas que caracterizam uma pessoa crítica: a) habilidade para formular questionamentos diante um determinado problema; b) habilidade para buscar informações pertinentes ao tema objeto de discussão; c) habilidade para analisar diferentes pontos de vista; d) habilidade para utilizar conceitos com o intuito de compreender implicações e consequências de uma determinada decisão ou ação.

As professoras Fátima, Adriana e Fernanda e o professor Antônio também utilizaram metodologias semelhantes para abordar as QSC de seu interesse, tendo como objetivo o desenvolvimento de habilidades básicas de pensamento crítico. De forma geral, os professores realizaram um diagnóstico de habilidades básicas de pensamento e propuseram atividades pedagógicas, tais como jogo de papéis, leitura de textos e discussões abertas, para trabalhar com seus alunos as QSC.

A professora Fátima e a professora Fernanda identificaram em seus trabalhos indícios do desenvolvimento de habilidades para solucionar problemas e da argumentação por parte de seus alunos. No caso da professora Fátima, os estudantes cursavam o ensino superior, e os estudantes da professora Fernanda cursavam a 1ª série do ensino médio.

A professora Fernanda, nas análises de seu trabalho, comenta o desenvolvimento de habilidades de argumentação de seus alunos de acordo com a qualidade das opiniões emitidas por eles durante os debates realizados. Nesse sentido, ela expressa que uns 10% dos estudantes

Quadro 15 – Síntese dos trabalhos apresentados pelos professores em serviço focados no pensamento crítico

Nome do(a) professor(a)	Questão socio-científica	Objetivos propostos pelos professores	Referenciais teóricos	Procedimentos metodológicos	Conclusões
Antônio	– Os biocombustíveis como uma forma de energia alternativa.	– Favorecer o desenvolvimento de habilidades mentais tais como a tomada de decisão e a resolução de problemas. – Abordar conceitos relacionados com o ensino de hidrocarbonetos, os biocombustíveis e sua influência na sociedade.	– Incorporação de QSC ao currículo. – A resolução de problemas. – Hidrocarbonetos, o petróleo e os biocombustíveis.	– Metodologia qualitativa estruturada nas seguintes fases: 1) contextualização dos aspectos sociais e ambientais do petróleo; 2) discussão sobre aspectos socioambientais relacionados ao petróleo e aos biocombustíveis; 3) avaliação do trabalho.	– A aplicação de QSC no currículo educativo favorece a dinâmica do trabalho em sala de aula e o desenvolvimento de habilidades mentais relacionadas com a resolução de problemas, a tomada de decisão e a argumentação (habilidades de pensamento crítico). – A resolução de problemas a partir da aplicação da QSC permite integrar teoria e prática. – A QSC é uma importante ferramenta didática para favorecer a participação dos estudantes.
Fátima	– Implicações sociais dos xenobióticos na saúde.	– Analisar a abordagem de QSC para orientar o ensino de Bioquímica para estudantes de Fisioterapia. – Avaliar o desenvolvimento de duas habilidades: pensamento crítico (análise de argumento) e resolução de problemas.	– Perspectiva CTSA e QSC.	– Metodologia qualitativa descritiva organizada nas seguintes etapas: 1) caracterização de habilidades de pensamento crítico; 2) estudo de aspectos socioambientais envolvendo xenobióticos.	– Os conteúdos de Bioquímica têm sentido para os estudantes de Fisioterapia quando eles os relacionam com problemas de seu futuro profissional, o que contribui para desenvolver habilidades de pensamento. – Os estudantes se interessam pela aprendizagem da Bioquímica quando abordam questões socioambientais. – A abordagem de QSC no ensino de Bioquímica tem possibilitado refletir sobre a minha prática docente. Tem também favorecido um reposicionamento de nossa autonomia profissional, transformando o ensino tradicional baseado na transmissão de conteúdos em um ensino construtivo, formativo e crítico.

Continua

Nome do(a) professor(a)	Questão sociocientífica	Objetivos propostos pelos professores	Referenciais teóricos	Procedimentos metodológicos	Conclusões
Fernanda	– Experimentação com animais.	– Desenvolver habilidades de pensamento crítico tais como raciocínio verbal, análise de argumento, tomada de decisão e solução de problemas por meio de raciocínios éticos sobre uma QSC.	– QSC. – Experimentação com animais. – Pensamento crítico. – Raciocínio ético e moral.	– Metodologia qualitativa estruturada nas seguintes etapas: 1) diagnóstico de habilidades de pensamento crítico; 2) jogo de papéis; 3) avaliação.	– A análise da abordagem da QSC possibilitou que os estudantes refletissem sobre suas concepções de ciência, tecnologia e sociedade, pois durante o desenvolvimento dessa estratégia didática com enfoque CTSA foram discutidas ideias que os estudantes tinham sobre a QSC trabalhada e ampliou-se sua visão crítica. – A respeito da QSC, os estudantes concluíram que práticas experimentais embasadas em aspectos éticos são uma alternativa às práticas experimentais tradicionais. – A estratégia também favoreceu um reposicionamento da prática docente. – Como docente pesquisadora, avaliou a estratégia de abordar uma QSC embasada na perspectiva CTSA como uma estratégia pertinente e inovadora, o que enriquece o conhecimento escolar, o desenvolvimento de habilidades de pensamento e a formação cidadã.
Adriana	– Implicações ambientais dos biocombustíveis.	– Favorecer o desenvolvimento de habilidades de pensamento nos estudantes.	– QSC. – Biocombustíveis. – Aprendizagem autônoma. – Habilidades de pensamento crítico.	– Metodologia qualitativa estruturada nas etapas: 1) aplicação de questionário e desenvolvimento da primeira parte de um roteiro de atividades de ensino; 2) elaboração de estruturas conceituais; 3) socialização do trabalho realizado.	– Por meio da abordagem de QSC evidenciou-se nos estudantes o desejo de conhecer e aprender estratégias que lhes permitam melhorar suas competências leitoras e algumas habilidades de pensamento, para fortalecer seu desempenho na vida cotidiana.

Fonte: Martínez (2010).

manifestaram opiniões tais como "Não concordo com a clonagem porque não concordo", sem manifestar justificativa alguma. No entanto, aproximadamente 30% de seus alunos manifestaram opiniões com outro tipo de justificativa: "Não concordo com a experimentação com animais porque esse tipo de experimentação não oferece resultados comparáveis, pois os animais, por mais parecidos que sejam com os seres humanos, não funcionam da mesma maneira".

Por sua vez, 60% dos estudantes tentaram incorporar em suas opiniões aspectos éticos: "Não concordo com a experimentação utilizando animais porque essa experimentação vai contra a vida, pois todos os seres vivos têm o direito de viver. Aliás, como vamos saber que um remédio atua da mesma forma no olho de um coelho que no olho de uma pessoa, sabendo que o olho do coelho é diferente do olho humano? Se fôssemos nós que fôssemos utilizados na experimentação, como nos sentiríamos?". Embasada nesses resultados e nessas análises, a professora Fernanda conclui que é possível desenvolver habilidades básicas de pensamento crítico ao trabalhar em sala de aula a QSC de seu interesse, segundo metodologias didáticas fundamentadas na perspectiva CTSA.

No caso da professora Fátima, a habilidade de pensamento crítico trabalhada com seus alunos correspondeu à habilidade para solucionar problemas a partir do estudo de casos clínicos sobre xenobióticos, que era a QSC abordada em sua aula de Bioquímica ministrada para estudantes de Fisioterapia.

A professora Fátima adotou a proposta de Kortland (1996) para abordar a solução de problemas com seus alunos. Conforme tal autor, ela estabeleceu critérios para a avaliação de alternativas que permitissem solucionar os problemas estipulados e depois monitorar as implicações da solução proposta.

Os resultados obtidos pela professora Fátima indicam que 55% de seus alunos avaliaram os efeitos dos xenobióticos nos casos clínicos estudados levando em consideração as propriedades químicas dessas substâncias, seus mecanismos de ação e os resultados de testes de sangue e urina. Outra porcentagem de estudantes (25%) avaliou os sintomas e as vias de intoxicação causadas pelos xenobióticos, e os 20%

restantes de estudantes basearam suas soluções na análise de histórias clínicas. Baseada nesses dados, a professora Fátima apresenta indícios do desenvolvimento de habilidades dos estudantes para solucionar problemas.

No caso do professor Antônio e da professora Adriana, a explicação dos avanços a respeito das habilidades para pensamento crítico em seus alunos é realizada em termos gerais, sem oferecer evidências específicas. Por exemplo, o professor Antônio menciona que os grupos de estudantes conformados para trabalhar a QSC dos biocombustíveis e dos hidrocarbonetos desenvolviam habilidades básicas, como interpretação de dados, para fundamentar as discussões.

No caso da professora Adriana, somente propõe um esquema metodológico para o desenvolvimento de habilidades de pensamento crítico e oferece algumas reflexões sobre esse esquema, sem indicar os avanços construídos com os estudantes.

Algumas explicações para as limitações evidenciadas, particularmente pelo professor Antônio, estão relacionadas à falta de preparação em pesquisa educacional e à dinâmica escolar, na qual ele realizava seu trabalho. No caso da professora Adriana, a dificuldade é apontada na articulação entre a QSC e o conteúdo específico de Ciências, que é abordada segundo o ensino tradicional. Nos episódios 18 e 19 evidenciamos essas dificuldades e identificamos as contribuições da abordagem das QSC no melhoramento das práticas docentes do professor Antônio e da professora Adriana.

Episódio 18 (EF Grupo 4)

6. PU: Bom! No trabalho que vocês desenvolveram sobre as questões sociocientíficas, que tipo de tensões ou dificuldades vocês enfrentaram? 18: Antônio: Questões internas [referindo-se à dinâmica escolar], como dizia a colega [Andrea]. Como aprender a ensinar? [conforme a abordagem de QSC] Como se faz um trabalho de pesquisa? [...] porque a pesquisa é fundamental para a docência. De fato, não é fácil aprender bem a metodologia de pesquisa. Nos aspectos externos, temos o tempo estabelecido pela escola.

Episódio 19 (EF Grupo 1)

1. PU: [...] Primeiro vamos conversar sobre o seguinte: o trabalho que temos desenvolvido durante a disciplina os tem ajudado a repensar sua prática de ensino? Ou seja, os tem ajudado a considerar como trabalham ou não os têm ajudado? Por que não os têm ajudado?

7. Adriana: A dificuldade não tem sido exclusivamente do currículo, porque o tempo tem sido investido no debate [sobre QSC]. Estavam tão emocionados [os estudantes] que nós passamos [do tempo]. A outra parte é que devemos amenizar as temáticas, que seriam os hidrocarbonetos, e como é isso.

No Episódio 20 identificamos que as professoras Fernanda e Fátima valorizaram o trabalho realizado sobre QSC, porque enriqueceu seus fazeres pedagógicos, favoreceu a motivação de seus alunos, possibilitou o desenvolvimento de algumas habilidades de pensamento crítico e ajudou a melhorar e dinamizar os processos de ensino e aprendizagem de Ciências.

Episódio 20 (EF Grupo 2)

1. PU: [...] Então, vamos conversar um pouquinho. O trabalho desenvolvido durante a disciplina lhes permitiu repensar sua prática docente? Permitiu-lhes ou não lhes permitiu? E como lhes permitiu repensar sua prática docente?

3. Fernanda: Para mim tem sido muito enriquecedor. Também, como diz Edith, porque tenho percebido que em meu fazer pedagógico os estudantes têm maior motivação [...]. Parece-me importante, que cada encontro que tenho com estudantes, eu penso e analiso o que estou fazendo em sala de aula, penso em que perguntas eu deveria fazer para gerar mais debate, melhorar sua argumentação, seu pensamento crítico. Em relação ao meu trabalho de pesquisa, penso que o pensamento crítico e as QSC podem ir juntos. Eu falava algumas vezes sobre a ciência, mas esquecia de formar cidadãos com uma fundamentação teórica. Como vou fazer, como posso melhorar?

4. Fátima: Parece-me que tem servido para perceber que tão terrível estava que vinha aplicando a mesma metodologia. O processo tem me ajudado a ver se eles [os estudantes] estão compreendendo os conceitos. Não estavam

QUESTÕES SOCIOCIENTÍFICAS NA PRÁTICA DOCENTE **219**

aprendendo. A abordagem da QSC através de casos clínicos permitiu não somente ser mais próximos dos estudantes, mas também conhecê-los. [...] Permitiu-me evidenciar que agora encontram [os estudantes] sentido na Bioquímica, permitindo vincular os conceitos com a vida real, então isto serve. Essas enzimas, esses processos metabólicos servem para algo, pois trabalhando a questão dos antibióticos percebem como são esses conceitos. A QSC permite abrir mais espaços de reflexão, evidenciar outros aspectos da dimensão moral...

É interessante que as dificuldades expressadas pelas professoras Fernanda e Fátima a respeito da abordagem de QSC não estão relacionadas com a falta de tempo ou a existência de um currículo imposto. As dificuldades teriam a ver com as relações estabelecidas com seus colegas, que consideram a inovação realizada pelas professoras como algo sem maior importância. No Episódio 21 evidenciamos a forma como a atitude de outros professores influencia a disposição das professoras para continuar desenvolvendo seu trabalho. No entanto, identificamos na fala professora Fernanda a utilização da linguagem crítica ao destacar a adaptação de seus colegas aos processos de reprodução escolar, nos quais caberia a inovação permanente por parte dos professores. A professora Fátima também critica a atitude apática de seus colegas sobre o trabalho pedagógico.

Episódio 21 (EF grupo 2)

7. PU: Vamos continuar com o que estava falando Paulo para conversar sobre as dificuldades que têm enfrentado durante o trabalho desenvolvido sobre QSC na prática e como se tem enfrentado essas dificuldades.

11. Fernanda: Não tenho percebido tensões ou dificuldades com a escola. Os coordenadores não prestam atenção ao que é feito em sala de aula, então eu tenho bastante liberdade. Há alguns objetivos que devemos alcançar, mas os pais dos estudantes nem percebem como vai o processo dos estudantes, então o trabalho docente é realizado diretamente com os estudantes. Há liberdade, e não tenho problema com isso. Tenho enfrentado tensões com meus colegas, porque os estudantes tendem a comparar [a professora cita expressões de seus alunos]: "a aula da professora é legal, mas esta aula eu não sei", "porque a professora não dá aula para nós",

"quando vai dar aula para nós?". Eles comparam dessa forma e lhes [os estudantes] falta ser mais prudentes. Então há comentários dos colegas tais como "vassoura nova varre bem, mas vamos ver se daqui a uns cinco anos vai continuar revisando os cadernos dos estudantes, se vai continuar oferecendo coisas diferentes para eles, porque todos fomos desse jeito, mas com o tempo as coisas vão mudando". Então eu tenho sentido essa tensão, é algo incômodo. Os colegas se incomodam porque não percebem o objetivo do trabalho...

13. Fátima: Já que me lembrei, gostaria de falar. Então entrou um colega de Química na sala onde eu estava e deu risada e falou para mim: "Você está aí com as estratégias pedagógicas". Então, é interessante mostrar que os estudantes podem ter um bom rendimento, mas o que tem faltado é dedicação para eles. É difícil vincular os colegas nos processos pedagógicos, porque lá [na faculdade] se trabalha o conhecimento [Químico], então isso é o que mais vale, e não há explicação. [...] No entanto, tivemos uma apresentação sobre Informática para considerar algo sobre as habilidades, aí eu participei, e então já falaram que devemos articular a pedagogia. Então penso que agora vão [os colegas da professora] considerar a importância da pedagogia.

As falas apresentadas pelas professoras Fátima e Fernanda sobre seus colegas nos indicam que esses professores se limitam a ensinar Ciências de forma tradicional, pois não se preocupam em inovar seu ensino e parecem estar restringidos à transmissão dos conteúdos de Ciências sem dar importância aos aspectos pedagógicos que levariam em consideração as características dos estudantes para ensinar de uma determinada forma. Conforme Berkowitz e Simmons (2003), podemos dizer que esses professores parecem se perceber como professores especificamente de "Ciências" e, portanto, não devem se preocupar com questões pedagógicas.

Contudo, em termos gerais podemos dizer, conforme os episódios analisados, que a abordagem de QSC por parte das professoras Fátima e Fernanda possibilitou desenvolver habilidades de pensamento crítico em seus alunos, na medida em que foram desenvolvendo seu ensino como um processo de pesquisa.

Incorporação da perspectiva CTSA à prática docente

De acordo com os dados constituídos no Quadro 16, identificamos que as professoras Isabel e Natália e o professor Lucas propuseram como objetivo de seus trabalhos o ensino de aspectos éticos vinculados às QSC de seu interesse. Por sua vez, as professoras Andrea e Verônica focaram na questão atitudinal e a professora Cláudia focou na formação para cidadania.

Apesar de as professoras Isabel, Natália, Andrea, Verônica e Cláudia e o professor Lucas expressarem certas particularidades em seus objetivos de pesquisa, podemos analisar seus trabalhos em conjunto, uma vez que todos salientaram, de diferentes formas, a incorporação da perspectiva CTSA durante a abordagem das QSC de seus interesses. Todos os professores, exceto a professora Isabel,[5] utilizaram estratégias participativas, tais como jogos de papéis, realização de pequenos projetos por parte dos estudantes, trabalhos em grupos e discussões sobre vídeos, que nos mostram indícios da incorporação de aspectos metodológicos da perspectiva CTSA nas aulas desses professores.

A perspectiva CTSA envolve, entre outras coisas, a transformação metodológica do ensino de Ciências centrado na transmissão de conteúdos em um ensino centrado na participação dos estudantes por meio de diferentes atividades, tais como as descritas pelos professores em seus trabalhos, o que contribui para o desenvolvimento de habilidades nos estudantes para o exercício de sua cidadania (Aikenhead, 1994; Solomon, 1993).

Acevedo (1996) ressaltou a elaboração de pequenos projetos por parte dos estudantes, o trabalho colaborativo e a participação ativa daqueles em debates ou discussões como estratégias privilegiadas pela perspectiva CTSA.

---

5 O trabalho dessa professora apresentava o objetivo de ensino, o referencial teórico e a descrição geral da metodologia. No entanto, os resultados expostos eram limitados apenas à descrição de algumas respostas de seus alunos a um questionário aplicado por ela, mas não ofereciam evidência alguma sobre as estratégias utilizadas para alcançar o objetivo proposto.

Quadro 16 – Síntese dos trabalhos apresentados pelos professores em serviço relacionados com a incorporação da perspectiva CTSA na prática docente

Nome do(a) professor(a)	Questão sociocientífica	Objetivos propostos pelos professores	Referenciais teóricos	Procedimentos metodológicos	Conclusões
Isabel	– O aborto.	– Construir uma estratégia de ensino e aprendizagem que favoreça a discussão das questões éticas, morais e religiosas do aborto, para, dessa forma, fomentar a reflexão nos estudantes. – Estabelecer significados sobre a ética por parte dos estudantes.	– Ética e ciência. – Educação CTSA.	– Metodologia descritiva estruturada nas seguintes fases: 1) trabalho individual; 2) trabalho em equipe; 3) análise de vídeo sobre o aborto.	– A QSC do aborto trabalhada com os estudantes favoreceu uma reflexão sobre aspectos relacionados com a ética e a moral. Nesse sentido foram identificadas atitudes positivas a respeito da ciência e de sua aprendizagem. – Os estudantes confundem o significado entre ética e moral.
Natália	– Malformações genéticas.	– Ressaltar aos estudantes a importância da ética e da moral em relação às malformações genéticas. – Favorecer o raciocínio ético nos estudantes.	– Malformações genéticas. – Educação CTSA.	– Metodologia descritiva utilizando questionários para a coleta de informações.	– Não estabeleceu conclusões porque as análises realizadas foram parciais.
Lucas	– Contaminação de fontes hídricas causada por minas de carvão.	– Ressaltar a importância da ética e da moral na preparação dos estudantes de Engenharia por meio da solução de problemas ambientais.	– Políticas sobre o ambiente e o desenvolvimento. – Análises físico-químicas de águas contaminadas por minas de carvão.	– Metodologia descritiva estruturada nas seguintes fases: 1) apresentação aos estudantes do projeto de pesquisa: 2) leitura de uma notícia relacionada com a problemática; 3) trabalho em grupos baseado na elaboração de pequenos projetos de pesquisa.	– É relevante trabalhar com um tema CTSA, porque subsidia ou apoia a aprendizagem da Química no curso de Engenharia, vinculando os estudantes ao projeto de pesquisa do departamento da faculdade. – Conseguiu-se conscientizar os estudantes da disciplina de Química II sobre a importância da ética e da moral em sua preparação como futuros engenheiros.

Continua

QUESTÕES SOCIOCIENTÍFICAS NA PRÁTICA DOCENTE **223**

Nome do(a) professor(a)	Questão sociocientífica	Objetivos propostos pelos professores	Referenciais teóricos	Procedimentos metodológicos	Conclusões
Andrea	– Desperdício de alimentos em uma escola pública.	– Favorecer nos estudantes atitudes positivas sobre o desperdício de alimentos na escola.	– O ensino de Ciências com enfoque CTSA. – As atitudes dos estudantes.	– Metodologia qualitativa estruturada nas seguintes fases: 1) diagnóstico de opiniões dos estudantes sobre o desperdício de alimentos; 2) introdução e problematização de conteúdos; 3) construção de mapas de conseqüências sobre o desperdício de alimentos.	– Favoreceu-se o melhoramento atitudinal dos estudantes sobre o desperdício de alimentos, o que foi constatado no momento em que os estudantes se reuniam na cantina da escola para o consumo de seus alimentos.
Verónica	– Peptídeos opióides no leite e implicações na saúde.	– Incorporar as relações CTSA no ensino de Química para favorecer uma mudança atitudinal e uma aprendizagem significativa nos estudantes de Engenharia de Alimentos.	– Educação CTSA. – Formação do professor.	– Metodologia descritiva utilizando questionários para a coleta de informações.	– Os estudantes apresentam dificuldades de aprendizagem sobre o tema aminoácidos. – 50% dos estudantes identificaram reações de aminoácidos e grupos funcionais, e outra parte identificou somente grupos funcionais. – Esse tipo de enfoque (CTSA) contribui na formação de cidadãos responsáveis em uma sociedade imersa no desenvolvimento científico e tecnológico.
Cláudia	– Controvérsia sobre a invenção de uma vacina contra a aids.	– Contribuir com a formação para cidadania dos estudantes por meio da abordagem de QSC controversas sobre a aids.	– Educação CTSA.	– Metodologia voltada ao desenvolvimento da aprendizagem cooperativa estruturada conforme as seguintes etapas: 1) discussão sobre a QSC; 2) identificação de atores sociais e jogo de papéis; 3) exposições em grupo; 4) debate aberto de equipes de trabalho.	– A abordagem de QSC em sala de aula é motivadora para os estudantes. – As políticas da escola dificultam a abordagem da perspectiva CTSA.

Fonte: Martínez (2010).

Durante o desenvolvimento das estratégias participativas, os professores foram ressaltando como objetivo geral a preocupação com formação para a cidadania atrelada aos objetivos particulares de seus trabalhos correspondentes aos aspectos éticos, a questão atitudinal e o trabalho colaborativo.

O professor Lucas desenvolveu seu trabalho no ensino superior, e a professora Isabel, no ensino básico. A conclusão dos trabalhos de ambos coincidiu: a abordagem de QSC fundamentada na perspectiva CTSA possibilitou que seus alunos se sensibilizassem sobre as implicações da ciência e da tecnologia a partir de aspectos éticos e morais trabalhados em sala de aula.

Trabalhar a questão ética da ciência em sala de aula é uma pretensão interessante para a formação, nos estudantes, de valores que favoreçam melhores processos de convivência social. No entanto, as questões éticas envolvem, na maior parte dos casos, conflitos entre diferentes concepções sobre o que pode ser caracterizado como um comportamento ou uma ação correta.

Para ilustrar algumas dificuldades decorrentes da abordagem de questões éticas em sala de aula, no Episódio 22 identificamos a forma como a crença religiosa de um professor pode influenciar na educação para o caráter dos estudantes privilegiando uma determinada concepção moral.

Episódio 22 (EF Grupo 5)

8. PU: Pronto! No processo que nós desenvolvemos, que tipo de tensões vocês enfrentaram? E como as enfrentaram? Tensões de diferentes tipos [que enfrentaram] durante o desenvolvimento da QSC ou no trabalho que desenvolveram. [uma professora pergunta o que são tensões] Tensões são aqueles elementos que podem ser um obstáculo ou são dificuldades que não são fáceis de superar.

10. Isabel: Eu tive uma [dificuldade] muito marcada com um colega, que de certa forma está trabalhando o tema do aborto. Trata-se do professor de Ética, que é padre, e então a posição dele estava muito fixada nos estudantes. Estava muito marcada essa concepção religiosa.

11. PU: Como enfrentou essa dificuldade?

12. Isabel: Eu enfrentei essa dificuldade tentando fazer reflexões, para isso me embasei em casos especiais. Não se tratava de mostrar minha posição de aceitação sobre o aborto, mas tentei que eles pensassem. Coloquei o caso de uma mulher grávida na qual foi diagnosticado que o feto apresentava malformações genéticas. [Também coloquei] O caso do pai e a mãe que perceberam que sua filha foi estuprada por três homens.

É interessante a forma como a professora Isabel favorece discussões sobre dilemas morais relacionados com a QSC do aborto a fim de favorecer um raciocínio moral em seus alunos.

Enfrentar dilemas morais na abordagem de QSC é um tema complexo a ser enfrentado pelos professores em suas práticas. Por exemplo, o dilema sobre o aborto discutido pela professora Isabel abrange, por um lado, o direito individual das pessoas de serem respeitadas em sua integridade mental e, por outro lado, o princípio moral de respeitar a vida.

Lemmon apud Beauchamp e Childress (2002, p.26) salienta que os dilemas morais ocorrem de duas formas:

1) Alguma evidência indica que o ato x é moralmente correto, e alguma evidência indica que o ato x é moralmente errado, mas nenhuma das evidências é conclusiva. Diz-se algumas vezes que o aborto, por exemplo, é um dilema terrível para as mulheres que veem as evidências dessa forma.

2) Um agente acredita que, por razões morais, deve e não deve realizar o ato x. Num dilema moral assim conformado, um agente é obrigado, por uma ou mais regras morais, a fazer x, e, por uma ou mais regras morais, a fazer y, mas o agente está impossibilitado, nas circunstâncias, de fazer ambos. As razões por trás das alternativas x e y são boas e fortes, e nenhum dos conjuntos de razões é claramente dominante. Se a pessoa age segundo qualquer um dos conjuntos de razões, suas ações serão moralmente aceitáveis sob alguns aspectos, mas moralmente inaceitáveis sob outros.

Enfrentar dilemas morais é de tal complexidade que em muitas ocasiões esses dilemas permanecem sem uma solução razoável. Contudo, abordá-los em sala de aula é significativo para trabalhar com os estudantes aspectos éticos e morais que passam despercebidos no

226 LEONARDO FABIO MARTÍNEZ PÉREZ

ensino de Ciências tradicional. Assim, a questão ética e moral cobra relevância da abordagem de QSC embasada na perspectiva CTSA.

Por intermédio dos dados registrados no Quadro 16, observamos também que a professora Cláudia incorporou a perspectiva CTSA em seu trabalho focando na formação para a cidadania de seus alunos a partir da abordagem da QSC sobre a produção de uma vacina contra a aids.

Quadro 17 – Opiniões dos estudantes da professora Cláudia sobre a abordagem da QSC em sala de aula e as relações CTSA

Como lhes pareceu a metodologia desenvolvida durante as aulas de Biologia para trabalhar a questão das vacinas contra a aids?	Como entendem a relação entre a ciência, a tecnologia, a sociedade e o ambiente?
"Boa e desorganizada"; "Me pareceu legal, porque dessa forma compreendemos melhor"; "Gostei de como a professora ensinou, apesar de ser desorganizado"; "Foi legal. Aprendeu-se em cada grupo de trabalho"; "Legal, porque pudemos fazer exposições sobre a aids"; "A professora explicava de uma forma divertida"; "Aprendi mais sobre o tema e dialoguei como meus amigos"; "Muito legal; aprendemos bastante, porque é um tema interessante"; "Que quando temos uma relação [sexual], devemos tomar cuidado"; "Me colocou a pensar mais e a pesquisar"; "Ótimo, pois nos ensinou que devemos cuidar de nosso corpo e nos orientou sobre um tema que nunca tínhamos estudado".	"Boa"; "São compatíveis com o trabalho de pesquisa"; "Fazem uma boa equipe"; "Funcionam bem ligadas"; "Muito juntas"; "Podem alcançar muitas coisas se estiverem ligadas"; "A ciência trata de muitas coisas, a tecnologia de robôs e o ambiente da paisagem"; "A ciência conscientiza a sociedade sobre que está ocorrendo no ambiente, como o aquecimento global, e a tecnologia pode nos ajudar a não causar prejuízos"; "Tem relação, porque a ciência precisa da tecnologia, e a tecnologia precisa da ciência"; "Não sei são muito parecidas" [a ciência e a tecnologia]; "Se relacionam, porque a ciência vem da tecnologia"; "A ciência implica muito estudo"; "A relação é muito útil para o ambiente"; "A tecnologia tem a ver com materiais"; "A ciência gera a necessidade da tecnologia"; "Vejo a relação muito ruim, porque a maioria da tecnologia está destruindo o meio ambiente"; "O ambiente na sociedade é desconsiderado, porque as pessoas e o mundo quase não se preocupam por ele"; "Boa. Importante que façam descobertas para o ambiente".

Fonte: Martínez (2010).

De acordo com dados levantados pela professora Cláudia, realizamos o Quadro 17, no qual observamos que a maioria de seus alunos valorizou positivamente o trabalho desenvolvido sobre a QSC abordada pela professora. Os estudantes manifestaram de várias formas que o trabalho realizado lhes possibilitou aprender novas coisas de importância para suas vidas, e, apesar de alguns deles considerarem a metodologia utilizada um pouco desorganizada, consideram que foi interessante para eles. Observamos também nesse quadro que os estudantes começaram a estabelecer relações entre a ciência, a tecnologia, a sociedade e o ambiente. Apesar das contribuições do trabalho realizado pela professora Cláudia a respeito da motivação e participação de seus alunos, ela percebe que a perspectiva CTSA lhe possibilita a motivação em sala de aula, para depois continuar ensinando os conteúdos estabelecidos no currículo tradicional (Episódio 23). De forma semelhante, a professora Verônica estabelece nas conclusões de seu trabalho (Quadro 16) que a abordagem de QSC embasada na perspectiva CTSA ajuda a contextualizar socialmente os conteúdos de Bioquímica que ela necessariamente deve ensinar.

Episódio 23 (EF Grupo 1)

1. PU: [...] Primeiro vamos conversar sobre o seguinte: o trabalho que temos desenvolvido durante a disciplina os tem ajudado a repensar sua prática de ensino? Ou seja, os tem ajudado a considerar como trabalham ou não os tem ajudado? Por que não os têm ajudado?

2. Verônica: Tem me ajudado a entender o ensino [de Química] que se pode abordar além da parte Química.

11. PU: Bom! Então podemos continuar com o seguinte questionamento, já que você [a professora Cláudia] o mencionou. Então, para que continue falando: você mencionou algumas tensões enfrentadas durante o desenvolvimento de seu trabalho, uma delas, por exemplo, consistia na grande quantidade de expectativas e interesses que devia considerar. Além disso, que tensões ou dificuldades você enfrentou em seu trabalho?

12. Cláudia: A avaliação, pois me revisam [a professora está referindo-se à coordenadora acadêmica, que revisa o trabalho que ela desenvolve em sala de aula] o objetivo e os conteúdos, então eles [os estudantes] já sabem o que vamos trabalhar. Igual, devo continuar trabalhando o estabelecido no currículo. Então há aulas em que eles [estudantes] estão motivados e aulas que não estão motivados. Tenho um grupo no qual trabalho com a QSC e outro grupo que trabalho tradicionalmente. Com o grupo que trabalho de forma diferente [está se referindo à abordagem da QSC embasada na perspectiva CTSA], consigo avançar mais.

15. Verônica: [...] Eu não posso desviar meu trabalho dos temas propostos. A Química do amor pode servir bastante para trabalhar os temas dos hormônios. Não aprofundo nessas coisas, mas as considero.

Parece que as professoras Cláudia e Verônica incorporam a perspectiva CTSA à abordagem das QSC com o intuito de motivar a participação de seus alunos em suas aulas de Ciências, sem propor uma alteração do currículo estabelecido. Esse tipo de incorporação da perspectiva CTS(A) ao ensino de Ciências pode ser interpretado conforme as categorias propostas por Aikenhead (2005a) e expostas no Quadro 18. Conforme os níveis propostos pelo autor citado, as professoras Cláudia e Verônica incorporaram a perspectiva CTSA para motivar os estudantes por meio de inclusão casual dessa perspectiva (nível 1-3, Quadro 18), o que permite entrever que as professoras não transcendem o ensino tradicional, mas avançam em contextualizar socialmente os conteúdos disciplinares de Ciências.

Quadro 18 – Categorias de CTS na ciência escolar

1. Motivação por meio de conteúdo CTS
2. Inclusão casual do conteúdo CTS
3. Inclusão intencional do conteúdo CTS
4. Disciplina particular por meio de conteúdo CTS
5. Ciência por meio de conteúdo CTS
6. Ciência ligada ao conteúdo CTS
7. Inclusão da ciência ao conteúdo CTS
8. Conteúdo CTS

Fonte: Aikenhead (2005a, p.120, tradução nossa).

A perspectiva CTSA utilizada para favorecer a motivação dos estudantes ou destacar a importância do estudo de Ciências tem o risco de permanecer em um nível instrumental, pois as questões relacionadas com os impactos socioambientais da ciência são pouco exploradas e, dependendo do caso, são praticamente desconhecidas.

Aikenhead (1994) salientou que um representativo número de propostas curriculares embasadas na perspectiva CTS se enquadrara nas primeiras três categorias do Quadro 18. Precisamente na introdução deste livro, salientamos a forma como propostas CTS de grande alcance internacional, tais como Satis, foram se tornando uma "indústria" de produção de materiais que, colocados no "mercado educativo", poderiam ser facilmente instrumentalizados por professores despreparados. Apesar de as professoras Cláudia e Verônica não alcançarem níveis altos da incorporação da perspectiva CTSA em seu ensino (nível 5-8), valorizamos os avanços registrados, pois constituem o começo de um processo reflexivo sobre a prática docente, o que antes não existia, pois as professoras estavam limitadas ao ensino tradicional.

A partir da análise do trabalho apresentado pela professora Andrea mostraremos que é possível incorporar a perspectiva CTSA partindo da QSC de seu interesse, e não dos conteúdos disciplinares estabelecidos no currículo, o que é indício de que ela alcançou o nível 5 estabelecido no Quadro 18.

O objetivo proposto pela professora Andrea em seu trabalho consistia em favorecer atitudes e ações diferentes de seus alunos sobre o problema do desperdício de alimentos na cantina da escola. Para abordar esse objetivo, a professora primeiro realizou um diagnóstico das possíveis causas do desperdício de alimentos de acordo com as opiniões dos estudantes. A partir desse diagnóstico, a professora planejou atividades de ensino sobre a boa alimentação utilizando a estratégia de realização de mapas de consequências para que os estudantes refletissem e considerassem as implicações sociais do desperdício de alimentos. Finalmente, a professora mostra em seu trabalho indícios da mudança atitudinal por parte de seus alunos.

A forma como a professora foi trabalhando a perspectiva CTSA merece destaque, pois ela desconhecia as possibilidades de trabalho oferecidas por essa perspectiva a respeito da formação para a cidadania de seus alunos, o que foi valorizado durante o desenvolvimento de seu projeto sobre a abordagem da QSC de seu interesse.

O trabalho da professora Andrea representa um indício das possibilidades oferecidas pela perspectiva CTSA para a prática docente dos professores em serviço, uma vez que contribui para que se repense o ensino de Ciências tradicional, focado na assimilação de conteúdos disciplinares, para focar na formação cidadã dos estudantes. Nesse sentido, na medida em que invistamos maiores esforços em trabalhar problemas sociais da realidade escolar ou da realidade local das escolas, poderemos avançar de forma concreta do discurso retórico da perspectiva CTSA para o discurso ativo da perspectiva CTSA. Em outras palavras, segundo Hodson (2003), poderemos avançar da retórica à ação responsável.

O ensino de Ciências com enfoque CTSA voltado à ação responsável e crítica implica partir da realidade cultural dos estudantes para, dessa forma, desenvolver processos formativos que encorajem os estudantes em seus próprios posicionamentos.

16
MANEIRAS COMO A AUTONOMIA DOCENTE É COMPREENDIDA PELOS PROFESSORES DE CIÊNCIAS EM SERVIÇO

As análises realizadas anteriormente sobre os trabalhos de pesquisa apresentados pelos professores constituem uma evidência da construção da autonomia durante a abordagem de questões sociocientíficas (QSC), uma vez que os professores, como pesquisadores de sua prática, vão se tornando sujeitos que podem definir seus próprios objetivos e estratégias de ensino para enfrentar os problemas específicos de seu trabalho docente.

Nesse contexto, focaremos nossas análises em caracterizar a forma como os professores compreendem a autonomia docente depois de terem participado na disciplina Ensino de Ciências com Enfoque CTSA a Partir de QSC. Para a caracterização dessas compreensões avançaremos, do nível descritivo, utilizado em grande parte das análises realizadas até agora, para um nível mais analítico, conforme dispositivos linguísticos oferecidos pela análise de discurso crítica (ADC).

Segundo Fairclough (2001b) e Leal (2003), prestaremos especial atenção ao emprego de verbos na primeira pessoa nas falas dos PP, pois o uso da primeira pessoa e a utilização de determinadas expressões verbais nos indicam um posicionamento do sujeito de quem escolhe e decide, o que pode ser valorizado como um indicador de construção da autonomia dos professores em termos de crescimento pessoal e social.

Nos episódios que analisaremos nesta parte, sublinharemos algumas vezes o emprego de verbos na primeira pessoa para identificar posicionamentos pessoais dos professores e, dessa forma, constituir evidências a respeito da compreensão dos professores sobre a autonomia docente.

A partir da análise das falas dos PP, subsidiados pelos elementos linguísticos da ADC e embasados no trabalho de Contreras (2002), identificaremos três formas de entender a autonomia: a) como capacidade individual; b) com reflexão e forma de intervenção na prática; e c) como processo dialógico e crítico. Discutiremos cada uma dessas formas de entender a autonomia apontando suas possibilidades e limitações.

A autonomia entendida como capacidade individual

O termo "autonomia profissional" poder ser entendido simplesmente com a capacidade individual de agir de uma determinada forma sem a intervenção de fatores externos. No Episódio 24 apreciamos que o professor Ricardo compreende sua autonomia docente conforme uma perspectiva individualista, na medida em que valoriza sua capacidade de agir segundo seus próprios desejos e sem restrições impostas pelo contexto escolar. Essa visão individualista indica aparentemente que o professor não tem problemas com sua autonomia, uma vez que os processos de ensino desenvolvidos em espaços escolares parecem depender exclusivamente dele.

Episódio 24 (EF Grupo 4)

31. PU: [...] Outro questionamento seria: depois desse processo formativo que temos desenvolvido, como vocês estão entendendo sua autonomia? Vocês, como entendem sua autonomia docente?

32. Ricardo: Poder fazer o que <u>eu quero</u> em termos acadêmicos. No caso das escolas públicas, <u>eu não tenho problema com a questão da autonomia</u>. De manhã estava justamente comentando com uma colega o seguinte:

eu chego à escola e falo para o coordenador: "Tenho uma proposta para melhorar o projeto pedagógico da escola", e ele me diz: "Pode trabalhar à vontade". Eu não tenho problema nem no nível metodológico. Lá [na escola] recebo até apoio [###]. Eu faço o que eu quero, utilizo as estratégias que eu quero, utilizo instrumentos, faço o que eu quero.

No caso da professora Adriana e do professor Lucas, a autonomia também é compreendida como uma capacidade individual do professor para desenvolver determinadas estratégias de ensino. Observamos no Episódio 25 que o professor Lucas expressa que a autonomia tem a ver com a capacidade do professor para ensinar de determinada forma sem se preocupar em questionar a ideia de ensinar conteúdos ou temas que parecem estar predeterminados no currículo. O professor deixa claro, em sua fala, que o problema não são os conteúdos que devem ser ensinados, mas as estratégias apropriadas para ensinar esses conteúdos. Dessa forma, permite entrever o tecnicismo didático assumido por ele. Da mesma forma, a expressão da professora Adriana "existem umas diretrizes, uns padrões [curriculares] que se devem cumprir" evidencia um posicionamento passivo do sujeito, uma vez que sua ação está limitada por um fator externo, que nesse caso seriam os padrões curriculares. Embora a professora Adriana manifeste certo posicionamento ativo em termos de fazer pesquisa ou aplicar determinadas estratégias como uma forma de desvincular-se do fator externo, a evasão não implica problematização de sua condição de dependência com o currículo.

Episódio 25 (EF Grupo 1)

26. PU: Bom! Outra questão para pensar: no processo formativo que temos vivenciado durante a disciplina, como vocês compreendem a sua autonomia docente? Levando em consideração o último que falou, o professor Vinícius, quando se referia à sua autonomia no caso da proposta dos ciclos [refere-se à nova proposta curricular da secretária de Educação de Bogotá] em sua escola. Então, como vocês compreendem a autonomia docente no trabalho que temos desenvolvido?

27. Adriana: No planejamento curricular existem umas diretrizes, uns padrões [curriculares], certo? Que se devem cumprir [###]. Para sermos

mais autônomos devemos seguir pesquisando, seguir aplicando estratégias para resolver problemas. Cada dia há novas ferramentas, há novas inovações que devemos levar em consideração. Então eu acredito que essa parte da autonomia é fundamental [###].

28. Lucas: Eu acho que a autonomia se consegue em sala de aula, e não é deixar de abordar os temas que estão estipulados no currículo, simplesmente é buscar as novas estratégias e considerá-las conforme um enfoque diferente. Não esquecer os estudantes, as competências, mas enfocá-las a partir de outro ponto de vista, no qual levemos em consideração os rapazes [estudantes]...

No Episódio 26 observamos que a professora Natália também entende a autonomia docente como uma capacidade individual, na medida em que sua construção estaria relacionada com ensinar aquilo de que se gosta. Ela também concorda que deve seguir um currículo que está preestabelecido. A expressão da professora Natália "eu tenho um currículo que devo cumprir, mas eu também penso que posso fazer algo de que gosto" evidencia um posicionamento passivo do sujeito com respeito ao currículo preestabelecido. No entanto, em seguida a professora valoriza o trabalho em sala de aula como o espaço que possibilita a construção de sua autonomia, o que poderia ser interessante para encorajar a professora no desenvolvimento de seu ensino.

Episódio 26 (EF Grupo 6)

28. PU: Pronto! Depois deste processo [o desenvolvido durante a disciplina], como vocês estão entendendo a autonomia docente? Como vocês a estão entendendo ou compreendendo?

29. Natália: Eu penso que a autonomia, a vejo assim: eu tenho um currículo que devo cumprir, mas eu também penso que posso fazer algo de que gosto, então eu penso que aí está minha autonomia, em ter um espaço para algo que me vai servir e que pode ajudar a eles [os estudantes]. Então, como Ciências Naturais têm a ver com a tecnologia, aí está contemplado.

Em todos os casos citados anteriormente, observamos que os professores compreendem a autonomia como um território individual ou privado que os restringe aos processos de ensino que desenvolvem em sala de aula. Essa forma de compreender a autonomia docente foi, até certo ponto, apropriada historicamente pela concepção do profissionalismo, que defende a ideia de considerar a docência como uma profissão autônoma (Contreras, 2002).

O problema do profissionalismo radica em pretender reivindicar o *status* social da profissão sem prestar suficiente atenção aos valores educacionais próprios desta e sem levar em consideração a participação de vários atores sociais.

A falta de atenção sobre os valores educacionais permitiu que as reivindicações dos professores fossem se reduzindo a exigências por melhores condições laborais, o que é importante, mas é necessário transcender a uma visão mais ampla, na qual os processos formativos dos professores tenham um papel central.

Outro problema do profissionalismo consiste em uma crescente instrumentalização da profissão, pois o trabalho do professor começou a ser valorizado pela eficiência e pelos resultados positivos do ensino, e não em virtude dos processos formativos desenvolvidos por ele. Dessa forma, o profissionalismo foi utilizado para justificar o conhecimento de especialistas que validavam o trabalho eficiente dos professores.

Surge a ideia de autonomia docente entendida como uma capacidade individual que implica a não ingerência de estranhos no processo educativo, o que desencadeia o isolamento do trabalho do professor da dinâmica social. Assim, a pretensão de questionar o intervencionismo dos especialistas não é orientada adequadamente ao comprometimento social, como também não é orientada à formação.

Se bem que os professores avançaram em seu posicionamento pessoal, conforme foi analisado. Eles restringem sua autonomia a seu ensino individual, o que limita a construção da autonomia em si, pois esta não se reduz a uma capacidade que os indivíduos possuem. Conforme Contreras (ibidem), a autonomia não é apenas uma capacidade individual, também não é um atributo da pessoa. A autonomia é um exercício pessoal e social que o professor constrói e reconstrói permanentemente em relação com outros atores em determinados contextos sociais e culturais.

Compreender a autonomia implica considerar os processos sociais, nos quais os professores se assumem como sujeitos autônomos sob determinadas circunstâncias que os influenciam e que também eles influenciam. Assim, a autonomia constitui um conjunto de relações, e não é uma definição de elementos individuais, uma vez que está determinada pela forma como os professores se relacionem entre si (ibidem).

Identificamos nas falas de outros professores uma forma diferente de compreender a autonomia docente como reflexão da prática, o que transcendeu um pouco a compreensão individualista da autonomia.

A autonomia compreendia como reflexão e forma de intervenção na prática docente

No Episódio 27 observamos que o posicionamento do professor Paulo deixa de estar subordinado à aplicação de um currículo preestabelecido, pois ele se posiciona como pesquisador de sua prática. A partir desse posicionamento ele constrói sua autoridade diante de seus alunos. Assim, interpretamos na fala do professor Paulo que sua autonomia é compreendida como uma reflexão de sua prática, que implica considerar o papel de seus alunos nesse processo.

Episódio 27 (EF Grupo 2)

14. PU: Pronto? Alguém deseja falar outra coisa?... Bom! Então, outro questionamento: depois do processo que desenvolvemos na disciplina, como vocês estão compreendendo a autonomia docente?

16. Paulo: A maior autonomia que tenho conseguido é repensar em que consiste meu trabalho docente. É só ensinar? É só ficar de pé falando para os estudantes? É que os meninos [estudantes] me respeitem? Convenci-me de que sou um pesquisador e que tudo o que faço para contextualizar os estudantes tem a ver com isso, então senti a autonomia e também como trabalhá-la através da abordagem de QSC conforme o que os estudantes querem e o que eu quero...

17. Fernanda: Eu tenho um problema com a autonomia. Quando eu tenho os avanços [do trabalho realizado sobre a abordagem de QSC] e escrevendo o que os meninos [estudantes] têm discutido, eu agrupo as discussões e as

QUESTÕES SOCIOCIENTÍFICAS NA PRÁTICA DOCENTE **237**

organizo e penso que é pertinente o que estou fazendo. Mas quem me diz que aquilo que estou fazendo de uma forma autônoma está bem? Pode ser que na abordagem de QSC esteja estabelecido para ser autônoma. Nisso tenho sentido que me falta [está se referindo a deixar de depender de sujeitos externos que validem sua autonomia].

Também apreciamos no Episódio 27 que a professora Fernanda reflete sobre a construção de sua autonomia identificando o problema de seu próprio encorajamento a partir da pesquisa, pois ela deixa entrever a preocupação pela legitimação externa do trabalho realizado por ela. A fala da professora nos mostra que a forma como ela entende a autonomia transcende uma visão meramente individualista, pois ela pensa sua autonomia na intervenção que realiza com seus alunos e que busca sistematizar e analisar.

O professor Roberto também compreende a autonomia como um processo de reflexão de sua prática (Episódio 28). Em comparação com o professor Lucas e as professoras Natália e Adriana, o professor Roberto reflete criticamente sobre o currículo preestabelecido, que limitaria a autonomia docente. Dessa forma ele problematiza o fato de os conteúdos curriculares serem impostos por agentes externos à sua prática (Ministério de Educação).

O posicionamento subjetivo do professor Roberto também questiona a instrumentalização do ensino por meio do desenvolvimento de determinadas estratégias, uma vez que o problema não é simplesmente aplicar melhores estratégias, tais como as oferecidas pela perspectiva CTSA. É necessário analisá-las para considerar seus alcances.

Episódio 28 (EF Grupo 6)

28. PU: Pronto! Depois deste processo [o desenvolvido durante a disciplina], como vocês estão entendendo a autonomia docente? Como vocês a estão entendendo ou compreendendo?

32. Roberto: A autonomia do docente ou do profissional [da educação] é limitada, pois está regida por umas diretrizes dadas pelo Ministério de Educação ou pela secretária de Educação [da prefeitura da cidade]. Basicamente, a autonomia está em saber que tipo de estratégias [podemos] utilizar, através de uma determinada didática, para abordar uma QSC. Eu acho que a autonomia é poder escolher corretamente diante da perspectiva CTSA.

238 LEONARDO FABIO MARTÍNEZ PÉREZ

Em todos os casos analisados anteriormente, apreciamos que a autonomia não é mais um atributo individual que se possui, mas é uma reflexão sobre a prática, é um processo desenvolvido na reflexão sobre a ação, e, portanto, não é uma condição que se possui individualmente como requisito prévio e necessário para a ação.

Essa forma de entender a autonomia pode ser interpretada, segundo Contreras (2002), como uma compreensão reflexiva da prática e foi caracterizada inicialmente no trabalho de Schön (1997) como característica do professor reflexivo.

A autonomia compreendida como processo reflexivo é construída na autorreflexão e no questionamento permanente do currículo, que não é reduzido a um conjunto de conteúdos que devem ser ensinados, tal como é sustentado pela ideologia tecnicista do currículo tradicional.

Concordamos com Contreras (ibidem) que a autonomia sob a perspectiva reflexiva se constrói na dialética entre as convicções pedagógicas e as possibilidades de sua realização, se constrói nos eixos reais do transcurso e da relação do ensino, pois, se o professor não entende as circunstâncias e expectativas de seus alunos, não poderá realizar o trabalho coletivo que implica a construção de sua autonomia.

Contudo, a autonomia entendida como reflexão sobre a prática também tem o problema de limitar-se às dinâmicas do ensino restrito à sala de aula, desconhecendo as possibilidades que oferece o ensino articulado a esferas públicas mais amplas da sociedade, de tal maneira que possa atingir sua própria natureza social, na medida em que o ensino também envolve valores e responsabilidades públicas, e não apenas responsabilidades particulares da escola.

Assim, a autonomia não está desvinculada da conexão com as pessoas com as quais se trabalha, nem tampouco é um padrão fixo de atuação. Antes, representa uma busca e um aprendizado contínuos, uma abertura à compreensão e à reconstrução contínua da própria identidade profissional, ou de sua maneira de realizá-la em cada caso. No entanto, não é possível também desvincular a concepção de autonomia da forma pela qual se interpreta a relação social e os propósitos para ela, nem das pretensões educativas. (ibidem, p.199)

QUESTÕES SOCIOCIENTÍFICAS NA PRÁTICA DOCENTE **239**

Buscaremos caracterizar nas falas de outros professores uma forma mais ampla de entender a autonomia como processo dialógico e crítico que leva em consideração o papel e a responsabilidade social que os professores têm nos processos de ensino desenvolvidos por eles.

Autonomia compreendida como processo dialógico e crítico

A autonomia pode ser compreendida além de uma visão individualista e reflexiva, visto que ela pode ser entendida sob uma concepção mais ampla que envolve a dimensão pessoal dos professores, os processos reflexivos sobre sua prática e o ponto de vista crítico sobre o papel e a responsabilidade social dos professores.

Uma forma de transcender a visão individualista da autonomia consiste em assumi-la como uma construção colaborativa. Na medida em que os professores reconheçam as possibilidades de trabalho mútuo entre colegas e estudantes, eles perceberão as possibilidades da construção de sua própria autonomia.

No Episódio 29 observamos que a professora Fernanda amplia sua compreensão da autonomia (autonomia como reflexão sobre a prática) apresentada no Episódio 27, manifestando que sua autonomia tem a ver com a construção de seu próprio currículo, bem como com a construção do currículo de seus colegas.

Episódio 29 (EF Grupo 2)

15. Fernanda: [Considero a autonomia] no momento de pensar a QSC, [no momento] de como [ensinar], [penso] sob quais conceitos [ensinar] e qual articulação existe [desses conceitos] com o currículo. Pelo menos em meu caso, todas as atividades que tenho desenvolvido têm sido sob minha autonomia e têm sido enriquecidas com aquilo que os estudantes fazem. Tem sido como pretendo ajudá-los e como abordar a QSC no momento em que tenho em minhas mãos a organização de um currículo como tal para trabalhar com os outros professores, aí eu sinto que existiria uma boa autonomia. Colocá-las [as QSC] como eixo transversal seria uma forma

de mostrar autonomia, mostrar que é possível exercer a prática, isso é o que tenho construído sobre o conceito [da autonomia].

19. Roberta: Sim! Vejo que a maior virtude que tenho diante do conteúdo [de ensino] é dominar o conteúdo curricular em meu planejamento, porque sou absolutamente livre para planejar e definir tempos, mas penso voltar analisar isto com os estudantes. Penso que não temos cumprido com o objetivo, então vamos retomar o trabalho. Então eu acho que esse é o maior ganho. Eu não tenho problema algum porque eu tenho autonomia. No entanto, me questiono bastante se meu processo disciplinar [está se referindo ao ensino específico das Ciências Naturais] está sendo o que deveria ser, acho que faz falta maior trabalho transversal com os colegas [da escola dela]. [...] Então eu penso que é importante o encontro com o outro, com o colega que está nas mesmas condições, porque, se eu desejo validar minha pesquisa, uns dos elementos didáticos é o trabalho com os colegas. Penso que a liberdade que eu ganho com o planejamento curricular também há que ganhá-la no debate sobre a validação e flexibilização das práticas, inclusive para considerar como fazemos para estender os limites da sala de aula.

A forma de realização da autonomia segundo a fala da professora Fernanda estaria na construção de um currículo transversal, no qual as QSC seriam o eixo articulador de outros conteúdos de ensino. Isso é interessante porque o caráter controverso dessas questões envolve uma potencialidade pedagógica importante para trabalhar implicações sociais, éticas e ambientais do progresso científico e tecnológico a partir de diferentes áreas do conhecimento.

A fala da professora Roberta no Episódio 29 também expressa uma preocupação com o entendimento da autonomia como um processo dialógico, uma vez que para ela o desafio está na construção de processos coletivos que envolvam a participação de seus colegas, no intuito de estabelecer formas de validação dos conhecimentos escolares produzidos por eles mesmos. Dessa forma, a autonomia é entendida além do trabalho que o professor desenvolve em sala de aula, pois a liberdade para construir um currículo do professor deve ser conquistada em processos de discussão que levem a flexibilizar as práticas docentes em um sentido mais amplo.

No Episódio 30 também identificamos na fala da professora Isabel a preocupação com que se entenda a autonomia como uma construção coletiva. Apesar de ela apontar as limitações impostas pelas diretrizes curriculares (ou políticas curriculares), o destaque está no diálogo com estudantes, a partir do qual salienta as mudanças experimentadas por ela durante seu trabalho docente.

Episódio 30 (EF Grupo 5)

31. PU: Bom, pronto! Agora outro questionamento: como vocês estão entendendo ou compreendendo a autonomia docente de vocês? Depois do processo vivenciado [na disciplina], como vocês estão compreendendo sua autonomia?

37. Isabel: Eu assumo minha autonomia em sala de aula, é isso?

38. Sim! Como você a compreende ou a entende [a autonomia]?

39. Isabel: Eu a entendo dessa maneira: eu provavelmente não consegui influenciar grande coisa em meus colegas [da escola], pelo contexto, pelas políticas [curriculares], as condições. Mas tenho tentado resgatar espaços de conversa com eles, falar com eles não com esse poder [de convencê-los], mas de dialogar. Por exemplo, a professora de Química tinha alunos reprovados, de quarenta estudantes, mas não se analisava esse tipo de coisa, isso sobre minha autonomia profissional pensar que é possível a mudança. A autonomia que assumo com meus alunos é diferente. Eu dialogo como eles, eu sinto o prazer de explicar-lhes a metodologia para fazer coisas novas com eles. Mas não é fácil mudar algumas coisas, gerando autonomia, pois lhes ensino uma coisa e de repente a aceitam. Nisso sinto a autonomia.

Por sua vez, no Episódio 31 apreciamos que a professora Cristina também questiona as políticas curriculares, que parecem permanecer fixadas, impossibilitando outras dinâmicas educacionais. No entanto, a professora aponta que essas políticas devem ser contextualizadas nos projetos educativos da escola. Dessa forma, a articulação entre contexto e trabalho docente poderia oferecer novas possibilidades para entender a autonomia em termos do ensino em sala de aula, bem como do trabalho docente compartilhado com outros colegas.

242 LEONARDO FABIO MARTÍNEZ PÉREZ

Episódio 31 (EF Grupo 6)

28. PU: Pronto! Depois deste processo [o desenvolvido durante a disciplina], como vocês estão entendo a autonomia docente? Como vocês a estão entendo ou compreendendo?

30. Cristina: Eu penso que, igual, existem várias políticas educacionais [curriculares] que não mudam, mas sob essas políticas podemos considerar algumas coisas. Também os padrões curriculares devem ser articulados com o projeto pedagógico no qual trabalhamos, e de acordo com essa articulação há um contexto. E aí penso que está a autonomia, quando podemos contextualizar o trabalho docente em nosso fazer pedagógico. A autonomia profissional depende das expectativas que tenhamos, porque por mais políticas educacionais [curriculares], por mais padrões [curriculares], percebemos que em sala de aula e partilhando com os colegas [da escola], começamos a redefinir a dinâmica [escolar], então apropriamos essa parte reflexiva.

Em todos os casos que analisamos anteriormente, evidenciamos de diferentes formas que a autonomia docente é compreendida como uma forma de relacionamento com os outros, o que é fundamental para o encorajamento dos professores, pois a autonomia envolve uma responsabilidade social e, portanto, deve ser entendida como uma interação intersubjetiva. Assim, segundo Contreras (2002), a autonomia não deve responder tanto à definição legal dos direitos e das competências docentes, pois depende mais das possibilidades de sua construção no diálogo social e no entendimento mútuo. O diálogo social constitui uma das qualidades centrais da autonomia assumida como um processo dinâmico em construção.

Segundo Freire (2003; 2007), o diálogo é uma forma relevante de realização do ser humano, e por meio dele podemos superar concepções ingênuas da realidade, pois o ser humano, ao pronunciar o mundo com a palavra, desencadeia ações transformadoras de sua própria existência e da existência dos outros com os quais convive socialmente.

Dado que ainda existe uma influência considerável do currículo tecnicista e da visão individualista que influi na forma como a autonomia docente é compreendida por professores de Ciências em serviço, o diálogo representa um elemento importante para repensar a autonomia em um processo de ação-reflexão.

As análises realizadas sobre os episódios 29, 30 e 31 nos mostram que os processos dialógicos na escola e em sala de aula podem representar uma perspectiva importante para entender a autonomia docente como um processo colaborativo entre sujeitos preocupados em pensar sua prática, o que também pode ser relevante para dinamizar processos de transformação do ensino de Ciências tradicional.

O diálogo entendido como construção intersubjetiva encoraja os sujeitos para a busca de sua realização pessoal em termos sociais, e não apenas individuais. Nesse sentido, também identificamos uma compreensão crítica da autonomia docente por parte de alguns PP.

No Episódio 32 observamos que a professora Fátima entende a autonomia como um processo de encorajamento por meio do qual questiona as imposições estabelecidas pelo currículo e reivindica sua formação docente como um processo permanente de pesquisa crítica. No Episódio 33 também apreciamos o encorajamento da professora Angélica, que compreende a autonomia como o poder transformar sua prática docente e como o reconhecimento das vozes dos estudantes, que são valorizadas no ensino desenvolvido pela professora.

Episódio 32 (EF Grupo 2)

20. Fátima: Meu percurso profissional e, portanto, minha experiência docente não são tão amplos, <u>mas tenho algo</u> claro para nós desenvolvermos a autonomia. Deve-se ter uma finalidade clara e não se deve deixar distorcer por todas aquelas coisas que nos impõem no exercício profissional, a emissão de notas, os relatórios de laboratório e outras coisas que nos pedem para fazer. <u>Eu acho que</u> se deve considerar essa autonomia docente como essa permanente pesquisa crítica do que estou fazendo.

Episódio 33 (EF Grupo 5)

31. PU: Bom, pronto! Agora outro questionamento: como vocês estão entendendo ou compreendendo a autonomia docente de vocês? Depois do processo vivenciado [na disciplina], como vocês estão compreendendo sua autonomia?

41. Angélica: O poder desenvolver uma prática pedagógica diferente daquela que estava realizando antes. [A autonomia] É poder ensinar, planejar e desenvolver as aulas com meus alunos, permitindo-lhes o en-

contro com um determinado tema para poder construir possibilidades de ensino e aprendizado. E então, nesse sentido utilizei a QSC, gostei disso e vejo muitos aspectos importantes sobre os quais os estudantes perguntam e gostei que eles também percebem que como professora não sei tudo.

Em síntese, apreciamos que a autonomia pode ser compreendida além de um processo individual e reflexivo, passando a ser vista de forma dialógica e relacionada com preocupações sociais e pessoais dos professores que transcendem a dinâmica da sala de aula e convidam a pensar em espaços educativos mais amplos da escola e do currículo. Desse modo, a autonomia poderia enriquecer as práticas dos professores e os contextos escolares com o intuito de favorecer mudanças educacionais.

Para Contreras (2002), a autonomia entendida criticamente requer análise das condições de nossa prática, nossos pensamentos e nossos contextos sociais e escolares, contribuindo, dessa maneira, para que o ensino não se torne uma prática de reprodução e distanciamento do compromisso social.

PARTE VI
INTERAÇÕES DIALÓGICAS E CONTRIBUIÇÕES DA ABORDAGEM DE QUESTÕES SOCIOCIENTÍFICAS (QSC) NA FORMAÇÃO CONTINUADA DE PROFESSORES DE CIÊNCIAS

17
INTERAÇÕES DIALÓGICAS IMPOSITIVAS, PERSUASIVAS E POLIFÔNICAS DESENVOLVIDAS ENTRE PROFESSORES DE CIÊNCIAS EM SERVIÇO

Na quinta parte deste livro, em primeiro lugar, analisamos as aproximações dos professores de Ciências em serviço a respeito da perspectiva ciência, tecnologia, sociedade e ambiente (CTSA) e das questões sociocientíficas (QSC). Discutimos dificuldades e contribuições expressadas pelos professores a respeito da abordagem de QSC. Também, caracterizamos a presença da ideologia tecnicista do currículo tradicional como um aspecto relevante que restringe a autonomia e a formação dos professores. Por último, analisamos a influência da abordagem de QSC nos processos de construção da autonomia docente.

A construção da autonomia é um processo pessoal e social que pode ser compreendido de forma individual, reflexiva e dialógica, mas sua construção exige processos formativos permanentes.

Essa formação permanente do professor de Ciências pode ser dinamizada por meio da abordagem de QSC embasada na preparação do professor pesquisador, de modo que essa abordagem contribui à reflexão crítica da prática docente, a qual encontra maiores possibilidades de desenvolvimento quando é estruturada a partir de problemas de ensino propostos pelos próprios professores.

A abordagem de QSC na formação continuada de professores de Ciências ligada à pesquisa constitui uma relação relevante para reposicionar a perspectiva CTSA na prática dos professores de Ciências, uma vez que contribui para a inovação educacional e a construção de conhecimentos escolares.

Ampliaremos nossas análises neste capítulo focando em caracterizar o contexto de produção discursiva, no qual os professores em serviço abordaram QSC e estruturaram novas compreensões sobre a autonomia docente. Analisaremos os tipos de interações dialógicas que foram estabelecidas com os professores participantes da pesquisa (PP) durante o desenvolvimento da disciplina Ensino de Ciências com Enfoque CTSA a Partir de QSC e, finalmente, analisaremos as contribuições desse processo para a formação continuada de professores de Ciências em termos do melhoramento da prática docente e da construção de novas compreensões sobre a perspectiva CTSA.

Apoiaremos nossas análises no conceito de interdiscursividade oferecido pela ADC (Fairclough, 2001a; 2001b), uma vez que nos possibilita estudar os processos de produção e transformação discursiva.

O conceito de interdiscursividade e intertextualidade foi discutido no Capítulo 3, dedicado à análise de discurso crítica (ADC). Neste capítulo, caracterizamos a intertextualidade como a propriedade dos textos de serem conformados por fragmentos de outros textos, os quais podem ser delimitados, explicitados ou misturados, envolvendo processos de adoção, contradição, reprodução ou reformulação. Os textos são considerados sob uma perspectiva ampla, que abrange qualquer tipo de produção linguística, seja verbal ou não verbal. Assim, todos os registros constituídos durante esta pesquisa podem ser considerados como textos suscetíveis de interpretação crítica.

A intertextualidade pode ser manifesta ou constitutiva. No primeiro caso, os textos que estão sendo representados em outro texto são explicitamente marcados ou diferenciados, e no segundo caso são representados em um mesmo texto, de forma tal que são praticamente imperceptíveis ou indiferenciáveis, dado que um texto não referencia diretamente o outro. A intertextualidade constitutiva de preferência é denominada interdiscursividade.

Os conceitos de intertextualidade manifesta e interdiscursividade são relevantes para entender que todo discurso não é totalmente autônomo, porque ele está constituído de pelo menos duas vozes, mesmo

QUESTÕES SOCIOCIENTÍFICAS NA PRÁTICA DOCENTE **249**

que uma delas permaneça em uma posição de subordinação, como ocorre no discurso autoritário ou absolutista. Blikstein (1999) assinalou que o discurso está conformado por várias vozes que se entrecruzam no tempo e no espaço, de tal maneira que é necessária uma análise profunda para desvelar o sentido do discurso, uma vez que este pode estar tratando de um referente x e, na verdade, está ocultando um referente y, que permanece imperceptível nas redes da interdiscursividade.

Intertextualidade manifesta e interdiscursividade envolvem um caráter polifônico relevante na ADC, porque na caracterização das vozes presentes em um texto teremos mais elementos para compreender os processos de produção, reprodução ou transformação discursiva.

A ideia bakhtiniana de interações dialógicas ou dialogismo implica necessariamente o conceito de polifonia, que constitui uma dialética multifuncional entre sentidos que configuram a própria arquitetura de qualquer tipo de discurso (Brait, 1999).

Existe um considerável número de trabalhos em ensino de Ciências que têm analisado as interações discursivas em sala de aula, especificamente no ensino básico (Mortimer; Scott, 2002; Martins, 2006). No entanto, são poucos os trabalhos que analisam as interações discursivas no ensino superior e, particularmente, nos espaços de preparação dos professores, tais como licenciaturas, programas de pós-graduação e programas de formação continuada.

Dos poucos trabalhos de pesquisa existentes sobre questões discursivas no nível da preparação dos professores, destacamos os de Camargo e Nardi (2008), Camargo (2007) e Cortela e Nardi (2004), os quais analisam discursos de licenciandos e professores em serviço sobre processos de reestruturação curricular de cursos de licenciatura em Física. Em geral esses trabalhos contribuem para a compreensão das relações de força que são estabelecidas por atores no processo de definição do que deve ser estabelecido no currículo dos cursos de licenciatura. Apesar de as pesquisas citadas apontarem tensões entre diferentes interesses e ideologias nos processos de estruturação curricular, não nos oferecem análises específicas sobre interações discursivas dos formadores de professores e dos licenciandos em sala de aula ou em outros espaços destinados ao ensino.

Levando em consideração as poucas pesquisas existentes sobre as interações discursivas nos cursos de formação de professores de Ciências, realizaremos uma análise nas interações dialógicas estabelecidas entre os PP embasados na noção de linguagem como constituinte fundamental das relações sociais e culturais do ser humano. Essa ideia, de origem bakhtiniana, é uns dos fundamentos centrais da ADC.

A ADC resgata e desenvolve as contribuições translinguísticas propostas por Bakhtin, o qual foi o fundador da teoria semiótica da ideologia embasada no conceito de dialogismo. Bakhtin salientou que a essência da linguagem não repousa na interioridade dos sistemas linguísticos, mas nos processos sociais de interação discursiva, seja verbal ou não verbal (Bakhtin; Volochínov, 1988; Bakhtin, 2000).

Bakhtin criticou contundentemente o objetivismo abstrato dos linguistas formalistas, defendido por Saussure, o qual considerava a língua como um sistema sincrônico homogêneo que desconsidera suas manifestações individuais e históricas. De forma contrária, Bakhtin valorizou a língua em uso (enunciação), indissoluvelmente vinculada às condições de comunicação existente nas relações e estruturas sociais.

A língua está presente em todos os atos de compreensão e em todos os atos de interpretação. O centro de gravidade da língua não reside na conformidade à norma da forma utilizada, mas na nova significação que essa forma adquire no contexto social. No entanto, o processo de significação do locutor não necessariamente precisa de um simples receptor, pois a decodificação não é reconhecer somente a expressão linguística utilizada, mas compreendê-la em um contexto específico. Ou seja, o importante é compreender o significado na enunciação, e não em sua formalização abstrata, que não especifica seu contexto de produção.

O problema da interação verbal não é a simples expressão segundo determinadas normas formais linguísticas. O problema central é a comunicação, que não é reduzível à dupla locutor-ouvinte, como se essa relação fosse condição necessária da linguagem, pois tal redução restringe a compreensão social da linguagem, que pode ter maior abrangência quando é estudada em termos de enunciação que constituem as interações dialógicas.

Bakhtin (2000) entende o diálogo intrinsecamente relacionado à vida, pois a vida é dialógica por natureza. O ser humano vive questionando, respondendo, ouvindo e interagindo de diferentes formas durante o decorrer da vida pessoal e social. O dialogismo bakhtiniano abrange um espectro amplo de interações intersubjetivas, nas quais o eu e o outro são inseparáveis, porque sua construção e realização dependem um do outro. O relacionamento dialógico mediado pela linguagem pode ou não levar ao entendimento entre seres humanos, pois envolve permanentemente conflitos ou disputas entre interesses e ideologias que concorrem permanentemente nas interações sociais.

A alteridade é uma característica central do dialogismo, na medida em que o "eu" é pensado necessariamente em relação com o "outro". O "eu" e o "outro" valorizam-se a partir de diferentes posições e lugares sociais, a partir dos quais constroem o significado de suas interações.

Oliveira (2006) pontua que a ideia de que o sujeito não seja indiferente ao "outro" não pressupõe de forma alguma a identidade plena do "eu" com o "outro", porque o "eu" também compreende a subjetividade do "outro" a partir de seu próprio ponto de vista, de tal forma que a alteridade é complexa, pois não funciona de maneira unilateral, mas dialeticamente. O dialogismo, portanto, não implica necessariamente concordância entre sujeitos que assumem as mesmas posições e também não se limita a ter como objetivo a concretização do consenso, porque o dialogismo é construído entre a diversidade de vozes, às vezes divergentes, às vezes convergentes, mas sempre em permanente interação e transformação.

Segundo Oliveira (ibidem), existem dois tipos de interações dialógicas, que por sua vez circulam em dois discursos. As interações dialógicas de tipo polifônico (discurso polifônico) e as interações dialógicas transgressoras (discurso autoritário ou absolutista).

As interações dialógicas polifônicas envolvem sujeitos dialogando nas mesmas condições sobre suas convicções e seus próprios pontos de vista sem maiores restrições, o que representa um ideal importante do dialogismo, mas não corresponde necessariamente à realidade

252 LEONARDO FABIO MARTÍNEZ PÉREZ

social, na qual o direito de dizer ou ouvir está altamente limitado, tal como é salientado por Kramer (2000). Esse tipo de interação dialógica é relevante para construir um ponto de referência para insistir na busca da conquista de democracia plena, a qual implicaria a materialização de relações intersubjetivas em igualdade de condições.

> O essencial dessa relação de natureza polifônica é a garantia do espaço de dizer e de ser ouvido, é a presença de mais de uma consciência, de mais de um ponto de vista, onde as diferenças não signifiquem desigualdades sociais. (Oliveira, 2006, p.40)

As interações dialógicas transgressoras envolvem modos de agir e pensar que negam ou desconhecem o direito do sujeito de dizer e de fazer-se ouvir. Esse tipo de interação é fortemente desenvolvido em contextos e situações de autoritarismo. No entanto, em toda interação dialógica transgressora existe uma forte confrontação e discordância entre valores e culturas, de tal forma que os sujeitos em condições desiguais lutam para dizer sua palavra e por fazer ouvir as outras consciências que concorrem no diálogo.

Conforme Bakhtin (2000), as interações dialógicas nem sempre são consensuais e, portanto, envolvem conflitos, mas o diálogo também pode superar as controvérsias para alcançar um alto nível de compreensão. Assim, o diálogo é compreendido no sentido amplo de modos de ação e de interação, nos quais o "eu" e o "outro" se constituem mutuamente.

A partir das considerações teóricas expostas anteriormente, analisaremos os tipos de interações dialógicas estabelecidas entre os PP e o autor desta pesquisa (PU), identificando as posições adotadas pelos professores em serviço, bem como as adotadas pelo PU no decorrer de dois encontros[1] representativos da disciplina Ensino de Ciências com Enfoque CTSA a Partir de QSC. Focamos as análises em apenas dois encontros, por serem os mais importantes do trabalho

---

1 Correspondentes ao quarto e quinto encontro dos sete realizados na disciplina Ensino de Ciências com Enfoque CTSA a Partir de QSC.

desenvolvido com os professores, uma vez que foram destinados à apresentação e discussão das propostas de pesquisa elaboradas pelos PP sobre a abordagem de QSC em sala de aula.

Nos dois encontros analisados da disciplina Ensino de Ciências com Enfoque CTSA a Partir de QSC foram registrados 380 turnos, dos quais 29 corresponderam a apresentações dos PP. Cada apresentação contou com quinze minutos, totalizando sete horas e 25 minutos para a realização do total de apresentações. Tendo em consideração que os dois encontros duraram aproximadamente doze horas, registramos quatro horas e 35 minutos de discussões entre os professores e o PU, de modo que focaremos as análises nos registros correspondentes a esse período de tempo.

Conforme foi descrito no Capítulo 4, a intenção do PU em cada um dos encontros consistiu em favorecer a construção de um espaço de reflexão sobre aspectos teóricos e metodológicos da perspectiva CTSA e das QSC, favorecendo uma metodologia de trabalho interativa, uma vez que se propendeu à participação ativa dos professores. Dos 380 turnos registrados nos encontros, 7,6% destinados às apresentações dos professores, 65% foram utilizados pelos PP e 27,4% foram utilizados pelo PU. Os dados apoiam a ideia de que o trabalho realizado com os professores foi interativo, dado o significativo uso da palavra por parte dos PP.

Na Tabela 4 sintetizamos as formas como o PU dinamizou o diálogo dos PP por meio de questionamentos, explicação de algum tema particular, realização de algum tipo de recomendação, retroalimentação de alguma inquietação exposta pelos professores e organização do diálogo. A maior parte das intervenções do PU foi focada na organização do diálogo e na realização de explicações ou reflexões de algum tema particular de acordo com seu próprio ponto de vista, o que representa outra evidência do trabalho interativo desenvolvido com os professores.

254 LEONARDO FABIO MARTÍNEZ PÉREZ

Tabela 4 – Tipo de participação do PU durante os encontros analisados

Tipo de participação do professor universitário (PU)	Número de turnos
Realização de questionamentos.	20
Explicação ou reflexão de algum tema particular de acordo com seu próprio ponto de vista.	21
Organização e motivação do diálogo (motiva o diálogo e passa a fala para os professores).	41
Retroalimentação requerida (*feedback*).	10
Realização de algum tipo de recomendação sobre os trabalhos dos professores.	12
Total	104

A partir de uma análise global dos turnos registrados nos encontros analisados, caracterizamos a interação entre os PP e o PU conforme os quatro momentos descritos no Quadro 19. Os momentos que mais tempo tiveram para seu desenvolvimento foram os utilizados pelos PP, os quais corresponderam à apresentação de seus trabalhos e as discussões sobre estes. Contudo, se considerarmos que os momentos foram apresentando-se periodicamente durante o maior tempo dos encontros, podemos dizer que a estrutura dos momentos desenvolvidos privilegiou a autoridade do PU, pois ele é quem iniciava e fechava as intervenções, o que garante o controle da interação desenvolvida como os PP.

Apesar de o PU assumir um papel de autoridade, por sua própria condição social de formador de formadores, é necessário precisar que foram identificadas, na maior parte das ocasiões, interações dialógicas persuasivas promovidas pelo PU e por outros PP, o que foi importante para descentralizar a autoridade do PU e favorecer o encorajamento dos PP. É interessante que as interações dialógicas de persuasão vão se construindo interdiscursivamente, uma vez que os PP também vão se apropriando desse tipo de interação, dado que, em determinados momentos, também constituíram interações de autoridade entre eles mesmos. Em seguida analisaremos vários episódios que nos ajudarão a compreender melhor a forma como foram se estabelecendo determinadas interações dialógicas.

Quadro 19 – Momentos de interação entre o PU e os PP

Momentos que caracterizam a interação entre o PU e os PP	Descrição do momento
Início do diálogo por parte do PU.	O PU iniciou os dois encontros realizando síntese das discussões e das atividades desenvolvidas. A partir dessa síntese, salientava os acordos e tarefas estabelecidos. Finalmente, dava vez à apresentação das propostas dos professores.
Apresentação das propostas de pesquisa dos professores de Ciências em serviço.	Os professores geralmente apresentavam os objetivos de suas propostas de ensino voltadas à abordagem de QSC, o referencial teórico e a metodologia.
Discussão aberta sobre as propostas dos professores.	Registraram-se perguntas e comentários dos PP sobre as propostas apresentadas. A participação era livre.
Fechamento da discussão da proposta e início da apresentação de outra proposta.	O PU também participava da discussão por meio de perguntas e comentários e geralmente fechava a discussão passando a fala para outro professor, para realizar sua correspondente apresentação.

Fonte: Martínez (2010).

No Episódio 34[2] apreciamos o estabelecimento de uma interação dialógica de autoridade por parte do PU, pois ele é quem estabelece as orientações para o desenvolvimento dos encontros. Aliás, estabelece alguns aspectos de pesquisa que os professores deveriam utilizar para a realização de seus trabalhos. A frase "Em um curso de mestrado, o objetivo é que se formem como pesquisadores" (linha 10) pode indicar que o PU é um pesquisador constituído e que os PP estão em processo de formação como pesquisadores, reafirmando, dessa forma, a autoridade do PU. No entanto, este tenta moderar a interação de autoridade estabelecida colocando-se no lugar dos professores no momento em que expressa "temos experiências, mas nos falta a teoria" (linha 13). Assim, o PU parece estar assumindo a dificuldade apresentada pelos professores para incorporar a reflexão teórica sobre suas experiências como um processo permanente. A fala do PU da linha 15 até a linha 18 confirma que ele tenta manter sua autoridade assumindo seu papel de avaliador, mas ao mesmo tempo tenta valorizar a autoavaliação dos próprios professores.

---

2 Para facilitar a identificação de algumas expressões que serão salientadas nas análises, numeraremos de cinco em cinco as linhas que conformam o conteúdo de alguns episódios.

Episódio 34 (GE₄)

1. PU: [...] Gostaria de lembrar alguns aspectos importantes da disciplina. Há umas duas semanas foram encaminhadas orientações prévias para a realização do trabalho no quarto e quinto encontro [da disciplina]. Escrevi um texto [com as orientações] a partir da
5   pedagogia da autonomia, que é um livro que todos deveríamos ler. [O livro] Foi escrito por Paulo Freire, um autor latino-americano que desenvolveu um pensamento pedagógico para nossos contextos. Ele fala dos saberes necessários para o ensino, que não pode se desenvolver sem pesquisa.
10 O ensino não pode se marginalizar de um objeto de conhecimento. Se não tivéssemos um objeto de conhecimento, não teríamos uma profissão. Carr e Kemmis nos dizem que a autonomia é um elemento fundamental, mas é cada vez mais reduzida. Muitos somos técnicos. Em
15 um curso de mestrado, o objetivo é que se formem como pesquisadores. Então a ideia era pensar em uma QSC, pensar por que vou trabalhar essa questão, levar em consideração as características dos estudantes, pensar para que [abordar a QSC], pensar no objetivo. [...] Falta muita leitura, temos experiências, mas nos falta a teoria. Há uma preocupação sobre o como ensinar, mas não vai além disso. [...] Depois encaminhei uma avaliação, ou melhor, uma proposta, que é uma avaliação formativa para potencializar sua autonomia. Solicitei uma autoavaliação [de vocês]. Recebi dez propostas [de trabalhos sobre a abordagem de QSC] e consegui realizar comentários de oito, faltaram duas...

Conforme o Episódio 34, apreciamos que o PU desenvolve uma interação dialógica de autoridade combinada com uma interação dialógica persuasiva. Contudo, esses tipos de interação também são desenvolvidos por outros PP, o que é interessante para entender a forma como os sujeitos vão se posicionando uns com respeito a outros no decorrer do diálogo sobre a abordagem de QSC.

No Episódio 35 observamos que o professor Roberto inicia uma interação dialógica de autoridade no turno 3 por meio de um questionamento sobre o título do trabalho da professora Adriana. Diante de tal questionamento, a professora oferece uma resposta factual no turno 4.

Episódio 35 (GE₄)

2. Adriana: Quero dar a conhecer minha proposta. Ainda não fiz a minha apresentação, mas já sei que farei algumas mudanças. Bom! Dou aula para estudantes da 3ª série do ensino de médio e quero trabalhar com eles. A questão sociocientífica pode se relacionar com o currículo, com a unidade dos hidrocarbonetos. Por isso, vamos trabalhar os biocombustíveis. Vamos trabalhar o pensamento autônomo, a resolução de problemas e habilidades de leitura. Como todos sabem, isto é todo um processo, planejamento, aplicação, coleta de informações e, finalmente, chegar a uma conclusão... [...] Apesar de mencionar cinco habilidades de pensamento [crítico], vou focar em duas, que me parecem importantes: a habilidade de comparar e contrastar e tomar decisões, isto é, o que neste momento tenho pensado. Já tenho trabalhado nisso, então escuto os comentários e sugestões de vocês [a sala fica em silêncio por uns minutos, e o professor Roberto pede a palavra]. Pois não! [a professora autoriza a fala do professor Roberto por meio da expressão *"Si señor"*]

3. Roberto: Fiquei como uma dúvida: qual é o título do trabalho?

4. Adriana: Eu tenho pensando que o título do trabalho poderia ser "Desenvolvimento de habilidades de pensamento crítico: um ponto de vista desde a metaleitura". Questão sociocientífica: os biocombustíveis.

5. Roberto: Repete o título, por favor [outros professores dão risada].

6. Adriana: "Desenvolvimento de habilidades de pensamento crítico: um ponto de vista desde a metaleitura. A questão sociocientífica são os biocombustíveis [a professora fala forte]. Deixo claro que, como meu problema são as habilidades de pensamento, logicamente não as vou desenvolver todas. Vão ser trabalhadas duas habilidades, que são comparar e contrastar e tomada de decisão.

7. Roberto: Bom! Obrigado. Segunda pergunta: tem algum referencial padrão [instrumentos] para contrastar com o estado inicial e o estado final [da aplicação da proposta da professora Adriana]? E ao final [do trabalho], tem como avaliar?

8. Adriana: Bem! Dentro dos instrumentos, tenho um que vou aplicar no começo para ver o estado inicial e depois de trabalhar as habilidades. Então aplico o mesmo questionário [instrumento] para ver que avanços se alcançaram.

9. Roberto: Terceira pergunta [alguns professores dão risada]. Desculpem, não quero que seja percebido como se estivesse atacando. Simplesmente

a partir do que estou trabalhando vão surgindo uma série de questionamentos. Então a seguinte [pergunta] é sobre a situação das leituras que vão ser fornecidas aos estudantes. E então, em que momento vai aplicar o instrumento? Antes ou depois [de trabalhar as leituras]?

10. Adriana: Está bem! Eu tenho pensado a proposta da seguinte forma: na primeira sessão eu vou socializar a proposta e se aplicarão os instrumentos, e um dos instrumentos é identificar como estão suas habilidades. Na segunda sessão já começo a aplicar as leituras, então já começo a analisar as habilidades de pensamento, e em cada leitura há um exercício enfocando essa habilidade, então são cinco leituras...

11. Roberto: E, finalmente. Que vergonha! Há uma forma de contrastar o instrumento, ou somente vai ter o grupo de estudo? [o professor está se referindo a outro grupo de estudantes que poderia ser usado para contrastar os resultados da proposta desenvolvidos pela professora]

12. Adriana: Na verdade, tenho a possibilidade de fazê-lo e estava pensando na possibilidade de fazê-lo. Tenho duas turmas, então posso aplicar o trabalho em uma e na outra não [outra professora pede a palavra].

13. Mônica: Minha inquietação é com a questão sociocientífica. Há uma parte na qual se considere o contexto [dos estudantes]?

14. Adriana: Certo! Há vários aspectos. O primeiro é que o tema dos biocombustíveis, eu o tenho trabalhado de uma forma detalhada, porque isso dos biocombustíveis e aquilo da contaminação, há que prestar maior atenção devido ao perigo que enfrentamos para a vida do planeta. O espaço no qual está localizada a escola é um espaço no qual há bastantes fábricas, há muita poluição, e nossa população [de estudantes e famílias] trabalha em um espaço contaminado, e então podemos relacionar o trabalho com essa parte. [o professor Roberto volta a pedir a palavra] Pois não!

15. Roberto: O tema no qual vai trabalhar o conceito combustível [a professora Adriana fala biocombustíveis], não o tema [do currículo] hidrocarbonetos. Ou seja, já passou isso [o tema]?

16. Adriana: Podemos dizer que estamos trabalhando esse tema [os hidrocarbonetos], mas ainda estamos com possibilidades de desenvolver esta proposta [sobre os biocombustíveis]. Esta proposta, eu a tenho pensada em seis encontros. Esses seis encontros são de duas horas cada um, e eu posso desenvolver o trabalho em três ou quatro semanas, que é o tempo no qual eu posso desenvolver o tema dos hidrocarbonetos.

QUESTÕES SOCIOCIENTÍFICAS NA PRÁTICA DOCENTE **259**

17. Roberto: Certo! Você teve a necessidade de modificar o planejamento curricular que estava estabelecido.
18. Adriana: Não, senhor! O tema de hidrocarbonetos é um dos temas do currículo, e podemos articulá-lo com a proposta [dos biocombustíveis]

O professor Roberto desenvolve a interação dialógica de autoridade no turno 7 solicitando uma resposta positiva ou negativa por parte da professora Adriana sobre o tipo de instrumento que ela aplicará em seu trabalho. Ela responde positivamente (turno 8), explicando o tipo de instrumento que aplicara em seu trabalho. Em decorrência disso o professor Roberto substitui seu questionamento fechado por um questionamento aberto (turno 9), que é atendido razoavelmente pela professora Adriana no turno 10. Mas o professor Roberto mais uma vez questiona a professora (turno 11) sobre uma questão metodológica de seu trabalho, e ela aceita o questionamento, porque parece ser interpretado como uma recomendação (turno 12).

Na sequência dialógica analisada no Episódio 35 observamos que o professor Roberto assume uma posição de avaliador a respeito da proposta apresentada pela professora Adriana e, dessa forma, estabelece uma interação dialógica de autoridade, na qual foca em tentar identificar possíveis inconsistências metodológicas do trabalho da professora Adriana. Observamos que o professor Roberto termina seus primeiros questionamentos só quando a professora, no turno 12, parece aceitar sua sugestão.

A posição de autoridade assumida pelo professor Roberto é apreciada novamente no turno 14, quando é iniciada outra sequência de questionamentos. Mas neste caso a professora Adriana tenta sair do controle estabelecido pelo professor Roberto, assumindo uma posição de discordância no turno 18 expressando que não há necessidade de mudar o currículo, pois este poderia ser relacionado com a QSC proposta por ela.

A interação dialógica de autoridade estabelecida pelo professor Roberto tende a ser mais impositiva que persuasiva, na medida em que ele parece não estar interessado em deixar sua própria posição de avaliador para colocar-se na posição da professora Adriana, que busca estruturar uma proposta de ensino fundamentada na pesquisa.

A interação dialógica de autoridade também é desenvolvida interdiscursivamente pela professora Fernanda nos turnos 19, 21 e 23 do Episódio 36, na medida em que ela igualmente assume o papel de avaliadora, mas, nesse caso, não assume esse papel com o mesmo grau de imposição evidenciado no caso do professor Roberto, pois ela, no turno 21 desse episódio, relaciona o tema central da proposta da professora Adriana. É importante valorizar o tênue descentramento experimentado pela professora Fernanda em sua posição de avaliadora, porque isso ajudaria a transformar o tipo de interação dialógica estabelecida entre os professores.

Episódio 36 (GE$_4$)

19. Fernanda: Eu gostaria de saber para que toda essa proposta, o que você vai desenvolver além de algumas habilidades?

20. Adriana: Exatamente! Primeiro é para levar em consideração essas habilidades de pensamento, porque hoje, pelo menos as crianças que eu trabalho de ensino básico têm algumas dificuldades para interpretar e para escrever. Isto é uma parte, e a outra parte, como falava para a colega [Mônica], pelo contexto em que estamos há contaminação, então o tema dos biocombustíveis me parece interessante, tendo em consideração a problemática ambiental da escola.

21. Fernanda: Como vai contextualizar e desenvolver essas habilidades?

22. Adriana: Primeiro as habilidades se devem contextualizar, e para isso é preciso ter bem claro a parte dos bicombustíveis.

23. Fernanda: Outra pergunta sobre a metaleitura: você tem algum referencial teórico?

24. Adriana: Certo! Já tenho um referencial teórico elaborado.

No Episódio 37 observamos que a professora Roberta também estabelece uma interação dialógica de autoridade, uma vez que assume a posição de avaliadora. Mas desta vez a interação de autoridade tende a ser persuasiva. A professora Roberta experimenta um descentramento em sua posição de avaliadora, tentando assumir a posição de professora da escola preocupada em desenvolver um trabalho em ensino de Ciências com enfoque CTSA, uma vez que ela salienta e sugere especificar a QSC que permitiria ao professor Paulo concretizar de melhor forma os aspectos expostos por ele sobre a perspectiva CTSA. No entanto, diante da resposta oferecida pelo professor Paulo, que não explicita a QSC de seu interesse, a professora Roberta reafirma sua posição de autoridade indicando a limitação que ela percebe no trabalho do professor Paulo.

Episódio 37 (GE$_4$)

34. Paulo: Boa tarde para todos. Na verdade, eu não fiz a apresentação [em slides], mas vou ler os pontos mais importantes de minha proposta e depois vamos comentando. Então, meu projeto se intitula "Educação para ação social responsável do ensino de Química no ensino básico com problemáticas socioambientais contextuais". O título está muito grande? [os professores dão risada]. Espero que os estudantes, quando concluírem o ensino básico, possam fazer um uso significativo dos conhecimentos conceituais, metodológicos e atitudinais nos diversos âmbitos, nos quais se desenvolvem no dia a dia ou participam na solução dos diferentes problemas ambientais que afetam sua comunidade.

35. Roberta: Que tipo de QSC você vai trabalhar? Porque não ficou claro para mim sobre qual QSC vai ser realizado o trabalho. Ou seja, você falou da tomada de decisão, mas não ficou claro para mim qual é a questão. Contextualizar os estudantes diante do entorno natural é uma intenção, mas que tipo de decisão devem tomar os estudantes sobre uma questão determinada?

36. Paulo: Primeiro, para contextualizar temos o problema dos curtumes. A partir daí, entender qual é o problema ambiental, coletar os dados para avaliar essa informação [do problema ambiental]. Como recuperar toda a informação para a tomada de decisão diante dos plásticos, das sacolas, deixar de usá-las. Poderiam dar uma sacola reciclável e poderiam dar um desconto por essa sacola.

37. Roberta: Existe um enfoque CTSA [a professora se refere à proposta apresentada pelo professor Paulo], mas não existe uma QSC. A QSC não está bem definida.

No Episódio 38 o PU participa do diálogo entre a professora Roberta e o professor Paulo, enquadrando-se também na interação dialógica de autoridade, mas tentando persuadir o professor Paulo a avançar em sua leitura sobre a perspectiva CTSA. A interação dialógica se torna mais persuasiva com a intervenção do professor Ricardo no turno 40 do mesmo episódio, no qual ele propõe uma QSC que identificou a partir da proposta apresentada pelo professor Paulo, o que nos indica que ele se posiciona no lugar do professor. Contudo, no turno 41 o professor Roberto volta a iniciar uma interação dialógica de autoridade impositiva, diante da qual o PU busca restabelecer o processo persuasivo dando a voz ao professor Paulo e reconhecendo a importância dos diferentes pontos de vista que contribuem com o melhoramento da proposta apresentada por este.

Episódio 38 (GE$_4$)

38. PU: Aproveitando a fala da professora Roberta, vou continuar com a reflexão. Trabalhei com Paulo a perspectiva CTSA [no TCC] de forma geral, o que foi importante. Mas em termos de desmarginalizar esta perspectiva de tua prática docente, qual seria a QSC que desenvolveria em suas aulas e como se articula esta questão com a tomada de decisão?
40. Ricardo: Uma das questões [que poderia trabalhar o professor Paulo], por exemplo, seria os polímeros, a manipulação de resíduos, não só reduzir, mas também reutilizar. Assim, podem [o professor Paulo e seus alunos] fazer várias coisas, começar com saídas da escola, e dessa forma vai para o contexto [social]. Aí apareceria essa história que se trabalha sobre educação ambiental. Resolver a problemática é impossível [a problemática da poluição gerada pelos curtumes]. Persuadir os donos desses curtumes é complicado.
41. Roberto: Bom! Com respeito ao problema que coloca Paulo, vejo muitas coisas, vejo a situação um pouquinho extensa. Quando você estabeleceu o problema, você mencionou uma coisa que é fundamental, mas que pode gerar muitas coisas: "deveriam aprender". Eu pergunto se isso é uma obrigação. Quando você expôs o problema, falou a expressão "deveriam aprender", então fica como algo obrigatório. Se eles estão estudando seu contexto, no qual há bastantes problemas ambientais, não sei, deveria primeiro ajustar o conceito, porque o vejo muito extenso. Essa é uma situação. Igualmente, não é claro para mim a metodologia que você vai desenvolver. Você falou muito rápido sobre isto e falou de discussão, debates e o jogo de papéis. Você vai trabalhar com as três coisas?

QUESTÕES SOCIOCIENTÍFICAS NA PRÁTICA DOCENTE **263**

42. PU: Uma coisa para Paulo e para todos: não se trata de responder a tudo, mas se trata de enriquecer e pensar como vamos melhorar o trabalho que estamos desenvolvendo. Paulo, você tem a palavra para expressar suas considerações [sobre os comentários realizados pelos colegas].

43. Paulo: Sim! É provável que quando fiz a apresentação não estabeleci algo específico, mas a proposta está centrada nas reações químicas. De fato, o problema para o segundo período acadêmico do currículo abrange todas as reações químicas, e essa parte se vai desenvolver. Em relação com o dito pelo professor [Roberto] sobre o problema, a pergunta é: quais são os problemas ambientais que afetam a comunidade da escola e como a partir desses problemas se podem gerar espaços para que os estudantes adquiram novas visões de ciência e tecnologia e consigam desenvolver ações sociais em termos do exercício de sua cidadania? Agradeço o que vocês têm dito. É provável que ficassem coisas confusas, porque fui muito amplo, mas o projeto tem claro o problema sobre os curtumes e os cheiros desagradáveis que se percebem na escola, que são muito fortes...

44. PU: Importante que pense [referindo-se ao professor Paulo] sobre as colocações feitas pelos colegas. Pense sobre a QSC conforme foi dito pelo Ricardo e pense o que é uma QSC.

45. Roberta: Seria interessante considerar o diagnóstico ambiental de teu bairro. Seria interessante revisar quais as instituições vinculadas [ao problema ambiental].

46. PU: Interessante revisar de novo o artigo do Zeidler, que discute a relação entre CTSA e QSC.

No Episódio 39 também identificamos no turno 63 que a professora Mônica inicia uma interação dialógica de autoridade, avaliando a proposta da professora Cristina por meio de um questionamento no qual pede explicações sobre a forma como seria valorizada a mudança de atitude dos estudantes. Apesar de a professora Cristina oferecer uma resposta razoável, a professora Mônica avalia essa resposta repetindo novamente seu questionamento de forma simplificada (turno 65). Diante de tal questionamento, a professora Cristina responde de forma ampla, e não é registrada uma interpelação da professora Mônica. No entanto, ela continua mantendo sua autoridade indicando alguns pontos que deveriam ser revisados pela professora Cristina (turno 67). A resposta oferecida pela professora Cristina não recebe objeção alguma da professora Mônica, mas implica outro questionamento, que ela faz para manter sua posição de autoridade como avaliadora (turno 69).

Episódio 39 (GE$_4$)

60. Cristina: Boa tarde. Parece-me uma coincidência que, escutando a apresentação do professor Lucas, evidentemente estamos apontando ao mesmo, logicamente com uma população diferente. Então, a QSC que eu vou trabalhar está relacionada com a água. Vou trabalhar com estudantes da 1ª série do ensino médio... [...] Por que propor uma QSC referente ao tema da água? Primeiro, porque é um tema geral que não é desconhecido para ninguém. Segundo, porque se pode desenvolver a partir das diferentes disciplinas e a partir da Educação Ambiental... [...] Se vemos a questão a partir do ponto de vista social, podemos contextualizar com os estudantes da escola diante das dificuldades que têm emergido nos últimos dias sobre este recurso. Diante do ambiente, o problema de contaminação da água da comunidade pelas enchentes, que todos temos escutado nos últimos dias. Há quinze ou vinte dias saiu uma notícia que nove cidades de *cundinamarca* [o equivalente a um estado do Brasil] não estavam com água potável. Entre essas cidades está a cidade na qual está localizada a escola...

61. PU: Vai trabalhar tudo isso?

62. Cristina: Vou focar na tomada de decisão, analisar o problema e buscar alternativas com os estudantes...

63. Mônica: Você falou que deseja realizar uma mudança atitudinal. Que instrumentos você vai utilizar para avaliar essa mudança atitudinal?

64. Cristina: As oficinas; as notícias. Insisto que o ganho tem sido que trabalhar sobre essa problemática lhes [a seus alunos] tem chamado a atenção. Diferente do que falaram para eles, a cidade de Bogotá tem um problema [com a água], e muitos nem sabem onde fica Bogotá. Então é diferente quando conversamos sobre o problema do aqueduto da cidade deles. Então me parece importante utilizar as notícias para propor uma problemática adequada.

65. Mônica: Está bom. Mas minha pergunta é: como você vai medir essa mudança de atitude?

66. Cristina: Eu sei que não é medível, isso o tenho claro. A atitude não é medível, mas a tomada de decisão evidencia [essa mudança]. Por exemplo, eu falava para eles quando estávamos discutindo a notícia das duas

cidades que tinham água potável, nós tentávamos analisar se a água não é potável. Então, nós, que faríamos? Ah, alguns falam que [###]. Outros [falam] que fazer uma análise físico-química. E então, como faríamos essa análise? Então se trata de começar a trabalhar essas coisas que evidenciem mudanças. Assim os estudantes começam a opinar. Então [eles] dizem: "Eu penso que deveríamos trabalhar [as mudanças] com a CAR" [Coorporación Autónoma Regional, uma instituição relacionada com o sistema ambiental da Colômbia]. Então começamos a desenvolver esse debate. Então eu penso que a partir dessas coisas é possível desenvolver um bom trabalho.

67. Mônica: Bom! Desculpe. Duas contribuições. A primeira é para que pesquise essa parte que a cidade que mencionou não tem água potável, porque realmente são alguns bairros, porque o que ocorre é que nessa cidade chega a água do aqueduto, e em alguns bairros não chega a água do aqueduto. Então para que olhe bem.

68. Cristina: Sim! Eu tenho claro isso. A água que chega do cano principal para uns [bairros] tem [água potável], mas os outros [bairros] não têm.

69. Mônica: E no slide estava escrito "as questões sociocientíficas", então penso que você vai definir só uma questão.

70. Cristina: Ah, sim! Vou definir uma.

No Episódio 40 apreciamos que o PU, apesar de continuar estabelecendo uma interação dialógica de autoridade, se mostra persuasivo, uma vez que nos turnos 73 e 75 a fala é parcialmente descentralizada, na medida em que estabelece razões que questionam o uso de determinados instrumentos quantitativos de pesquisa propostos pela professora Cristina, persuadindo-a para que pense no tipo de instrumento utilizado em seu trabalho. Dessa forma, o PU não se impõe, pois sua fala no turno 75 deixa em aberto a possibilidade de desenvolver uma metodologia de pesquisa mista, valorizando o interesse da professora Cristina e seu próprio interesse, apreciando, assim, uma tentativa de negociação por parte do PU.

Episódio 40 (GE₄)

71. PU: Alguém quer participar? [silêncio na sala] Bom! Eu gostaria de te perguntar uma coisa, Cristina. Penso que seria importante especificar

a QSC. Por que a QSC da água? Ou seja, a água é algo geral, a QSC seria um problema, não sei, estou aqui pensando em relação com o que você apresentou. Então poderia ser o problema de água potável na cidade que você indicou. Teria que especificar a questão, porque ainda está muito amplo. Você tem a QSC, porque você descreveu exatamente todas as implicações sociais e ambientais do tema de água, mas na cidade que mencionou. E então, para que não fique tão local, poderia pensar se é a questão de portabilidade da água. Precisamente a partir da revisão que você está fazendo das notícias dos meios de comunicação, a partir do que você está consultando em termos de portabilidade da água, ou a partir de que a água [potável] se está esgotando no mundo, intenta delimitar a questão: o esgotamento da água [potável], algo assim. Tenta delimitar a questão. A outra inquietação é que você expõe uma metodologia com vários elementos qualitativos: oficinas por meio das quais vai coletar a informação, discussões em grupo. Inclusive você falou que vai convidar os garotos [estudantes] para que realizem um trabalho com os pais de família, o que é interessante, mas é necessário considerar as possibilidades disso. Você termina referindo-se às análises com a utilização de um pré-teste e um pós-teste. E então, qual é o objetivo, o sentido desses pré e pós-testes no trabalho?

72. Cristina: De certa forma, penso que se trata de chegar a eles, e quando eu chego a eles sem esse referencial teórico [###] há uma concepção de fazer as coisas. Então é também tomar em consideração não apenas o desenvolvimento das oficinas, mas também mirar a parte da avaliação com um instrumento final para considerar a que se chegou depois de realizar o trabalho.

73. PU: Está bom! Pronto. Você diz um pré e pós-teste, mas o que é isso? É um estado inicial e um estado final? Para que é considerado isso? Para ver se houve mudança de alguma coisa? Isso é um procedimento [metodológico] que foi muito usado, mas é um procedimento instrumental. Com todo o respeito aos pesquisadores que trabalham como esse procedimento, mas na literatura internacional [da área] o uso desses instrumentos tem diminuído bastante. Vocês podem consultar as revistas da área, *Science Education*, para ver isso. Bom, nas revistas da área encontramos poucos trabalhos que estejam utilizando instrumentos desse tipo. Eu acho que vocês têm percebido minha insistência nesse tema. Por que essa insistência? Por que se tem identificado as limitações que nos oferecem esses instrumentos?

QUESTÕES SOCIOCIENTÍFICAS NA PRÁTICA DOCENTE **267**

Em primeiro lugar, esses instrumentos fazem parte de um planejamento quantitativo [da pesquisa]. Por quê? Porque você procura uma confiabilidade na medida estatística. E então, se você vai trabalhar isso, tudo bem! Mas precisa fazê-lo com todo o rigor. Então o instrumento [o pré-teste] primeiro deve validar-se. Que implica a validação desse instrumento? Depois disso, [deve pensar] qual é a confiabilidade desse instrumento, se eu estou avaliando uma eventual mudança em um estado inicial e um estado final. Contudo, os procedimentos descritos que podem ser pertinentes são um procedimento [quantitativo] de pesquisa instrumental. Por quê? Porque está desconhecendo o processo. E não tenho como medir por meio de um pré e um pós-teste o que ocorreu durante o processo, por exemplo, se eu estou avaliando, neste caso, atitudes. Existem pesquisadores que continuam validando instrumentos quantitativos, mas como você avalia o processo, além de apontar algumas mudanças em determinadas variáveis? Então o convite é para repensar a parte dos instrumentos. Eu tenho insistido nisso. Podemos discutir, eu estou aberto a isso...

74. Cristina: Será que há incongruência em desenvolver um trabalho misto? Poderia fazer um procedimento misto mantendo a coerência.

75. PU: Exatamente! A coerência, se você vai desenvolver um procedimento metodológico misto, tudo bem! Mas deve especificar como seria esse procedimento metodológico misto. Hoje é utilizado esse tipo de procedimento em algumas pesquisas. Você utiliza determinados instrumentos, por exemplo, quantitativos, que ainda são válidos para diagnósticos e caracterizações de grupos. [...] Mas para dar conta de intervenções [educativas], que é o trabalho que estamos realizando, é necessário nos apoiarmos em outros tipos de instrumentos qualitativos...

A partir das análises expostas sobre os episódios 35, 36, 37, 38, 39 e 40, apreciamos que o estabelecimento de uma interação dialógica interativa entre os professores não implica o desenvolvimento do diálogo de forma simétrica, ou seja, não implica que um sujeito se coloque na posição de outro sujeito, pois o que evidenciamos foi que um sujeito tenta manter sua autoridade de controle do diálogo por meio de frequentes questionamentos ou intervenções. Nesse sentido, a interação dialógica pode tender ao autoritarismo, quando não existe nenhum tipo de preocupação de pensar conforme o ponto de vista do interlocutor, ou, ao contrário, pode tender à persuasão, quando o sujeito tenta assumir a posição do interlocutor para entendê-lo da melhor forma a partir de seu próprio posicionamento.

É interessante que a interação dialógica que tende à imposição é promovida pela professora Mônica e pelo professor Roberto, que, em termos de seus papéis sociais, compartilham com os outros professores cenários comuns como a escola, o que poderia motivar a construção de interações mais simétricas por sua própria condição docente. Mas, ao contrário, observamos que o processo dialógico envolve polêmica entre a voz de autoridade encerrada em suas próprias convicções e a voz dos "outros" (professores Adriana, Paulo e Cristina).

Contrária à interação dialógica impositiva, existe a possibilidade de estabelecer interações dialógicas polifônicas, nas quais se expressariam várias vozes em igualdade de condições, constituindo um diálogo que não configura posições autoritárias, porque permanentemente as vozes envolvidas propendem ao reconhecimento mútuo.

No Episódio 41, após a apresentação da proposta da professora Isabel, apreciamos que a professora Roberta, no turno 55, favorece o desenvolvimento de uma interação dialógica polifônica, na medida em que suas falas valorizam reflexivamente a proposta da professora Isabel, sem a intenção de assumir o papel de avaliadora.

Episódio 41 (GE$_5$)

52. Isabel: Bom dia para todos! Minha QSC, que vou trabalhar em sala de aula, se chama "O aborto, ética e religião". A proposta é uma estratégia de aprendizagem que permita discutir as questões éticas, morais e religiosas sobre o aborto com o objetivo de fomentar nos estudantes a tomada de decisão e o pensamento crítico. Bom! Vou desenvolver a proposta no ensino médio. [...] Vou trabalhar essa QSC porque é uma problemática mundial e envolve aspectos éticos e científicos que não são claros para os adolescentes... [...] Na fundamentação teórica do trabalho, conforme a parte curricular, pois temos [os temas] da reprodução, divisão celular, toda a parte da unidade dos padrões [curriculares] relacionada com genética. A parte geral da genética já foi abordada em sala de aula com uma metodologia quase tradicional [risada].

QUESTÕES SOCIOCIENTÍFICAS NA PRÁTICA DOCENTE **269**

53. PU: Tradicional? Porque tradicional desconhece que os professores têm saberes...

54: Isabel: Realmente, essa parte curricular ou essas aulas foram desenvolvidas de forma convencional, e os resultados foram, até certo ponto, bons. Mas com a questão [sociocientífica], quero ver até que ponto o trabalho que realizamos é significativo para os estudantes [...]. As discussões em sala de aula serão gravadas, jamais tenho feito isso, mas vamos ver como resulta, vamos tentar essa parte. Para quê? Para buscar a lógica das ideias, porque os estudantes tentam fazer as coisas conforme a sua conveniência, então vou mirar quão coerente pode ser o que fazem e o que dizem, para isso faço a gravação. E o professor [se refere a ela mesma] orientará a comunicação e a tomada de decisão dos estudantes. Eu não sei, eu me perguntava. Eu tenho tentado realizar muitas vezes o debate, mas os estudantes se cansam, e é muito difícil desenvolver essa parte. Então eu gostaria de perguntar para a professora Roberta como orientar essa parte do debate. Um debate não pode ser em menos de duas horas Como orientar esse debate? Porque são 33 estudantes. Parece-me muito complicado, porque eu tenho realizado o debate, mas os estudantes se dispersam. Isso me preocupa.

55. Roberta: Pois essa é uma dificuldade própria de nosso exercício [docente], e não podemos ter a atenção dos estudantes durante as duas horas. Mas se fazemos perguntas orientadoras, é... Eu acho que reconhecer os seus alunos por seus nomes, perguntando: Você, o que pensa? Você estaria de acordo com isso? Então uma pergunta orientadora ajuda. Retomar o discurso dos estudantes para propor-lhes essa pergunta para que a mesa acadêmica participe [refere-se a um grupo de estudantes que dinamizava o debate no trabalho da professora Roberta]. Por isso o elemento do debate faz parte da dinâmica dos grupos e daquele que nós temos denominado mesa acadêmica. Então eles sabem que são profissionais nas mesmas condições que qualquer outro participante, então eles são profissionais e sabem que podem opinar ou vão perguntar sobre determinados conceitos. Então eu acho que nem todos participam, mas se tentamos vincular o papel deles, sua linguagem, bem como elementos da vida diária, eles vão participando mais rapidamente e de forma contextualizada.

56. Isabel: Obrigada!

Da mesma forma, no turno 60 do Episódio 41 o professor Ernesto narra uma experiência docente que vai ao encontro da proposta da

270 LEONARDO FABIO MARTÍNEZ PÉREZ

professora Isabel, a qual focava na discussão dos aspectos éticos e morais envolvidos na QSC do aborto.

Episódio 41 (GE₄)

59. PU: Pronto. Muito obrigado, professora Isabel, pela apresentação. Perguntas? Comentários? Professor Ernesto, pode falar.

60. Ernesto: Olha, Isabel. O vídeo que você vai apresentar é um vídeo que atinge os aspectos éticos e morais [a professora Isabel fala "sim"]. Mas que impacto podem significar essas imagens sobre o tema do aborto? No entanto, uma pessoa como eu, educador, adulto, já em processo de envelhecimento [risadas dos professores]... [...] Faço esse apontamento engraçado porque me marcou muito o professor da minha escola. Agora não lembro bem dele, mas ele convocou estudantes de 1ª e 2ª série do ensino médio a um anfiteatro de minha escola pública e nos apresentou um vídeo sobre o tema do aborto. O vídeo era impactante diante dos diferentes procedimentos e técnicas constrangedoras, tristes, lamentáveis, de impacto emocional para os jovens. Então jamais esqueci isso, pois me marcou. Aí não se trabalharam muitos aspectos éticos e morais, pois não se tinha muitos elementos para refletir criticamente sobre o tema, mas as imagens me marcaram. E se você me pergunta hoje, eu tenho uma postura clara sobre o tema do aborto. Comento-lhes, não sei se vocês assistiram, mas há três dias a televisão espanhola internacional passou um vídeo, uma entrevista de dois jovens, de dois adolescentes que tiveram que abortar e tiveram um impacto grande. Mostraram as técnicas que utilizam, e isso sem dúvida gera um impacto social grande, sobretudo nos jovens. Então essa é minha inquietação.

61. Isabel: Certo! Igual, teria que olhar bem. Eu deixo em aberto isso, porque teria que considerar bem a parte do vídeo, dependendo dos resultados que tenha apreciado nos outros dois momentos. Por exemplo, na minha escola são bastante ortodoxos, são bastante católicos, então devo mirar bem, por isso deixei em aberto essa parte do vídeo, para escolher o vídeo que melhor se ajuste ao grupo [de estudantes].

64. Cristina: Bom! Me parece interessante a questão proposta por você, e particularmente quando é orientada a estudantes de 1ª série do ensino médio, quando eles estão desenvolvendo sua adolescência e as atividades que fazem parecem que são anacrônicas à nossa vivência, porque eles mesmos comentam situações de sexualidade totalmente diferentes. Me parece

interessante que o tema do aborto é algo que eles devem conhecer como reflexão em termos éticos e morais, como você o colocou. Mas também, como professores, oferecer-lhes subsídios em relação a sua sexualidade, para que eles tenham conhecimento, porque muitas vezes o problema é falta de informação. Além de trabalhar o global, seria bom trabalhar o mais local, para que no momento que eles devam tomar uma decisão possam fazê-lo com argumentos.

65: Isabel: Exatamente! A ideia é chegar à tomada de decisão, por exemplo, com o uso de sua [do estudante] sexualidade. Embora não seja a QSC [o aborto], o tema da sexualidade está totalmente ligado com o aborto e se deve retomar na discussão, pois nele também há implicações éticas e morais, dependendo de seus comportamentos, então vou considerar isso.

A interação dialógica de tipo polifônico se desenvolve interdiscursivamente no turno 64 do mesmo episódio, no qual a professora Cristina realiza um questionamento sem assumir a posição de avaliadora, pois o questionamento abrange uma situação de sua própria experiência, que se entrelaça com as preocupações expostas pela professora Isabel, a qual valoriza a fala da professora Cristina no turno 65 e explicita sua concordância sobre trabalhar aspectos da sexualidade em seu trabalho, mesmo que esse tema não tenha sido considerado por ela.

Nos turnos 68 e 69 do Episódio 42, identificamos na fala da professora Isabel e na fala do PU a voz da ciência e da religião, produto do questionamento realizado no turno 67 pelo professor Vinícius. O interessante é a forma como essas vozes são representadas no diálogo, pois, apesar de serem divergentes, são valorizadas de forma semelhante, apontando suas contribuições em determinadas situações. Dessa forma, não é considerada uma voz em termos de superioridade em relação a outra voz, tal como frequentemente ocorre na sociedade. Observamos que no turno 67 do Episódio 42 o professor Vinícius privilegia a voz da ciência para se valorar de melhor forma as implicações religiosas na questão do aborto.

Episódio 42 (GE$_4$)

66: PU: Está bom! Estamos com pouco tempo, então passo a palavra ao professor Vinícius, que não tem participado [escutam-se comentários na sala]. Depois se pode continuar conversando pessoalmente, porque essa é a ideia: se aproximar dos colegas e também desenvolver discussões. Bom! Então o professor Vinícius, e continuamos com a [proposta] de professora Angélica.

67. Vinícius: A temática como tal é muito interessante no sentido em que nós já temos regulamentações na Colômbia, mas dentro dessas mesmas concepções éticas dos profissionais da saúde, alguns se recusam a fazer esse tipo de prática [aborto]. Mas, também, não sei, eu faria uma pergunta tendo em consideração que a escola é de tipo religioso. Não sei se é possível afastar essa parte religiosa da parte científica. Porque nós, como docentes de Ciências, devemos trabalhar um pouco mais a parte científica, para que se possam esquecer todos os mitos religiosos que às vezes estão prejudicando a mesma comunidade.

68. Isabel: Eu tenho clara essa perspectiva. Vou trabalhar a parte científica, mas considero que os estudantes têm sido formados de acordo com sua religião, então não quero chegar a chocar contra isso. Então vou respeitar bastante a concepção que eles tenham sobre moral e ética. Isso está claro para mim.

69. PU: Bom! Muito obrigado. Somente um comentário em relação a isso. Como a professora Isabel já comentou, não se trata de pensar que o científico é o verdadeiro e que tem a razão. Em uma QSC o científico tem um papel, o conhecimento científico tem o papel de ajudar a compreender a situação que se está estudando. Mas nesse raciocínio ético e moral o conhecimento científico pode contribuir para estruturar um juízo de valor. Agora o religioso, que tem sido um tema frequente em nossos encontros. O religioso é algo importante na dimensão humana. Ou seja, não estamos falando em termos de católicos etc., mas do que significa a religião em termos dos valores que o ser humano outorga a um conjunto de crenças que o ser humano constrói, o propósito de sua existência, seja católico ou evangélico, pois o tema das doutrinas é outra coisa. Então a questão da religião deve considerar-se com cuidado.

Da mesma forma como analisamos os episódios 35, 36, 37, 38, 39, 40, 41 e 42, analisamos a totalidade dos registros de áudio constituídos nos dois encontros estudados. A partir dessa análise elaboramos a Tabela 5, na qual apresentamos as interações dialógicas predominantes nos dois encontros conforme o número de intervalos registrados nas gravações.

Dos trinta intervalos relacionados na Tabela 5, a maioria corresponde a interações dialógicas de autoridade ou de persuasão. Um número menor de intervalos corresponde a interações dialógicas de autoridade com tendência à persuasão, e poucos intervalos (dois) correspondem a interações dialógicas de autoridade com tendência à imposição ou ao estabelecimento de uma interação dialógica polifônica.

Tabela 5 – Interações dialógicas estabelecidas entre os PP e o PU

Tipo de interação dialógica	Intervalos de turnos GE_4	Intervalos de turnos GE_5	Total de intervalos
Interação dialógica de autoridade com tendência à imposição.	2-18; 19-26	–	2
Interação dialógica de autoridade.	27-33; 61-70	80-94; 109-119; 120-128; 144-154; 155-163; 164-176; 177-187	9
Interação dialógica de autoridade com tendência à persuasão.	1*; 121-144; 152-170	1-15; 16-26; 27-37; 95-108; 129-143	8
Interação dialógica de persuasão.	34-46; 47-60; 71-77; 78-108; 109-120; 145-151	70-79; 188-193; 194-210	9
Interação dialógica polifônica.	–	38-51; 52-69	2
Total	13	17	30

Fonte: Martínez (2010).

* Esse turno correspondeu à fala do PU, que foi analisada independentemente das falas dos professores porque correspondia à abertura da apresentação das propostas dos PP e ainda não se referia direitamente às falas desenvolvidas pelos professores durante os encontros estudados.

Os dados constituídos nos oferecem indícios de que as interações dialógicas estabelecidas entre os PP e o PU tendem a processos de persuasão ou de autoridade, o que é importante para compreender as relações de poder desenvolvidas entre os professores de Ciências em serviço, bem como as relações de poder estabelecidas entre esses professores e o PU.

Apreciamos que os PP vão assumindo uma posição social de avaliadores que lhes dá autoridade para questionar aspectos teóricos e metodológicos de aspectos expostos por seus colegas. No entanto, esse exercício de poder é com frequência descentrado por outras posições assumidas pelos professores, na medida em que eles vão assumindo o papel de professores pesquisadores em formação. Isso pode explicar o lugar importante que ocupam as interações dialógicas de persuasão durante as discussões desenvolvidas entre os professores.

O fato de as interações dialógicas de imposição não terem predominado nos encontros representa uma evidência importante para caracterizar o contexto de produção discursiva, constituído entre os PP e o PU, como um espaço favorável para a expressão e discussão de diferentes pontos de vistas com respeito à abordagem de QSC em sala de aula embasadas na pesquisa do professor. Um espaço formativo com essas características contribui na construção de processos democráticos na formação continuada de professores de Ciências.

A constituição de espaços de formação continuada de professores de Ciências focados no reconhecimento intersubjetivo dos professores é mais favorável para o estabelecimento de interações dialógicas persuasivas ou polifônicas que para o favorecimento de interações dialógicas autoritárias. Por essa razão, o posicionamento de um sujeito no lugar de outro (intersubjetividade) representa uma das possibilidades mais interessantes para democratizar a formação de professores diante da possibilidade do estabelecimento de um poder impositivo.

Contudo, não podemos pensar que a construção de espaços formativos voltados à participação ativa dos professores, bem como ao seu reconhecimento intersubjetivo, representem em si a conquista da democratização da formação continuada de professores de Ciências, pois o estabelecimento de interações dialógicas persuasivas e polifônicas envolve conflitos entre diferentes interesses e posições sociais que podem desencadear relações de poder assimétricas.

Os dados constituídos também apoiam a tese de que as relações de poder em espaços educativos e sociais podem ser mais bem compreendidas sob a perspectiva gramsciana adotada na ADC, na medida em que a existência das várias interações dialógicas pode ser explicada conforme os processos instáveis de dominação ou de controle suscitados pelas interações dialógicas de autoridade.

As alterações identificadas nas interações dialógicas em termos de imposição, persuasão ou polifonia representam evidências de que o poder não é exercido de forma hegemônica ou absoluta, porque ele está em permanente disputa, de acordo com o tipo de interações dialógicas que sejam estabelecidas. Nesse sentido, o poder é interpretado como um processo de luta hegemônica, porque sempre é atingido parcialmente ou temporalmente, dado que são configurados espaços permanentes de instabilidade que configuram disputas e conflitos entre diferentes sujeitos.

Embora as interações dialógicas de persuasão possam representar mecanismos mais sofisticados do exercício do poder por parte de um determinado sujeito ou grupo, também representam um descentramento da autoridade desse sujeito ou grupo. Por isso, é pertinente valorizar o papel desse tipo de interações dialógicas, porque podem constituir um caminho interessante para o desenvolvimento de processos de negociação na formação continuada de professores de Ciências, sempre e quando sejam apoiadas em uma reflexividade crítica, que abrange a análise permanente das maneiras como os sujeitos vão se posicionando no diálogo.

Investir maiores esforços na formação continuada de professores de Ciências, que levem a construir interações dialógicas de persuasão, é relevante para construir interações dialógicas polifônicas, mesmo que estas sejam dificilmente alcançáveis, pois a sociedade em que vivemos é dividida em grupos sociais, e, portanto, os contratos sociais são feitos com diferentes vozes, que envolvem posições diferentes, polêmicas e contraditórias (Oliveira, 2006).

A perspectiva bakhtiniana adotada na ADC abrange uma compreensão do diálogo não apenas como promoção de consenso ou busca de acordo, mas como um processo inerente à natureza humana que envolve divergências e convergências, acordos e desacordos, conciliações e lutas. Assim, vemos nas interações dialógicas de persuasão uma grande potencialidade para a busca do entendimento nos processos formativos dos professores que os levem a refletir de melhor forma sobre suas práticas docentes.

O próprio Bakhtin (2000) reconheceu que a concordância entre diferentes vozes representa um alto nível de compreensão, que poderíamos caracterizar como um alto nível de compreensão intersubjetiva.

276 LEONARDO FABIO MARTÍNEZ PÉREZ

Assim, a ADC pressupõe que as pessoas sejam socialmente cons-trangidas por relações assimétricas ou desiguais de poder. Suas ações não estão totalmente determinadas, e elas também têm suas próprias capacidades e posicionamentos, que não podem ser reduzidos a rela-ções de controle ou dominação. Dessa forma, os professores podem exercer sua liberdade de dizer sua própria palavra, bem como de ouvir e interagir com as palavras dos outros e, nesse processo intersubjetivo, construir práticas inovadoras na ação.

A ação representa um elemento potencial para problematizar e até superar relações assimétricas de poder, desde que seja apoiada em uma reflexividade crítica que sugere que toda prática possui um elemento discursivo, não apenas porque envolve o uso da linguagem, mas também porque as construções discursivas são parte dessas práticas (Resende e Ramalho, 2006).

A construção de um espaço formativo de produção discursiva, no qual as interações dialógicas persuasivas ocuparam um lugar impor-tante nas discussões realizadas, teve relação com o foco das discussões desenvolvidas com os PP, o qual correspondeu à abordagem de QSC no ensino dos professores em serviço. Nesse sentido, encerraremos as análises neste capítulo discutindo alguns dados constituídos ao final dos encontros da disciplina Ensino de Ciências com Enfoque CTSA a Partir de QSC que evidenciam que esse espaço formativo possibilitou construir novas compreensões sobre a prática docente dos professores e a perspectiva CTSA. As novas compreensões dos professores são construções dialógicas que podem ser interpretadas a partir de outros elementos analíticos propostos pela ADC. Nesse sentido, segundo Fairclough (2001a), orientaremos nossas análises sobre os aspectos citados anteriormente segundo dois elementos analíticos: modalidade e polidez.

Modalidade e ethos

A modalidade representa o grau de afinidade ou de aceitação de uma determinada proposição proposta por um interlocutor. A modalidade, gramaticalmente, está associada com o uso de verbos auxiliares modais (dever, poder etc.) e advérbios modais (provavelmente, possivelmente, obviamente etc.). Esses elementos de análise também estão relacionados com manifestações linguísticas de afinidade, tais como "uma espécie de", "um pouco", "uma coisa assim".

A modalidade pode ser subjetiva ou objetiva. No primeiro caso, uma determinada proposição pode ser explicitada por meio das expressões "penso", "suspeito", "acho", "duvido", de tal forma que fica claro o grau de afinidade do falante. No caso da modalidade objetiva, pode não estar claro o ponto de vista que é representado, de modo que o falante pode projetar sua fala como algo universal ou agindo como um veículo para o ponto de vista de outro sujeito ou grupo. Essa modalidade geralmente abrange o exercício de algum tipo de poder.

A modalidade, além de representar um comprometimento de um falante com suas proposições, pode também evidenciar comprometimento desse falante com as proposições de outros sujeitos concorrentes em um diálogo, o que está relacionado com seu grau de afinidade com esses sujeitos.

Fairclough (ibidem) sugere que a modalidade objetiva pode estar relacionada com processos de luta hegemônica, pois possibilita que discursos particulares sejam universalizados na medida em que o locutor se posiciona de determinadas formas.

A modalidade também pode ser relacionada com o *ethos* do sujeito, o que, para a ADC, implica estudar os tipos de discursos empregados para constituir a subjetividade dos participantes de uma interação dialógica. Segundo Maingueneau (1997), o *ethos* tem sua origem na época antiga com a palavra *ethé*, referida à forma como os oradores se expressavam de tal maneira que a eficiência dessas expressões dependia de seus enunciados, sem explicitar suas funções.

Conforme Fairclough (2001a), o *ethos* é constituído intertextualmente e, portanto, é construído socialmente nos processos discursivos, de maneira que contribui à constituição da subjetividade dos participantes de uma interação dialógica. Dessa forma, o *ethos* tem a ver com a construção da autonomia dos sujeitos.

Polidez

A polidez é um elemento de análise interessante para entender as estratégias utilizadas pelos participantes de diálogos para mitigar atos de fala que sejam potencialmente ameaçadores. Assim, as concessões de polidez possuem um caráter político relevante que abrange intenções individuais, bem como o sentido de sua variabilidade em diferentes tipos de discurso contextualizados culturalmente.

Brown e Levinson (apud Fairclough, 2001a) representam as estratégias para a realização de atos ameaçadores da face que caracterizam a polidez. Na Figura 2 apresentamos o esquema ilustrado por eles. Fairclough utiliza o exemplo de um pneu furado para explicar as estratégias gerais para realizar atos ameaçadores da face, nos quais o pedido realizado por um sujeito pode ou não representar uma ameaça, dependendo da estratégia utilizada.

Figura 2 – Atos ameaçadores da face

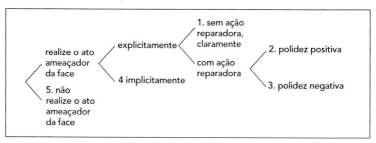

Fonte: Fairclough (2001a, p.204).

Na estratégia 1, o pedido é realizado abertamente, sem a tentativa de mitigá-lo e sem a ação reparadora "Ajude-me a trocar esse pneu", ou pode ser feito com polidez positiva valendo-se da estratégia 2, que implica a ação reparadora "Dê uma ajuda para trocar esse pneu, amigo". O pedido também pode ser realizado com polidez negativa utilizando a estratégia 3, cujo caso é mitigado ou reparado mostrando respeito ou afeto: "Desculpe incomodar, mas poderia ajudar com o pneu?". Por último, o pedido pode ser feito implicitamente (estratégia 4), de modo que fique aberto para interpretações alternativas: "Agora, como diabos vou trocar isso?".

18
Contribuições da abordagem de questões sociocientíficas (QSC) para a prática docente dos professores de Ciências em serviço

Realizaremos uma análise específica de alguns episódios tomados da entrevista focal que foi realizada aos PP ao final da disciplina Ensino de Ciências com Enfoque CTSA a Partir de QSC para depois estabelecer algumas generalidades sobre as contribuições apontadas pelos professores sobre a abordagem de QSC em sua prática docente.

Nas linhas 5 a 9 do Episódio 43, apreciamos que a professora Angélica manifesta uma considerável afinidade (modalidade subjetiva) com a abordagem das QSC e a perspectiva CTSA, uma vez que essa abordagem lhe permitiu trabalhar uma pedagogia e uma didática diferentes.

Da linha 15 à linha 28 do Episódio 43 apreciamos que a professora Angélica estende sua afinidade subjetiva com a abordagem de QSC às experiências desenvolvidas por estagiários e por outros professores que parecem estar trabalhando com a mesma abordagem, o que é interessante, porque talvez expresse potencialidades da abordagem de QSC não apenas em seu trabalho, mas também no trabalho de outros professores em formação inicial.

Também identificamos na fala da professora Angélica um fortalecimento de seu *ethos*, pois valora positivamente as contribuições da perspectiva CTSA, na medida em que seja articulada com sua prática docente, pois dessa forma ela percebe que a abordagem de QSC tem sentido quando é desenvolvida por suas próprias convicções. O enco-

280 LEONARDO FABIO MARTÍNEZ PÉREZ

rajamento da professora não é apenas valorizado pela forma como ela considerou as contribuições da abordagem de QSC em sua prática, mas principalmente pela forma como ela apontou as limitações e dificuldades enfrentadas com seus alunos e colegas a respeito dessa abordagem.

Episódio 43 (EF Grupo 5)

1. PU: [...] Gostaria que falassem em que contribuiu a disciplina [Ensino de Ciências com Enfoque CTSA a Partir de QSC], ou melhor, que falassem em que lhes permitiu repensar sua prática docente, se lhes permitiu ou não e por quê.

5   2. Angélica: Permitiu-me, sim! [repensar a prática docente]. Vimos, como professores de Ciências Naturais, que a abordagem de QSC e a perspectiva CTSA oferecem a oportunidade de trabalhar uma pedagogia e uma didática diferente e, portanto, inovadora em nossas escolas e em nossa prática. Tinha-lhes falado [aos colegas] de umas leituras prévias

10   sobre CTSA, mas essas ficaram no discurso. Depois de desenvolver esta proposta [CTSA] no currículo, não se tinha apresentado a oportunidade. É uma proposta muito interessante para trabalhar com os estudantes, assim como para trabalhar com os colegas da área. Então podemos pensar que se geram tensões, mas podemos dizer que o mesmo interesse faz com que

15   essas tensões diminuam. Também, eu tive a oportunidade de trabalhar com outros, porque agora temos estagiários [na escola] da licenciatura em Química, então eles estão fazendo o TCC. Muito interessante como a universidade [menciona o nome de uma universidade pública de Bogotá] está desenvolvendo esta abordagem e como eles trabalham as QSC, que

20   não é nada diferente do que estamos trabalhando aqui. Por exemplo, os professores [dessa universidade] tiveram a oportunidade de fazer seus doutorados na Espanha. Olhávamos os artigos e a abordagem que estamos trabalhando e, na verdade, estão falando do mesmo. Não importa que a professora que orienta o componente didático da Química na Espanha tenha mostrado uma leitura aos estagiários. E o que nós estamos fazendo aqui, então, é como algo muito grande, e isso pode ser uma dificuldade. Mas quando a aproprio para mim [a abordagem de QSC] e também a aproprio para meus alunos, é interessante. No começo eles a perceberam como estranha [a abordagem de QSC], mas na medida em que tiveram um descanso foram apropriando a QSC, e lhes tem parecido interessante.

No Episódio 44 também caracterizamos afinidade (modalidade subjetiva) na fala do professor Paulo a respeito da abordagem de QSC. No entanto, nesse caso a modalidade está acompanhada de uma polidez negativa, pois ele tenta resguardar sua autoestima de pesquisador no momento em que se refere à perspectiva CTSA como algo que conhecia e com que trabalhava antes de participar dos encontros da disciplina (linhas 4 e 5).

Episódio 44 (EF Grupo 2)

1. PU: [...] Então, vamos conversar um pouquinho. O trabalho desenvolvido durante a disciplina lhes permitiu repensar sua prática docente? Permitiu-lhes ou não lhes permitiu? E como lhes permitiu repensar sua prática docente?

5   6. Paulo: Para mim, não tem sido algo novo [a abordagem de QSC], porque eu já tinha trabalhado a perspectiva CTS. Em relação ao trabalho que tinha feito antes com o trabalho que fizemos agora [na disciplina], realmente avançamos muito, não somente na disciplina, mas também no mestrado. Como tal, avançamos na pesquisa. Eu já

10   tenho outros conceitos, devemos evoluir no discurso com leituras escritas. Por que continuar trabalhando da mesma forma? Esta disciplina me tem aberto os olhos para conhecer outros grupos de pesquisa do Brasil que o professor [PU] trabalhou, pois eu somente estava com a leitura da Espanha [de autores da Espanha], então isso

15   foi muito bom para mim como pesquisador, porque sempre tenho considerado que meu papel em sala de aula é o de pesquisar. Tem sido produtivo [o trabalho realizado com a abordagem de QSC]. Meus alunos dizem: "Professor, eu trouxe isto, temos que fazer a saída de campo [pedagógica]". Mas é complicado, porque a escola em que trabalho é tradicional, e então a diretoria pensa que os estudantes estão perdendo tempo. Isso desanima. Se não mudar essa situação, é complicado. Mas, igual, os estudantes percebem esse tipo de coisa e continuam desenvolvendo as coisas, coisas legais.

Apesar de o professor Paulo tentar mitigar o efeito da polidez negativa estabelecendo uma comparação entre o trabalho que vinha realizando sob a perspectiva CTS e o trabalho desenvolvido sobre essa perspectiva na disciplina (da linha 5 à 10), ele confirma em sua fala a modalidade negativa ao referir que as contribuições oferecidas na disciplina são apenas parte da formação oferecida no curso de mestrado (linha 6).

A forma como o professor valoriza, mas ao mesmo tempo expressa certa prevenção sobre o trabalho realizado na disciplina é interessante, porque fortalece seu próprio *ethos*, de modo que na última parte de sua fala (Episódio 44, da linha 10 à 12) ele salienta suas próprias experiências docentes, que, apesar das dificuldades enfrentadas, o têm ajudado em sua formação como pesquisador de sua prática.

Se compararmos a fala da professora Angélica com a do professor Paulo, poderemos estabelecer duas formas diferentes de perceber a abordagem de QSC em suas práticas. No caso da professora Angélica, existe uma alta afinidade com a abordagem de QSC e um fortalecimento de seu *ethos*, na medida em que essa abordagem tem sentido quando está articulada com a realidade escolar e com seu próprio ensino.

No caso do professor Paulo, a abordagem de QSC é percebida como um aspecto complementar de sua própria formação como pesquisador de sua prática, o que foi caracterizado conforme a polidez negativa expressada por ele.

No Episódio 45 observamos que a fala da professora Roberta "eu já estava desenvolvendo um trabalho alternativo com os estudantes, que não era necessariamente tradicional" representa uma forma de mitigar as contribuições oferecidas pela abordagem de QSC, dado que ela expressa que, antes de conhecer o tema das QSC, trabalhava de forma diferente. No entanto, o avanço apontado por ela estaria no processo de sistematização de seu trabalho (linha 7). Assim, as expressões utilizadas pela professora Roberta da linha 6 até a linha 8 são marcas da polidez negativa empregada por ela. Mas em comparação com a fala do professor Paulo, a polidez é mais moderada, porque valoriza sua autoestima como professora da escola prestando especial atenção ao trabalho desenvolvido com seus alunos, e não apenas à sua preocupação pessoal em se formar como pesquisadora.

QUESTÕES SOCIOCIENTÍFICAS NA PRÁTICA DOCENTE 283

Episódio 45 (EF Grupo 2)

1. PU: [...] Então, vamos conversar um pouquinho. O trabalho desenvolvido durante a disciplina lhes permitiu repensar sua prática docente? Permitiu-lhes ou não lhes permitiu? E como lhes permitiu repensar sua prática docente?

5   5. Roberta: Eu penso que tem sido interessante trabalhar com esta metodologia, embora eu já estivesse desenvolvendo um trabalho alternativo com os estudantes, que não era necessariamente tradicional.

Eu tenho trabalhado bastante com a pergunta, sempre tento tomar
10   em consideração a opinião do estudante, mas agora esse processo está mais sistematizado, e isso tem me permitido realizar uma autorreflexão do processo. Uma coisa que tem sido muito difícil de vencer na turma é a atitude e seus próprios interesses [dos estudantes], que são colocados por cima do interesse acadêmico.
15   Isto tem sido um processo de tensões, eu cedo um pouco para avançar. Tem sido um processo de negociação, não explícita, mas implícita. No entanto, eu tenho gostado do que temos feito. Gostei porque consegui vincular as meninas ao processo, era algo que não se podia. As meninas não se vinculavam, só falavam os meninos, mas falavam sem se importar com as opiniões dos outros. Às vezes falavam coisas interessantes, mas não necessariamente pertinentes. Neste processo temos vinculado as meninas, temos aumentado sua autoestima. Isto já se percebe na dinâmica da discussão.

Da mesma forma como analisamos a fala das professoras Angélica e Roberta, bem como a do professor Paulo, foi analisada a de outros professores que participaram da entrevista focal, e a partir dessa análise elaboramos os quadros 20 e 21, nos quais apresentamos alguns recortes de falas dos professores que expressam contribuições da abordagem de QSC nas práticas docentes dos professores em termos dos seguintes aspectos: a) a inovação do ensino; e b) a formação para a pesquisa.

Quadro 20 – Contribuições da abordagem de QSC para prática dos professores em termos da inovação do ensino

Elementos de análise	Entrevista focal Grupo 1	Entrevista focal Grupo 2	Entrevista focal Grupo 3
Modalidade	4. Adriana: A QSC me chamou a atenção e me tem permitido a inovação... 6. Lucas: [A abordagem de QSC] Me possibilitou desenvolver o rigor do currículo com outro enfoque. Dessa forma, os estudantes podem considerar que a engenharia não somente tem a ver com aspectos econômicos, mas também tem a ver com implicações sociais. 7. Maurício: Enfocava-me só na parte científica, mas há uma parte social importante. A parte do desenvolvimento de pensamento crítico e a tomada de decisões são importantes. Também que considerem [os estudantes] a parte formal [da disciplina de Química]. 8. Cláudia: Trabalhar com o enfoque [CTSA a partir de QSC] me ajudou a pensar e apreciar bem o que estou fazendo [em sala de aula]. Apesar de que fiquei com mais trabalho. O trabalho serve para que os estudantes mudem de atitude.	2. Edith: [A abordagem de QSC] Me tem ajudado bastante em termos de minha prática docente, pois gosto de inovar e fazer coisas diferentes. Agora questiono muitas coisas, "no como entero" [esta expressão se refere à atitude da professora de não ensinar conforme o que outros dizem], pois chego [na sala de aula] com problemas. Na verdade, me tem motivado muito, assim como também tem motivado os estudantes. Também tem chamado a atenção dos colegas. Tem sido muito interessante como docente. 4. Fátima: Serviu-me para perceber que estava trabalhando de uma forma errada, estava trabalhando com a mesma metodologia. O processo [da abordagem de QSC] me tem servido para observar se os estudantes estão apreendendo os conceitos, pois não estavam aprendendo nada. Agora a abordagem da QSC através de casos clínicos permitiu não somente sermos mais amigos dos estudantes, mas conhecê-los...	3. Camila: Sim! [A abordagem de QSC] Permitiu-me pensar muitas coisas da prática docente, mas também do ponto de vista que temos sobre os conceitos, pois muitos estamos submetidos às políticas [curriculares] da escola, que obrigam a gente a ancilosar-se, de modo que sempre estamos prestando atenção para cumprir um currículo. Então, tentar sair dessa situação é muito interessante e muito produtivo. Eles [os estudantes] podem ser fatores importantes nesse processo, porque a maioria não tem essa consciência. Serviu-me para pensar essa prática docente. 4. Edvaldo: Serviu-me para ter uma visão mais ampla das diferentes metodologias para o ensino de Ciências e para considerar que as formas como ensinamos não são únicas, que sempre as coisas estão evoluindo. Assim, o fazer pedagógico é enriquecido e ao mesmo tempo também podemos pensar a partir de um olhar político. A educação está relacionada com as políticas, e elas afetam a docência. De que forma nós podemos ir para a sala de aula com bases sólidas, ressaltando o caráter epistemológico, pois a filosofia se relaciona com a sociedade. É muito importante que este trabalho seja estendido para outros docentes, assim será mais forte e mais produtivo para o país.

Continua

Elementos de análise	Entrevista focal Grupo 1	Entrevista focal Grupo 2	Entrevista focal Grupo 3
Polidez		5. Roberta: Eu penso que tem sido interessante trabalhar com esta metodologia, embora eu já estivesse desenvolvendo um trabalho alternativo com os estudantes, que não era necessariamente tradicional. Eu tenho trabalhado bastante com a pergunta, sempre tento levar em consideração a opinião do estudante, mas agora esse processo está mais sistematizado, e isso tem me permitido realizar uma autorreflexão do processo.	5. Simone: Então, eu já estava trabalhando algo disso [a abordagem de QSC] no meu TCC de graduação, então penso que consideramos mais a sociedade. No encontro anterior estávamos falando de incluir a participação de todos [os estudantes]. Eu estou trabalhando com a questão da água, então eles estão participando mais. Então tem sido muito produtivo para os estudantes em termos educativos. Muito enriquecedor para nós.
Modalidade	4. Ricardo: A gente se preocupa muito em ensinar um conteúdo, mas essa relação CTS mostra que se pode desenvolver [os conteúdos] de outra forma. Por exemplo, me tem servido para considerar com meus colegas como podemos construir nosso modelo pedagógico. Então, a partir da prática que realizei nos processos de construção do projeto pedagógico da escola, propus para meus companheiros a realização de várias atividades integrais. Uma das atividades era embasada em CTSA, pois temos a preocupação com a formação integral...	2. Angélica: Permitiu-me, sim! [repensar a prática docente]. Vimos, como professores de Ciências Naturais, que a abordagem de QSC e a perspectiva CTSA oferecem a oportunidade de trabalhar uma pedagogia e uma didática diferente e, portanto, inovadora em nossas escolas e em nossa prática. Tinha-lhes falado [aos colegas] de umas leituras prévias sobre CTSA, mas essas ficaram no discurso. Depois de desenvolver esta proposta [CTSA] no currículo, não se tinha apresentado a oportunidade...	4. Roberto: [...] Sem dúvida a disciplina tem sido útil para pensar a prática docente. Qualquer coisa que seja realizada nesse sentido oferecerá benefícios à prática. Especificamente a disciplina das QSC ofereceu a possibilidade de análise de aspectos econômicos e sociais, pois se estava trabalhando a parte científica, mas desconsiderando a parte social e os atores que intervêm nos processos. O trabalho realizado com os colegas sobre as QSC ajuda a considerar qual é o impacto de cada um dos atores participantes. Nunca tinha feito isso; considerar quais são os efeitos causados em qualquer tomada de decisão. 5. Pedro: Para mim tem sido fundamental, sobretudo porque eu trabalho na educação a distância. Então se trabalha com desenvolvimento de habilidades de pensamento crítico quando interajo com os estudantes... 6. Natália: Permitiu-me, como dizem alguns, reconsiderar minha prática docente, e também eu me focava muito nos problemas, agora me tem permitido vivenciar mais coisas com eles [os estudantes], e eles [também vivenciam coisas] comigo.

Continua

Elementos de análise	Entrevista focal Grupo 1	Entrevista focal Grupo 2	Entrevista focal Grupo 3
Polidez	3. Antônio: Primeiro gostaria de fazer uma avaliação do processo antes e depois. Considero a QSC como uma ferramenta para a prática, uma forma mais funcional para desenvolver aprendizados de conceitos do currículo. Em termos profissionais, é [a abordagem de QSC] uma forma mais prática de trabalhar em sala de aula.	4. Carol: Eu penso que trabalhamos um modelo na disciplina [Ensino de Ciências com Enfoque CTSA a Partir de QSC], assim como também trabalhamos umas leituras na disciplina de outra professora do curso do mestrado. Temos desenvolvido esse modelo com os estudantes, mas, como sempre, tem sido muito difícil mudar o modelo de uma aula tradicional, então aí está o que PU falava. Então me senti mal, porque na experiência tentei sair com os estudantes para analisar o entorno, e o contraste entre o trabalho realizado fora e dentro sobre o tema de misturas me serviu para entender que devo mudar o modelo, de tal forma que me tem permitido fazer mais coisas, e na medida em que eu faço isso vou considerar os saberes que eles têm [os estudantes]...	3. Cristina: A respeito de se a disciplina nos permitiu repensar a prática docente, temos que considerar que na escola há uma dinâmica acadêmica, na qual devemos considerar vários aspectos. Parece-me que às vezes não enxergava de que forma articular a parte conceitual, mas me permitiu compreender as QSC e penso que me tem gerado uma inquietação muito grande para articular este trabalho a partir das Ciências.

Fonte: Martínez (2010).

A inovação do ensino

Conforme o Quadro 20, identificamos nas falas dos professores a afinidade positiva com a abordagem de QSC, na medida em que contribuiu para a inovação do ensino dos professores de várias formas. Em primeiro lugar, possibilitou-lhes repensar o currículo e o ensino tradicional, na medida em que reconheceram novas formas de ensinar, especialmente articulando aspectos sociais envolvidos no ensino de conteúdos de Ciências (Lucas, Edvaldo, Ricardo, Angélica, Roberto e Natália).

Em segundo lugar, vários professores destacaram que a abordagem de QSC lhes possibilitou melhorar a aprendizagem e as atitudes de seus alunos, bem com mostrar coisas diferentes para eles (Cláudia, Fátima, Camila e Pedro).

Podemos caracterizar a inovação experimentada pelos profesores conforme suas falas, que indicam um processo de dinamização de suas práticas escolares, em razão de que a abordagem de QSC representa, de alguma forma, uma possibilidade de renovação do ensino tradicional de Ciências.

Os processos de inovação apontados pelos professores foram emergindo de um processo sistemático de reflexão experimentado durante o desenvolvimento da disciplina Ensino de Ciências com Enfoque CTSA a Partir de QSC, que incentivou a reflexão teórica e metodológica a respeito do trabalho realizado pelos professores em sala de aula sobre a abordagem de QSC. Nesse sentido, concordamos com Terrazzan (2007) que a inovação em um espaço educativo exige ações consistentes e bem suportadas, bem como a participação efetiva dos professores e acompanhamento pedagógico permanente, que implica o comprometimento dos professores universitários engajados na formação continuada de professores de Ciências, em virtude de que eles têm a responsabilidade social de enriquecer as experiências docentes dos professores em serviço, bem como de aprender junto com eles novas formas de inovar o ensino de Ciências.

Outro aspecto que foi destacado pelos professores corresponde aos ganhos que eles tiveram em termos de contextualizar socialmente o ensino de conteúdos específicos de Ciências por meio da abordagem de QSC. Nas falas das professoras Cristina, Fátima e Camila, bem com nas dos professores Roberto, Pedro, Lucas e Maurício, identificamos uma afinidade importante desses professores com a abordagem de QSC, dado que esta lhes possibilitou abordar conteúdos de Ciências sob uma perspectiva pedagógica que valorizou o estudo das implicações sociais da ciência e da tecnologia. Tais resultados nos oferecem evidências empíricas que confirmam as considerações de outros trabalhos de pesquisa (Pedretti, 1997; 2003) que apontaram a abordagem de QSC como uma forma concreta de avançar na formação cidadã de estudantes e professores.

A abordagem de QSC pode contribuir na formação para a cidadania dos estudantes, em razão de servir para trabalhar com estes a natureza interdisciplinar do conhecimento científico contemporâneo, transcendendo a lógica disciplinar que tem caracterizado o ensino de Ciências tradicional.

Ainda que a abordagem de QSC implique a problematização dos conteúdos disciplinares das Ciências, isso não significa de forma alguma que não exista a preocupação com o ensino desses conteúdos, pois uma das pretensões dessa abordagem consiste em valorizar de maneira diferente tais conteúdos para que sejam estudados de maneira tal que ajudem os estudantes a estruturar pontos de vista próprios, que lhes permitam participar criteriosamente na sociedade.

Contudo, não podemos desconhecer que existe um conflito entre o currículo focado nos conteúdos disciplinares de Ciências e o currículo focado na perspectiva CTSA. Nesse sentido, concordamos com Aikenhead (2005a; 2002b) que esse conflito curricular implica necessariamente um posicionamento e uma intervenção política crítica em termos de negociação de interesses e do poder outorgado aos conteúdos científicos, que são colocados em um nível de superioridade em relação a outros conteúdos curriculares humanísticos. Ignorar a dimensão política no ensino de Ciências é uma forma de desconhecer as implicações sociais da ciência e da tecnologia.

Se aceitarmos a ideia de que o ensino de Ciências deve transcender a transmissão de conteúdos específicos de Ciências, valorizando as implicações éticas, sociais, políticas e ambientais desses conteúdos, estaremos reconhecendo que a ciência e a tecnologia não podem ser divorciadas de propósitos, responsabilidades e valores sociais. Vista dessa forma, a contextualização social dos conteúdos de Ciências pode favorecer a valorização dos benefícios trazidos pelo progresso científico e tecnológico, em termos da melhoria da qualidade de vida das pessoas, bem como pode favorecer a valorização das limitações e prejuízos desencadeados por esse progresso em termos sociais e ambientais.

A formação para a pesquisa

Outro aspecto caracterizado nas falas de professores na entrevista focal refere-se à afinidade manifestada por alguns deles sobre a formação para a pesquisa de acordo com a abordagem de QSC.

No Quadro 21 observamos que as professoras Isabel e Fernanda e os professores Paulo e Vinícius salientam de diferentes formas os ganhos alcançados pela abordagem de QSC em termos de sua formação como pesquisadores de sua prática. As falas desses professores constituem um indício de que a abordagem de QSC pode enriquecer a pesquisa escolar realizada pelos professores em serviço.

A formação do professor como pesquisador não ocorre de forma individual ou isolada, pois o trabalho colaborativo entre professores em serviço resulta em importante forma para o melhoramento de seu ensino.

Conforme as falas dos professores Roberto e Ricardo e a da professora Edith registradas no Quadro 20, a abordagem de QSC também contribuiu para valorizar o trabalho entre os professores das escolas, de modo que eles salientaram que o trabalho realizado com as QSC em sala de aula tem gerado em outros colegas o interesse em realizar um trabalho coletivo entre os professores, voltado à realização de atividades docentes que inovem o ensino de Ciências nas escolas.

Todos os esforços que apontem ao fortalecimento pessoal e social dos professores devem ser potencializados, especialmente quando esses esforços envolvem a participação ativa desses professores, pois, apesar da ampla pesquisa realizada nas últimas décadas na área de

Quadro 21 – Contribuições da abordagem de QSC para a prática dos professores em termos da pesquisa escolar do professor

Elementos de análise	Entrevista focal Grupo 1	Entrevista focal Grupo 2	Entrevista focal Grupo 6
Modalidade	8. Vinícius: Pareceu-me interessante a relacionada com o pensamento crítico. Isso me levou a fazer um trabalho com a comunidade. A relacionada com o tema de tabagismo é muito boa, pois pensava em fazer isso em minha pesquisa de mestrado, mas me falaram que não podia.	3. Fernanda: Para mim tem sido muito enriquecedor. Também, como diz Edith, porque tenho percebido que em meu fazer pedagógico os estudantes têm maior motivação [...]. Em relação ao meu trabalho de pesquisa, penso que o pensamento crítico e as QSC podem ir juntos. Eu falava algumas vezes sobre a Ciência, mas esquecia de formar cidadãos com uma fundamentação teórica. Como vou fazer? Como posso melhorar? 6. Pablo: [...] Eu já tenho outros conceitos. Devemos evoluir no discurso com leituras escritas. Por que continuar trabalhando da mesma forma? Esta disciplina me tem aberto os olhos para conhecer outros grupos de pesquisa do Brasil que o professor [PU] trabalhou, pois eu somente estava com a leitura da Espanha [de autores da Espanha]. Então isso foi muito bom para mim como pesquisador, porque sempre tenho considerado que meu papel em sala de aula é o de pesquisar.	7. Isabel: Além das coisas ditas pelos colegas, temos criado uma discussão importante sobre metodologia e pesquisa e temos esclarecido e avançado sobre essas coisas.
Polidez		6. Paulo: [...] Em relação ao trabalho que tinha feito antes com o trabalho que fizemos agora [na disciplina], realmente avançamos muito, não somente na disciplina, mas também no mestrado. Como tal, avançamos na pesquisa.	

Fonte: Martínez (2010).

ensino de Ciências, poucas são as mudanças registradas em termos de programas de ensino que visem à superação da racionalidade técnica, ainda dominante na educação continuada de professores de Ciências (Maldaner; Zanon; Auth, 2006). Concordamos com Gauche et al., (2007) e Maldaner (2007) que é importante transcender a pesquisa academicista que mantém a fragmentação entre a formação teórica de âmbito universitário e o pensar-agir próprio das práticas docentes realizadas em sala de aula.

Nesse contexto, a formação ou é reduzida a saberes acadêmicos esvaziados de contextos práticos ou é reduzida a um ofício esvaziado de reflexões teóricas. Por essa razão, propostas que potenciem a pesquisa dos professores em serviço articulando suas experiências a reflexões teóricas devem ser potencializadas na formação continuada dos professores de Ciências.

Da mesma forma como tem sido salientado por vários autores (Carr; Kemmis 1988; Zeichner, 1998; Contreras, 2002; Gimeno; Pérez-Gómez, 1998; Tardif, 2000b; 2006; Maldaner; Zanon; Auth, 2006), pensamos que é importante investir maiores esforços em articular a dimensão teórica e prática da formação do professor como pesquisador de sua prática, para que, dessa forma, sejam autores de seu trabalho docente, e não apenas executores de reformas ou de currículos elaborados por agentes externos ao seu trabalho.

19
Novas compreensões sobre o enfoque CTSA a partir de questões sociocientíficas

Outro aspecto explorado na entrevista focal realizada ao final dos encontros da disciplina Ensino de Ciências com Enfoque CTSA a Partir de QSC foi a construção de novas compreensões dos professores de Ciências em serviço sobre a perspectiva CTSA. Essa perspectiva tem sido abordada no decorrer deste trabalho como uma perspectiva de ensino alternativa ao ensino tradicional de Ciências, e por essa razão consideramos relevante valorizar até que ponto a abordagem de QSC possibilitou compreender a perspectiva CTSA.

Da mesma forma como foi feita a análise das contribuições da abordagem de QSC para a prática do professor, orientaremos a análise neste ponto desenvolvendo, em primeiro lugar, uma análise de algumas falas de professores em termos de modalidade e polidez, para depois estabelecer algumas generalidades conforme a discussão global das falas dos professores.

No Episódio 46 identificamos nas falas de Antônio e Ricardo uma afinidade positiva com a perspectiva CTSA. As expressões "o trabalho que temos desenvolvido", "podemos dizer", "nos deve permitir" utilizadas por Antônio, bem como as expressões "eu acho que", "eu o aplico e o entendo", "eu continuo insistindo", são marcas textuais da modalidade subjetiva. Embora nos dois casos a afinidade seja positiva, interpretamos nas falas duas formas de compreender a perspectiva CTSA.

294 LEONARDO FABIO MARTÍNEZ PÉREZ

Episódio 46 (EF Grupo 4)

48. PU: Bom! [...] A partir do trabalho que temos desenvolvido sobre abordagem de QSC, como vocês estão entendendo as relações entre a ciência, a tecnologia, as sociedades e o ambiente? [risadas dos professores]

5   49. Antônio: O trabalho que temos desenvolvido nos tem permitido até certo ponto aplicar o currículo CTSA. Antes de tudo, ao fazer esta autoavaliação, podemos dizer que houve uma mudança para avaliar. Chamou-me a atenção que apliquei um instrumento no qual perguntava [para os estudantes] o que é CTSA. Eles me diziam que a

10   ciência se desenvolve na sociedade e o ambiente e que estas dimensões estão muito ligadas.

50. Ricardo: Eu acho que ao fazer uma revisão histórica se entende a preocupação do porquê de surgir todo esse movimento [CTSA] a partir de umas problemáticas determinadas. Eu o aplico e o entendo [o

15   movimento CTSA] como essa preocupação que tenho neste momento para a formação de nossos alunos. Eu continuo insistindo na formação integral. A ciência é ensinada de forma rigorosa e descontextualizada, e na educação rural isto é mais marcado, por causa de muitas situações. A tecnologia, nós já sabemos como se encontra [no contexto rural].

20   [Dizem] Vamos trabalhar no computador, porque isso é tecnologia e não mais. A parte do ambiente a trabalhar a Biologia e não há uma relação. [Ciências] Sociais aborda a parte social, mas não estamos relacionando. No momento em que começamos a fazer uma relação CTSA, começamos a perceber que os estudantes também percebem que tudo está relacionado, e a ideia é que os estudantes desenvolvam suas competências e habilidades para que eles analisem as situações, dessa forma o ensino é integral, e não descontextualizado.

51. Antônio: CTSA nos deve permitir solucionar um problema, não somente com exemplos, mas algo mais.

No caso do professor Antônio, a perspectiva CTSA é compreendida como um enfoque didático que lhe possibilita trabalhar com seus alunos o estabelecimento de relações entre a ciência e a sociedade (turno 49, linhas 4 e 5). Por sua vez, o professor Ricardo compreende a perspectiva CTSA como um movimento que trouxe novas reflexões sobre problemáticas sociais que podem ser atreladas à formação integral de

QUESTÕES SOCIOCIENTÍFICAS NA PRÁTICA DOCENTE 295

seus alunos. Desta maneira, o professor salienta a fragmentação das relações CTSA na realidade escolar ao indicar que a tecnologia é somente vista como a informática ou o uso de computadores, o ambiente é tratado pela Biologia e a sociedade é tratada pela área de Ciências Sociais. Diante de tal fragmentação, ele considera que o trabalho com a perspectiva CTSA permite relacionar essas dimensões em sala de aula, oferecendo novas possibilidades para que seus alunos desenvolvam habilidades que lhes permitam contextualizar a ciência.

Os professores Antônio e Ricardo identificam em sua fala a voz dos estudantes diretamente relacionada com o trabalho que desenvolveram com a perspectiva CTSA, deixando entrever que, assim como eles avançaram em estabelecer relações entre a ciência e a tecnologia na sociedade, seus alunos também avançaram na mesma direção.

É interessante que o professor Ricardo representa indiretamente a voz de seus colegas de escola. Observamos que nas linhas 13, 14, 15, 16 e 17 no Episódio 46 o professor Ricardo desenvolve uma crítica ao ensino de Ciências descontextualizado da sociedade, a qual é afirmada no contexto rural no qual ele trabalha. Quando ele se refere à área de Ciências Sociais, percebemos que está se referindo aos seus colegas dessa área. Assim, interpretamos em sua fala que a crítica é clara sobre o trabalho fragmentando que é realizado entre os professores de sua escola a respeito da tecnologia, do ambiente e da sociedade. Justamente na linha 17 do mesmo episódio o professor Ricardo estabelece uma polidez negativa com respeito aos colegas que favorecem a fragmentação do conhecimento, e em consequência ele se posiciona a favor da perspectiva CTSA, que contribuiria para transcender a fragmentação. A crítica exposta pelo professor Ricardo sobre o ensino que foca nas disciplinas é ratificada na linha 18, na qual ele afirma implicitamente que o estabelecimento de relações CTSA contribuiria para a formação integral de seus alunos e para a contextualização social do ensino desenvolvido por seus colegas.

O fato de o professor Ricardo questionar o ensino tradicional representando outras vozes da escola implica uma constituição de seu *ethos* de maneira diferente daquela do professor Paulo, pois parece expressar um encorajamento mais claro de seu trabalho docente embasado na perspectiva CTSA, enquanto o professor Paulo deixa entrever certa aplicação da perspectiva CTSA sem levar em consideração maiores considerações pedagógicas.

No Episódio 47 também identificamos, nas falas das professoras Fernanda, Roberta e Fátima, a modalidade subjetiva, porque elas expressam afinidade com a perspectiva CTSA, na medida em que esta possibilitou que elas trabalhassem conteúdos de Ciências conforme suas implicações sociais.

Por sua vez, identificamos, no mesmo episódio, na fala do professor Paulo (turno 39) a modalidade objetiva, porque, embora ele expresse afinidade com a perspectiva CTSA, o faz como se fosse algo externo ao seu próprio trabalho. Observamos que a fala do professor é construída na terceira pessoa e não há marcas textuais de modalidade subjetiva, em contraste com as falas das professoras Fernanda, Roberta e Fátima. No entanto, apesar de o professor parecer perceber a perspectiva CTSA como algo externo, ele acaba valorizando positivamente essa perspectiva e ainda alerta sobre a dificuldade envolvida no estabelecimento de relações entre a ciência e a tecnologia na sociedade, constituindo, dessa forma, uma polidez positiva, alertando que as relações CTSA não são algo tranquilo ou fácil, pois exigem um ponto de vista determinado.

Episódio 47 (EF Grupo 2)

37. PU: Bom! Em primeiro lugar, de acordo com as respostas que vocês indicaram sobre ciência e a tecnologia, no primeiro trabalho que fizemos [Apêndice C] vocês concordavam com o exposto naquele momento e vocês indicavam que a tecnologia era a aplicação da ciência. Bom!

5 Diante disso, gostaria que vocês falassem como estão entendendo a relação entre a ciência, a tecnologia, a sociedade e o ambiente.

38. Fernanda: Bom! É uma relação recíproca, <u>na qual consideramos as im</u>plicações sociais da ciência e da tecnologia. Não somente <u>eu considero</u> essas implicações, mas também os estudantes. Por exemplo,

10 na QSC que estou trabalhando, as concepções que eles tinham sobre a tecnologia estavam relacionadas com um computador, um iPod ou a internet, e pensavam que a ciência e a tecnologia sempre beneficiam o mundo. Mas depois de ir trabalhando alguns debates, eles foram se sensibilizando e mudando sua visão positiva ou negativa. Então essa

QUESTÕES SOCIOCIENTÍFICAS NA PRÁTICA DOCENTE **297**

15 relação é recíproca e é difícil de separar, porque o tempo todo se relaciona. Agora paramos para pensar nas implicações e também paramos para pensar sobre qual é nosso papel. Eles se enxergam no futuro e o que podem fazer, e eu, o que posso fazer como docente.

39. Paulo: As relações CTS implicam entender que a ciência e a tecnolo-
20 gia são o resultado uma da outra e implicam também uma postura ética, política e econômica. Aí está a questão de que o PU falava; considerar benefícios e riscos, pois tem a ver com PIB [produto interno bruto do país] e com muitas coisas. Na verdade, não é uma relação tranquila, implica um ponto de vista.

25 40. Fátima: Eu acho que é um novo microcurrículo que permite interpretar muitas coisas. É muito importante a pesquisa, a parte social e, logicamente, o conteúdo [de Ciências]. Algo que detectei foi que tive certa apatia sobre a dimensão social, então [porque] meus conceitos bioquímicos ficavam por lá [afastados], e não sabia que tão pertinente [era
30 a perspectiva CTSA]. A gente deve estar muito atenta para enfrentar CTSA, para que meus conceitos bioquímicos não fiquem afastados. O professor deve estar preparado para delimitar muito bem a QSC.

41. Roberta: Penso que nessa abordagem [CTSA] a gente tem a oportunidade de ver a relação ciência e tecnologia, e eu tenho descoberto nas
35 análises mais aprofundadas com os estudantes o tipo de conhecimentos que produz cada um deles. Percebo que na tecnologia os conhecimentos são mais aplicáveis, e os conhecimentos científicos fazem parte de um campo de profundização mais especializado. Tecnologias são aqueles campos especializados que a ciência produz. Gostaria de colocar
40 algo relacionado com o dito pela Fátima, e quando trabalhamos uma questão [sociocientífica], o conhecimento disciplinar [das Ciências] é muito importante, porque a gente pode trabalhar a questão em muitos aspectos, e o que eu tenho sentido é que fiquei muito no macro [no geral] e tenho chegado pouco ao micro [o particular], porque precisamente as
45 coisas sociais se consideram desde o macro, então ainda não consegui chegar ao micro. Essa fundamentação teórica e esse limite devem ser considerados em algum momento, e a gente não pode ficar nessas coisas tão amplas, porque tem o risco de não ter tempo.

42. Paulo: Essa é uma discussão muito ampla e é precisamente um
50 tema de pesquisa da perspectiva CTSA que tem a ver com o grau de conhecimentos que favorecem a formação de cidadãos, porque para

298 LEONARDO FABIO MARTÍNEZ PÉREZ

55
a formação de cidadãos eu trabalharia mais a parte da tomada de decisão sobre situações ambientais, para que eles se preparem para participar. Mas também implica a formação de cientistas de que precisa a sociedade. Então é o cuidado que a gente precisa ter para saber qual é o âmbito que desejo favorecer. Então, se eu quero favorecer a formação de cidadãos, devo pensar em que tipo de conhecimentos são necessários.

A crítica sobre a visão tradicional de tecnologia nasceu na década de 1970 e tem se estendido até nossos dias. O fundamento da crítica teve foco na aparente autonomia e neutralidade do progresso tecnológico que foi questionada, uma vez que foram valorizados os aspectos sociais e os valores adjacentes à mudança tecnológica, de modo que a tecnologia não era mais um empreendimento autônomo, mas uma atividade humana desenvolvida em determinados contextos sociais, econômicos e políticos.

No Episódio 48 também identificamos na fala da professora Natália uma compreensão tradicional da tecnologia, desta vez relacionada com a construção de artefatos. Essa compreensão é construída no cotidiano da professora, uma vez que a sociedade está saturada de artefatos que fazem parte da vida das pessoas, e por essa razão a professora considera que é difícil mudar essa compreensão tradicional de tecnologia. No entanto, o fato de ela refletir sobre a dificuldade de superar o percebido no cotidiano representa um indício de que as discussões desenvolvidas com a professora contribuíram de alguma forma para pensar essa visão sobre a tecnologia.

Episódio 48 (EF Grupo 6)

46. PU: Vocês, em suas respostas expressas no primeiro trabalho que realizamos [Apêndice C], indicavam que trabalhavam as implicações da ciência e da Tecnologia na sociedade, entendendo a tecnologia como uma aplicação da ciência. Vocês, como estão entendendo a tecnologia e suas relações com a ciência, a sociedade e o ambiente?

47. Laura: Chamou-me a atenção que eu mudei essa visão, porque a tecnologia não é simples aplicação [da ciência], não é só o aparelho, é uma construção coletiva. É a construção de um conhecimento.

QUESTÕES SOCIOCIENTÍFICAS NA PRÁTICA DOCENTE **299**

48. Cristina: Por exemplo, eu pedi para eles [os estudantes], em uma atividade que se chama "Características de habilidades que registrassem aspectos sobre a máquina a vapor"... lógico que não podemos conseguir isso [a máquina] e não porque seja funcional... estaria a tecnologia, aí há uma construção. Então [a tecnologia] é como essa construção de pensamento.

50. Natália: A tecnologia é para construir um conhecimento, mas está vinculada a equipamentos ou aos aparelhos que necessitamos no dia a dia e que sem eles não poderíamos viver. A internet, as ligações. Ah! Por exemplo, tinha que ligar para avisar que não assistiria a um encontro e demorei, gastei dinheiro, a mensagem voltava, enfim. Para mim, a tecnologia é imprescindível para as escolas, para as políticas e para as pessoas. Uma pessoa que não tenha celular, como que fica parada! É difícil, para mim, mudar essa concepção da tecnologia e pensá-la em termos de construção social, eu a relaciono com aparelhos.

51. Roberto: Basicamente, eu entendo a tecnologia relacionada com o currículo e a necessidade de melhorar a qualidade acadêmica. Então eu considero a tecnologia com a necessidade de dar resposta a um problema do cotidiano, e nesse cotidiano está a construção de conhecimento, não somente na ferramenta [nos instrumentos, aparelhos etc.], mas em termos de pesquisa, pois eles [os estudantes] devem elaborar um projeto final. Então a tecnologia nós trabalhamos a partir desse ponto de vista, em termos da solução de um problema prático que deviam dar conta ao final do ano. E como o faço? Fazendo uma pesquisa educativa formativa.

Em contraste com a compreensão tradicional de tecnologia caracterizada nas falas das professoras Roberta e Natália, nós identificamos na fala do professor Roberto (turno 51, Episódio 48) uma compreensão diferente sobre a tecnologia relacionada com a resolução de problemas práticos por parte de seus alunos. Ele entende a questão da tecnologia vinculada a processos educativos, nos quais aquela não pode ser vista como simples artefatos, mas como processos criativos nos quais os estudantes podem se engajar para desenvolver um determinado projeto sobre um problema prático.

Interpretamos na fala do professor Roberto uma compreensão de tecnologia como uma atividade humana orientada à solução de problemas práticos, o que também pode incluir a elaboração de artefatos ou produtos como consequência de um processo técnico, mas que não é reduzida a esse processo.

No turno 47 do Episódio 48 apreciamos que a professora Laura questiona a ideia de tecnologia entendida como aplicação da ciência e expressa entendê-la com uma construção coletiva de pensamento, da mesma forma a professora Cristina (turno 48) considera a tecnologia atrelada à construção de pensamento.

As falas do professor Roberto e das professoras Laura e Cristina nos indicam a compreensão de tecnologia de uma forma diferente, que em termos históricos, segundo López, González e Luján (ibidem), incorporaria tanto os aspectos técnicos da visão tradicional quanto os aspectos culturais e sociais da tecnologia. Assim, a tecnologia é vista como processo e produto: politicamente constituída e socialmente contextualizada. Essa nova visão da tecnologia está aberta à inovação e à intervenção ambiental, o que envolve uma recontextualização da tecnologia focada nos aspectos organizativos e culturais dos sistemas tecnológicos e dos artefatos, vistos como produtos de interações sociais.

Nesse sentido, a perspectiva CTSA oferece uma forma diferente de entender a tecnologia, uma forma que valora impactos, riscos e outros aspectos sociais associados ao progresso tecnológico. Baseados em López, González e Luján (ibidem), realizamos o Quadro 22, no qual apresentamos as características da perspectiva tradicional da tecnologia e apontamos a nova forma de entender a tecnologia sob a perspectiva CTSA.

Da mesma forma como analisamos as falas das professoras Fernanda, Roberta, Fátima, Natália, Laura e Cristina e as dos professores Paulo, Roberto, Antônio e Ricardo, analisamos as falas de outros professores, e a partir dessa análise elaboramos o Quadro 23, no qual apresentamos algumas falas que nos permitiram caracterizar o tipo de afinidade estabelecido pelos professores sobre a perspectiva CTSA em termos de modalidade subjetiva e objetiva.

QUESTÕES SOCIOCIENTÍFICAS NA PRÁTICA DOCENTE **301**

Quadro 22 – Contribuições dos estudos CTSA sobre uma nova compreensão da tecnologia e suas relações com a ciência e a sociedade

	Impacto e riscos	Aspectos sociais e técnicos	Variação e seleção	Viabilidade social e regulação
Perspectiva tradicional	- Os impactos e riscos são inerentes à tecnologia.	- Parte-se da distinção absoluta entre aspectos sociais e tecnológicos.	- A variação e a seleção na mudança tecnológica são concebidas como processos independentes.	- A viabilidade social da tecnologia depende de sua eficiência interna.
Perspectiva CTS	- Os impactos e os riscos das tecnologias devem ser abordados de acordo com percepções, significados e atitudes de vários grupos sociais. - A avaliação de riscos depende de fatores como equidade social e ameaças das liberdades individuais.	- Os interesses sociopolíticos e econômicos influem no desenvolvimento da tecnologia. Da mesma forma, as estruturas sociais estão definidas pela tecnologia.	- Os processos de variação e seleção tecnológica estão conectados com o fim de que a informação flua nas etapas das mudanças tecnológicas.	- A viabilidade da tecnologia depende de aspectos sociais, organizativos e institucionais. - A viabilidade social de um projeto tecnológico não depende somente dos critérios definidos por especialistas, mas também da aceitação dos cidadãos.

Fonte: Martínez (2010). Quadro realizado baseado em López, González e Luján (2002).

De acordo com os registros sistematizados no Quadro 23, podemos dizer que um considerável número de professores (Fernanda, Fátima, Camila, Edvaldo, Maurício, Vinícius, Paulo e Lucas) expressou a afinidade subjetiva (modalidade subjetiva) com a perspectiva CTSA em termos de valorizar as contribuições dessa perspectiva para o estabelecimento de relações entre a ciência e a tecnologia na sociedade. Os professores (Antônio, Roberta e Fátima) que expressaram a afinidade objetiva (modalidade objetiva) também valorizaram externamente as contribuições da perspectiva, pois valorizavam em parte a perspectiva CTSA como se fossem avaliadores desta, e não como professores que se encorajavam subjetivamente em seu desenvolvimento.

Quadro 23 – Afinidade dos professores com a perspectiva CTSA

Elementos de análise	Entrevista focal Grupo 1	Entrevista focal Grupo 2	Entrevista focal Grupo 3
Modalidade	36. PU: [...] Gostaria que vocês falassem como vocês estão entendendo a relação entre a ciência, a tecnologia, a sociedade e o ambiente. 37. Maurício: [...] A parte da Química, a parte experimental estava, mas não estava a dimensão humana, então avancei em considerar as consequências da ciência. Então nessas relações [CTSA] vai a dimensão humana. 38. Vinícius: Eu as considero [as relações CTSA] em meu projeto. Antes as considerava como disse o Maurício [na parte disciplinar das Ciências], porque desconhecia essa forma de trabalhar. 38. Lucas: Considero essa perspectiva [CTSA] para trabalhar os componentes éticos. A gente percebe que não existem somente os benefícios [da ciência], mas também se percebe que é necessário gerar uma mudança.	37. PU: [...] Gostaria que vocês falassem como vocês estão entendendo a relação entre a ciência, a tecnologia, a sociedade e o ambiente. 38. Fernanda: Bom! É uma relação recíproca, na qual consideramos as implicações sociais da ciência e da tecnologia. Não somente eu considero essas implicações, mas também os estudantes. [...] Agora paramos para pensar as implicações e também paramos para pensar sobre qual é nosso papel. Eles se enxergam no futuro que podem fazer, e eu, que posso fazer como docente. 39. Paulo: As relações CTS implicam entender que a ciência e a tecnologia são o resultado uma da outra e implicam também uma postura ética, política e econômica... 40. Fátima: Eu acho que é um novo microcurrículo que permite interpretar muitas coisas. É muito importante a pesquisa, a parte social e, logicamente, o conteúdo [de Ciências]... 41. Roberta: Penso que nessa abordagem [CTSA] a gente tem a oportunidade de ver a relação ciência e tecnologia, e eu tenho descoberto nas análises mais aprofundadas com os estudantes o tipo de conhecimentos que produz cada um deles....	32. PU: Como vocês estão compreendendo as relações CTSA depois de ter abordado suas QSC?... 33. Simone: É como um ciclo. Por quê? A ciência vai atrelada à tecnologia, que tem sido produtiva na sociedade. Uma coisa vai dentro da outra em benefício de melhores condições de vida. Se nós conseguirmos fazer entender [aos estudantes] que cada coisa [CTS] faz parte do ciclo, será bastante produtivo. 34. Camila: Eu mudaria a palavra "ciclo" pela palavra "integração", porque penso que temos conseguido essa compreensão de integração para trabalhá-la com os estudantes... 35. Edvaldo: Sim! Não são [a ciência, a tecnologia e a sociedade] excludentes, mas complementares, e podemos ver que através da história as três coisas vão de mãos dadas, elas vão integradas.

Continua

Elementos de análise	Entrevista focal Grupo 1	Entrevista focal Grupo 2	Entrevista focal Grupo 3
Polidez		40. Fátima: [...] Algo que detectei foi que tive certa apatia sobre a dimensão social, então [porque] meus conceitos bioquímicos ficavam por lá [afastados], e não sabia que tão pertinente [era a perspectiva CTSA]. 41. Roberta: Gostaria de colocar algo relacionado com o dito pela Fátima, e quando trabalhamos uma questão [sociocientífica], o conhecimento disciplinar [das Ciências] é muito importante, porque a gente pode trabalhar a questão em muitos aspectos, e o que eu tenho sentido é que fiquei muito no macro [no geral] e tenho chegado pouco ao micro [o particular].	
Modalidade	48. PU: Bom! [...] A partir do trabalho que temos desenvolvido sobre a abordagem de QSC, como vocês estão entendendo as relações entre a ciência, a tecnologia, a sociedades e o ambiente? [risadas dos professores] 50. Ricardo: Eu acho que ao fazer uma revisão histórica se entende a preocupação do porquê de surgir todo esse movimento [CTSA] a partir de umas problemáticas determinadas. Eu o aplico e o entendo [o movimento CTSA] como essa preocupação que tenho neste momento para a formação de nossos alunos. 51. Antônio: CTSA nos deve permitir solucionar um problema, não somente com exemplos, mas algo mais.	50. PU: Como entendem a relação da tecnologia com a ciência e a sociedade? 51. Angélica: É uma relação dinâmica que se está renovando a cada momento. É uma relação que não está desvinculada dos posicionamentos políticos, econômicos e sociais que a gente evidenciou durante o desenvolvimento da questão sociocientífica. Por exemplo, o posicionamento do professor tem um papel importante. 52. Isabel: Eu vejo essa relação como uma construção social entre a ciência e a tecnologia, é um trabalho colaborativo. Uma não se pode desligar da outra, nem se pode dar mais importância a uma, elas têm a mesma importância.	51. Roberto: Basicamente, eu entendo a tecnologia relacionada com o currículo e a necessidade de melhorar a qualidade acadêmica. Então eu considerei a tecnologia com a necessidade de dar resposta a um problema do cotidiano, e nesse cotidiano está a construção de conhecimento, não somente na ferramenta [nos instrumentos, aparelhos etc.], mas em termos de pesquisa, pois eles [os estudantes] devem elaborar um projeto final. Então a tecnologia nós trabalhamos a partir desse ponto de vista, em termos da solução de um problema prático que deviam dar conta ao final do ano. E como faço? Fazendo uma pesquisa educativa formativa.

Continua

Elementos de análise	Entrevista focal Grupo 1	Entrevista focal Grupo 2	Entrevista focal Grupo 3
Polidez	49. António: O trabalho que temos desenvolvido nos tem permitido até certo ponto aplicar o currículo CTSA. Antes de tudo, ao fazer esta autoavaliação, podemos dizer que houve uma mudança para avaliar.		

Fonte: Martínez (2010).

QUESTÕES SOCIOCIENTÍFICAS NA PRÁTICA DOCENTE **305**

Alguns professores ainda compreendem a perspectiva CTSA como uma forma pedagógica de contextualizar socialmente os conteúdos de Ciências, o que representa um avanço, mas os esforços podem ser mais bem encaminhados para que a perspectiva CTSA não seja vista apenas com uma forma de contextualização social, mas como uma abordagem interdisciplinar e problemática do ensino de Ciências que parte de QSC.

Na medida em que o ensino de Ciências embasado na perspectiva CTSA parta de QSC, serão oferecidas maiores possibilidades para abordar as implicações sociais e políticas da ciência e da tecnologia. Contudo, a abordagem dessas questões na prática dos professores de Ciências em serviço representa um desafio, porque os professores enfrentam a incerteza de ter de deixar de trabalhar conteúdos específicos de Ciências que eles consideram que devem ser passados para seus alunos. No entanto, a fala da professora Fernanda (Episódio 49) serve de exemplo para ilustrar que é possível trabalhar os conteúdos específicos de Ciências durante a abordagem de QSC, mas que esse trabalho tem sentido desde que seja realizado transversalmente.

Episódio 49 (EF Grupo 2)

11. Fernanda: [...] Eu deveria ter terminado de abordar o tema de genética no primeiro período [acadêmico], mas eu continuo [trabalhando] com genética. Vou continuar com o tema. Eles estão interessados [os estudantes], e devo abordar outros temas, mas aos poucos eu vou articulando-os com a mesma QSC [a experimentação com animais]. Além de abordar os outros temas, é necessário que os estudantes possam desenvolver suas habilidades [de pensamento crítico] e possam interpretar seu contexto. Com isso, eu fico tranquila, porque não me incomoda se não abordo todos os temas. Igual, tenho um ano para abordá-los. O que me interessa é o que fica no estudante, então não tenho essa posição [de abordar todos os conteúdos estabelecidos no currículo], e seria interessante que os colegas [da escola] olhem que é uma estratégia boa [a abordagem de QSC] e que a possam desenvolver, porque é enriquecedora. A única professora que tem gostado do meu trabalho é a professora de Espanhol, porque os estudantes lhe dizem: "Vamos argumentar". Então eles começam: a razão é tal, a análise é tal, a conclusão é tal. Ou seja, eles estão desenvolvendo o que

têm trabalhado comigo. Então com ela [a professora de Espanhol] posso realizar um trabalho interdisciplinar que me parece muito importante.

A fala da professora Fernanda também é um exemplo da construção crítica de sua autonomia, na medida em que seu trabalho docente é valorizado em virtude da formação de seus alunos e do possível trabalho coletivo que poderia ser realizado com seus colegas.

Assim, concordamos com Solomon (1993), Aikenhead (1994) e Pedretti et al. (2008) que a perspectiva CTSA não coloca em perigo o ensino dos conteúdos de Ciências. Ao contrário, pode ajudar a aumentar o interesse dos estudantes e também pode fomentar a construção de novos valores que favoreçam melhores aprendizados coletivos de Ciências.

O importante, talvez, seja enfrentar o desafio proposto pela perspectiva CTSA de transformar a forma como tradicionalmente se tem ensinado Ciências, e tal desafio educacional envolve uma preocupação principalmente prática. Por essa razão a abordagem de QSC abre novas possibilidades para encorajar os professores em processos de inovação e transformação de sua prática na medida em que essas transformações são alcançadas coletivamente.

Considerações finais

A partir das análises realizadas nas partes 5 e 6 deste livro, defendemos a tese de que a abordagem de questões sociocientíficas (QSC) na prática docente pode contribuir para a formação continuada de professores de Ciências conforme os seguintes aspectos: 1) Problematização da ideologia tecnicista do currículo tradicional de acordo com a linguagem da crítica e a linguagem da possibilidade. 2) Compreensão dos professores de Ciências em serviço sobre a autonomia docente. 3) Interações dialógicas na formação continuada de professores de Ciências.

Problematização da ideologia tecnicista do currículo tradicional de acordo com a linguagem da crítica e a linguagem da possibilidade

O ensino dos professores de Ciências em serviço pode ser instrumentalizado pela ideologia do currículo tecnicista, uma vez que seu trabalho docente é reduzido à definição de metodologias de ensino, deixando em segundo plano as questões sobre o que, por que e para quem ensinar.

A ideologia tecnicista do currículo pode ser legitimada racionalmente pelos professores porque eles parecem entender que o currículo preestabelecido deve ser seguido, porque dessa forma é garantida a "qualidade" educacional de todos os estudantes. No entanto, essa ideia está investida ideologicamente, porque não existem indícios contundentes que corroborem que a aplicação de determinados padrões curriculares por parte dos professores desencadeie uma melhor qualidade da educação.

Nesse contexto, as discussões desenvolvidas com os professores participantes (PP) da pesquisa sobre a abordagem de QSC em sala de aula favoreceram a emergência da linguagem da crítica e a linguagem da possibilidade a respeito das restrições impostas pelo currículo tradicional de Ciências.

A abordagem de QSC é uma maneira de problematizar essa ideologia tecnicista do currículo tradicional de Ciências, uma vez que implica pensar por que e para que ensinar Ciências na sociedade atual, transcendendo a mera busca de metodologias voltadas ao ensino de conteúdos preestabelecidos.

Assim, a linguagem da crítica é importante para desvelar os efeitos ideológicos do currículo tradicional, mas parece não ser suficiente para favorecer outras propostas curriculares. Por essa razão, é necessário investir maiores esforços na linguagem da possibilidade, na medida em que se busca uma articulação da prática docente com os processos de democratização do ensino de Ciências e a formação de professores, visando a participação ativa destes na definição de seus próprios conteúdos de ensino conforme os problemas educacionais que eles enfrentam junto a seus alunos.

A linguagem da possibilidade como um elemento relevante da formação crítica de professores propende para o discurso da ação refletiva, que oferece maiores possibilidades para o desenvolvimento de um currículo de Ciências, dinamizado pelo trabalho colaborativo entre professores em serviço e professores universitários comprometidos com a formação docente.

A articulação entre a linguagem da crítica e a linguagem da possibilidade também nos oferece um embasamento teórico para repensar a

QUESTÕES SOCIOCIENTÍFICAS NA PRÁTICA DOCENTE 309

apropriação da ideologia tecnicista do currículo tradicional nas práticas docentes, constituindo, dessa forma, uma concepção do currículo que envolve a pesquisa sobre o ensino do professor, conforme suas contradições, intencionalidades e práticas. Assim, defendemos a necessidade de investir maiores esforços em construir com professores de Ciências em serviço uma concepção reflexiva e crítica do currículo.

Os trabalhos de Stenhouse (1987), Kemmis (1993), Giroux (1997), Apple (1999b) e Gimeno e Pérez-Gómez (1998) nos ajudam a fundamentar essa concepção sobre o currículo que valoriza os professores como agentes ativos que constroem o currículo, porque o currículo implica uma representação da cultura escolar que expressa as relações entre teoria e prática, bem como entre educação e sociedade.

A abordagem de QSC também nos possibilitou entender que o currículo não pode ser reduzido aos conteúdos específicos de Ciências, porque, apesar de serem relevantes para a educação em ciências e tecnologia dos cidadãos, não são suficientes para abordar as questões sociais, políticas e éticas atreladas ao progresso científico e tecnológico. Em tal sentido, é importante que o professor de Ciências mobilize uma diversidade de conhecimentos de fontes diversas sobre assuntos políticos, sociais, científicos e pedagógicos que lhe permita favorecer o crescimento pessoal e social de seus alunos.

Ressaltamos a ideia de polifonia discutida em nossa pesquisa, que pode ser relacionada com a ideia de não homogeneidade e descontinuidade de conhecimentos dinamizados por culturas diversas, tal como tem sido sustentado por Lopes (2007) em suas pesquisas sobre currículo e epistemologia, nas quais tem defendido, entre outras coisas, a tese da escola como produtora de cultura e do conhecimento escolar mediado pelas relações entre saberes teóricos e práticos.

A ideia de polifonia na formação do professor também pode ser interessante para avançar na construção da epistemologia da prática profissional do professor, uma vez que mobiliza saberes dos professores de Ciências em serviço a partir da reflexão sobre sua própria prática. Da mesma forma, possibilita a reflexão do professor universitário sobre seu papel como formador de formadores. Em tal sentido, podemos investir maiores esforços para repensar o problema epistemológico referido à lógica disciplinar que domina a preparação dos professores e impossibilita a abordagem dos problemas próprios da ação docente (Tardif, 2006).

A lógica estritamente disciplinar das Ciências encontra espaço no currículo tradicional, contribuindo para reproduzir a ideia do ensino como um processo neutro, desinteressado e afastado das relações de poder, sendo questionado ao longo da pesquisa, conforme a concepção crítica da formação dos professores, que envolve um comprometimento com as construções de espaços democráticos na escola e na sociedade, o que possibilita o empoderamento dos estudantes como cidadãos ativos e críticos para exercer sua cidadania responsavelmente.

O empoderamento dos estudantes e dos professores para o exercício de sua cidadania faz parte da construção de uma cultura política que favorece a reflexão sobre as relações de poder que são materializadas em recursos discursivos e, dessa forma, contribui com a construção de uma sociedade democrática (Giroux, 1997; 2003a; 2003b; 2005).

A cultura política é importante porque ajuda a repensar a tese do currículo tradicional, que reduz o ensino a um processo tecnicista de transmissão de conteúdos, desconhecendo a natureza política do ensino, pois o ensino é um processo intencional e inacabado sobre o próprio desenvolvimento do ser humano, o qual é condicionado, mas não determinado, tal como foi salientado por Freire (2007) e vem sendo defendido na atualidade por Giroux (2003c; 2005).

Ainda segundo esses autores, dimensão política do ensino significa reconhecer que as escolas e outros espaços culturais não estão isolados dos problemas sociais mais amplos que são enfrentados por estudantes, professores e comunidades. Assim, a construção da cidadania não é produto de eficiência técnica de um currículo, mas uma construção social resultado de conflitos pedagógicos, os quais podem alterar a forma de pensar, de ser e de viver em uma sociedade democrática.

De acordo com uma visão dialógica da formação continuada de professores de Ciências, o conflito é inerente a essa formação, pois no encontro intersubjetivo estabelecido entre professores são expressas direta ou indiretamente várias vozes, as quais, por sua vez, expressam diferentes formas de pensar e de agir.

QUESTÕES SOCIOCIENTÍFICAS NA PRÁTICA DOCENTE 311

Assim, o conflito envolve divergências e convergências entre diferentes sujeitos que interagem em qualquer processo dialógico, de modo que na diferença existe a possibilidade de valorizar da melhor forma as vozes dos sujeitos que interagem, enquanto em espaços de homogeneização a possibilidade de subordinação é maior, dependendo dos posicionamentos assumidos pelos sujeitos no diálogo. Desse modo, os sujeitos podem estabelecer interações dialógicas autoritárias, de persuasão ou polifônicas.

Ao valorizar o conflito adjacente às interações dialógicas, construímos uma nova forma de explorar a interface estabelecida entre sujeitos e discursos no campo da formação continuada de professores de Ciências, uma vez que o embasamento teórico da análise de discurso crítica (ADC), adotado nesta tese, nos permitiu compreender que o discurso posiciona o sujeito, mas que o sujeito também desenvolve práticas ativas, a partir das quais reconstrói processos discursivos conforme os posicionamentos que vão sendo adotados nas suas ações. Dessa forma, a mudança é uma questão própria dos processos discursivos, na medida em que nos comprometemos com processos comunicativos que valorizam nossa subjetividade atrelada à subjetividade dos outros.

A intersubjetividade que se materializa nas práticas por meio da linguagem pode sustentar ações comunicativas que levem à problematização permanente da racionalidade instrumental que tem fundamentado a ideologia tecnicista do currículo tradicional de Ciências presente até nossos dias, mas que na atualidade parece se configurar de forma discursiva por meio de dispositivos sofisticados de controle, que são apropriados nos discursos dos professores de Ciências em serviço. Por essa razão, é importante repensar a formação continuada de professores de Ciências em termos práticos e discursivos, uma vez que o discurso entendido como prática social pode, entre outras coisas, possibilitar o resgate da ação como um elemento importante para repensar a formação em termos dialógicos.

Compreensão dos professores de Ciências em serviço sobre a autonomia docente

As análises realizadas neste livro representam indícios empíricos para considerar que a abordagem de QSC pode influir na compreensão da autonomia docente por parte de professores em serviço, e, dessa forma, poderíamos repensar os processos de instrumentalização do ensino.

Alguns professores compreenderam a autonomia como um processo individualista, por meio do qual poderiam orientar seu ensino conforme suas próprias convicções, sem influência de agentes externos. Se, por um lado, essa concepção da autonomia ajuda a favorecer um encorajamento pessoal do professor, por outro, limita seu desenvolvimento social e restringe dinâmicas intersubjetivas que dinamizam o exercício docente. Essa visão individualista também fortalece o isolamento do professor e tem caracterizado a profissão docente historicamente, restringindo a construção de processos coletivos que contribuam na transformação educacional das escolas.

Outra forma de compreender a autonomia docente que transcende a compreensão individual foi caracterizada em vários professores como reflexão sobre a prática de ensino. A autonomia vista a partir desse ponto de vista não é mais um atributo individual que se possui, mas uma reflexão sobre a prática e um processo desenvolvido na reflexão sobre a ação, no qual a participação e o trabalho desenvolvido pelos estudantes são relevantes para a construção da autonomia docente.

No entanto, essa forma de compreender a autonomia tem o problema de restringir-se aos processos de ensino e aprendizagem desenvolvidos em sala de aula, de tal forma que o professor limita seu trabalho às dinâmicas escolares, sem articulá-las às esferas públicas mais amplas da sociedade. Dessa forma, os valores e as responsabilidades sociais próprias do ensino podem ser facilmente desconsiderados.

Assim, salientamos nas análises realizadas na Parte V deste livro a compreensão, por parte de alguns professores, da autonomia docente como um processo dialógico e crítico. Tal compreensão transcende a concepção individualista e refletiva da autonomia, prestando atenção aos processos pedagógicos desenvolvidos em sala de aula e suas corres-

QUESTÕES SOCIOCIENTÍFICAS NA PRÁTICA DOCENTE **313**

pondentes relações com processos e valores sociais voltados à formação democrática dos cidadãos.

A autonomia docente entendida como processo dialógico e crítico tem a ver com a construção de uma sociedade plenamente democrática, o que implica a existência de uma vida justa, participativa e igualitária para todos os cidadãos. A autonomia volta-se sobre os valores que fundamentam aspirações ontológicas e sociais da humanidade.

A injustiça, a manipulação, a marginalização e a exclusão, ainda presentes em nossas escolas e em nossa sociedade, constituem as condições materiais que justificam a busca da autonomia crítica e dialógica.

Defender, nesse caso, a autonomia dos professores é defender um programa político para a sociedade e um compromisso social com a profissão. E apenas sob este programa, isto é, em benefício de uma democratização maior da sociedade, de suas estruturas e das novas gerações, de suas experiências e aprendizagens escolares, pode-se sustentar uma concepção de autonomia que possa em algum momento opor-se ou resistir às demandas da sociedade. (Contreras, 2002, p.205)

A abordagem de QSC atrelada à pesquisa do professor fortalece a autonomia docente em termos intersubjetivos, de modo que a autonomia não é restrita a competências individuais ou a meras aplicações práticas. Evidenciamos nas análises realizadas que a autonomia dos professores foi fortalecida por meio dos projetos de pesquisa elaborados por eles sobre a abordagem de QSC de seu interesse. A partir dessas análises podemos sintetizar as seguintes contribuições em termos do melhoramento da prática docente:

a) A abordagem de QSC e a tomada de decisão. A tomada de decisão no ensino de Ciências não deve considerar apenas as estratégias didáticas que favorecem o desenvolvimento de habilidades dos estudantes para realizar suas próprias escolhas, mas também deve levar em consideração a cultura dos estudantes, o que influencia a forma como eles tomam suas próprias decisões. Salientamos a necessidade de relacionar a cultura dos estudantes com a das disciplinas científicas do currículo, pois assim os estudantes terão melhores condições e oportunidades de aprender a fundamentar suas escolhas a partir de sua própria realidade.

b) A abordagem de QSC e a argumentação. A abordagem de QSC em sala de aula pode favorecer o desenvolvimento de processos básicos de argumentação, os quais são evidenciados nas afirmações com justificação realizadas pelos estudantes de ensino básico. O desenvolvimento de níveis superiores de argumentação pode ser influenciado por crenças e resistências culturais que naturalizam o raciocínio cotidiano dos estudantes.

c) A abordagem de QSC e o pensamento crítico. A abordagem de QSC em sala de aula pode favorecer o desenvolvimento de habilidades de pensamento crítico nos estudantes, tais como a habilidade para resolver problemas e tomar decisões. No entanto, o desenvolvimento de habilidades de ordem superior depende do nível educativo no qual foi desenvolvido o trabalho com QSC, assim como do tipo de estratégias utilizadas pelo professor para o favorecimento de determinadas habilidades. As estratégias embasadas no enfoque CTSA, tais como a realização de debates e o estudo de casos clínicos na área da saúde, parecem oferecer melhores possibilidades para que os estudantes desenvolvam habilidades de pensamento crítico.

d) A abordagem de QSC e a incorporação do enfoque CTSA à prática do professor. A abordagem de QSC em sala de aula pode favorecer a incorporação dos objetivos pedagógicos da perspectiva CTSA à prática docente dos professores de Ciências em serviço. Assim, as análises realizadas na Parte V nos mostram indícios de que os professores orientaram o ensino de Ciências à formação cidadã de seus alunos, propiciando um ambiente didático propício para a participação ativa dos estudantes.

As análises realizadas sobre os resultados dos projetos de ensino desenvolvidos pelos professores nos permitiram também identificar avanços em termos de inovação pedagógica por parte dos professores de Ciências em serviço, uma vez que eles desenvolveram estratégias embasadas na perspectiva CTSA, as quais partiram da abordagem de QSC em sala de aula, oferecendo uma alternativa de trabalho que não necessariamente parte dos conteúdos disciplinares de Ciências estabelecidos no currículo escolar.

A inovação pedagógica foi evidenciada, na medida em que a abordagem de QSC envolve conhecimentos sociais, políticos e éticos, que foram articulados com conhecimentos específicos de Ciências. As QSC não podem ser entendidas como temas convencionais de Ciências que, na maioria dos casos, estão bem estabelecidos pela comunidade científica, e caberia recontextualizá-los à realidade dos estudantes. No caso das QSC, o nível de controvérsia social e científica é significativo por estarem articuladas a pesquisas científicas relevantes para a sociedade contemporânea e por suas correspondentes implicações sociais.

Devido ao caráter controverso das QSC e suas implicações éticas e sociais, sua abordagem no ensino de Ciências implica necessariamente o posicionamento pessoal e social de professores e estudantes.

O ensino de Ciências voltado às controvérsias suscitadas pelas QSC possui um potencial considerável para a inovação educativa, que também exige planejamento do ensino e ações bem suportadas, assim como a participação ativa do professor de Ciências. Esse tipo de inovação também estaria relacionado com a contextualização sociopolítica dos conteúdos disciplinares das Ciências, valorizando os benefícios e os prejuízos gerados pelo progresso científico e tecnológico na sociedade.

A abordagem de QSC também pode contribuir com a construção do professor como pesquisador de sua prática. A formação desse professor implica a construção de espaços coletivos entre professores da escola e professores universitários, no intuito de desenvolver reflexões teóricas sobre a prática docente.

Concordamos com Maldaner (2000) que a construção de espaços coletivos de pesquisa entre professores em serviço e professores universitários não aparece de forma espontânea. Pelo contrário, é necessária a construção de novos espaços formativos e, nesse sentido, os programas de pós-graduação e de formação continuada de professores têm a importante responsabilidade de estimular e dinamizar a construção de trabalhos coletivos entre esses professores.

Nossa pesquisa concorda com as conclusões do trabalho de Villani, Freitas e Brasilis (2009), as quais salientam que a formação do professor pesquisador implica o comprometimento da academia com os professores das escolas, em termos do estabelecimento de parcerias genuínas que superem os tradicionais padrões de dominação acadêmica oferecendo suporte ao desenvolvimento de pesquisas nas escolas.

Interações dialógicas na formação continuada de professores de Ciências

O diálogo é uma dimensão relevante da construção da autonomia dos professores e de seus processos permanentes de formação. É o processo intersubjetivo por meio do qual podemos crescer em criticidade, porque, refletindo junto com os outros sobre problemas de interesse comum, abrimos novas possibilidades para nossa realização pessoal e social.

O diálogo, segundo a perspectiva bakhtiniana, fornece um embasamento teórico para entender os contextos de produção discursiva que podem ser potencializados na formação continuada de professores de Ciências voltada à abordagem de QSC.

As análises realizadas na Parte VI sobre interações dialógicas estabelecidas entre os PP e o professor universitário (PU) durante os encontros da disciplina Ensino de Ciências com Enfoque CTSA a Partir de QSC nos mostram que o discurso da abordagem de QSC em sala de aula, proposto pelo PU, é representado de forma indireta nos discursos dos professores de Ciências em serviço, na medida em que eles vão expressando suas experiências docentes e aspectos pedagógicos das QSC.

Na maioria dos episódios analisados no Capítulo 6 observamos que os PP não estabeleceram um limite claro entre seus discursos e o discurso da abordagem de QSC, uma vez que apresentam uma afinidade subjetiva (modalidade subjetiva) com essa abordagem, o que fortaleceu seu *ethos* ou sua subjetividade docente.

A forma como o discurso das QSC é representado no discurso dos professores não parece estar enquadrada em uma relação de superioridade desse discurso, mas sim em uma relação de colaboração, a qual fez sentido para os professores de Ciências em serviço, porque sua construção foi realizada a partir da reflexão sobre a prática.

Na medida em que o discurso é considerado como uma prática social, abrem-se novos caminhos para explorar a forma como as vozes dos professores de Ciências em serviço e a voz do PU vão se relacionando de forma autoritária, persuasiva ou polifônica.

Em determinados episódios identificamos que alguns professores estabelecem um limite claro entre seus discursos e o discurso da abordagem de QSC proposto pelo PU, o que foi evidenciado em termos de polidez. Nesse caso, as interações de autoridade são estabelecidas pelos PP, pois eles estabelecem suas experiências docentes em um nível de superioridade.

Assim, o estabelecimento de interações de persuasão e especialmente o de interações polifônicas constituem um desafio para a formação continuada de professores de Ciências, pois dessa forma professores de escolas e professores universitários podem se reconhecer e valorizar mais seus saberes e experiências.

As interações dialógicas de persuasão representam um elemento importante de produção discursiva para desenvolver processos formativos de professores, na medida em que podem possibilitar a interação ativa de professores em serviço e professores universitários, com o objetivo de construir processos de pesquisa coletivos que contribuam no melhoramento da prática docente.

Tradicionalmente, os espaços de preparação oferecidos aos professores em serviço têm privilegiado as interações dialógicas de autoridade ostentadas no conhecimento acadêmico produzido por professores universitários ou especialistas, invisibilizando a voz do professor da escola. Por essa razão, investir maiores esforços no desenvolvimento de interações dialógicas polifônicas é importante para fortalecer a autonomia docente.

Conforme uma visão bakhtiniana, as interações dialógicas polifônicas também podem contribuir na construção de um discurso polifônico na formação continuada de professores, o que é interessante para desencadear mudanças nos processos de preparação dos professores, que historicamente têm reduzido a formação do professor à adoção passiva de um discurso autoritário que impõe a voz da academia, desconhecendo ou negando a voz dos professores.

Contudo, o próprio discurso de autoridade é dialógico, pois nele são contidas vozes alheias que geram conflitos e resistências diante da pretensão totalizadora do discurso de autoridade. Os conflitos ou as resistências que emergem diante de qualquer discurso autoritário evidenciam a natureza dialógica das interações sociais. De tal modo, o desafio da formação continuada de professores consiste em problematizar as interações dialógicas autoritárias por meio do encorajamento intersubjetivo dos professores, no qual eles tenham maiores possibilidades para reconstruir sua autonomia docente de forma colaborativa, e não apenas de forma individual. Assim, interações dialógicas persuasivas e polifônicas podem favorecer a construção da autonomia docente na medida em que encorajem os professores em suas práticas.

Acreditamos que espaços democráticos de formação de professores podem ser fortalecidos em termos de interações dialógicas polifônicas, em detrimento das interações dialógicas autoritárias. Nesse sentido, pode ser mais produtivo entender os processos de formação de professores em permanente conflito e transformação tal como foi interpretado a partir da análise de discurso crítica (ADC).

A ADC oferece novos subsídios para entender as interações dialógicas em espaços de formação continuada de professores de Ciências e oferece também dispositivos analíticos (modalidade e polidez) embasados na interdiscursividade que ajudaram a caracterizar as contribuições e dificuldades da abordagem de QSC na prática docente.

No Capítulo 6 identificamos que a maioria dos PP manifestou uma afinidade subjetiva sobre a perspectiva CTSA, uma vez que a abordagem de QSC lhes possibilita trabalhar implicações sociais da ciência e da tecnologia.

Da mesma forma como foi apontado na pesquisa realizada por Pedretti et al. (2008), nossa pesquisa salienta que a perspectiva CTSA a partir de QSC não desconsidera o ensino de conteúdos disciplinares

QUESTÕES SOCIOCIENTÍFICAS NA PRÁTICA DOCENTE **319**

de Ciências, valorizando-os em termos do papel desempenhado pelos professores na construção de posicionamentos críticos sobre as implicações socioambientais do progresso científico e tecnológico.

Finalmente, salientamos que as análises realizadas nas Partes V e VI nos permitiram estabelecer as dificuldades curriculares, pedagógicas e formativas enfrentadas pelos professores de Ciências em serviço sobre a abordagem de QSC em suas práticas docentes.

As dificuldades curriculares que foram caracterizadas estiveram relacionadas com a ideologia tecnicista do currículo tradicional de Ciências, que restringe a autonomia dos professores e os processos de participação destes para a definição de seu próprio currículo.

Outras dificuldades de tipo curricular foram caracterizadas na pesquisa realizada por Reis e Galvão (2008), na qual salientaram as seguintes dificuldades que limitaram a abordagem de QSC:

• Medo dos professores de enfrentar conflitos com os diretores das escolas, que controlam as discussões sobre o currículo.

• Constrangimentos impostos pelo excesso de conteúdos ou por sistemas de avaliação que não valorizam as QSC.

Santos e Mortimer (2009) também apontaram dificuldades curriculares da abordagem de QSC no ensino de Ciências associadas à carga horária das disciplinas de Ciências (Química) e a dificuldade para construir equipes integrais de professores. No entanto, os autores citados salientam que os resultados obtidos por eles em sua pesquisa evidenciam a importância da inserção de aspectos sociocientíficos nos currículos de Ciências como um aspecto importante para a formação cidadã.

As dificuldades pedagógicas estiveram relacionadas com o predomínio do ensino de Ciências tradicional centrado em conteúdos disciplinares e na existência de visões tradicionais sobre a tecnologia e suas correspondentes implicações sociais. Também foram identificadas dificuldades com respeito à falta de compreensão da dimensão ética associada às QSC e a tendência de vários professores de reduzir a perspectiva CTSA apenas à contextualização social de conteúdos científicos, sem prestar maior atenção às potencialidades dessa perspectiva para abordar as QSC de forma interdisciplinar.

Reis e Galvão (2008) também destacaram dificuldades pedagógicas atreladas à abordagem de QSC, na medida em que os professores participantes de sua pesquisa evidenciaram falta de conhecimentos sobre aspectos políticos, sociológicos e éticos das QSC. As dificuldades formativas estiveram relacionadas principalmente com a preparação pedagógica por parte de alguns professores, que, além de não terem realizado cursos de licenciatura, tinham pouca experiência docente. No caso da maior parte de professores que tinha uma preparação específica em Educação, as dificuldades estiveram relacionadas com a falta de preparação na pesquisa como elemento relevante da atuação docente.

A dificuldade de articular pesquisa, formação e prática em espaços de interação docente representa um desafio enfrentado por vários trabalhos dedicados à formação continuada de professores de Ciências (Maldaner; Zanon; Auth, 2006; Zanon; Maldaner, 2007; Villani; Freitas; Brasilis, 2009).

O desafio foi enfrentado nesta pesquisa constituindo evidências empíricas que mostram a potencialidade da abordagem de QSC para a construção da autonomia docente sempre que esteja articulada à pesquisa sobre a prática dos professores.

As dificuldades que foram descritas anteriormente estabelecem alguns limites para a abordagem de QSC na prática docente dos professores de Ciências em serviço. No entanto, as contribuições dessa abordagem constituem possibilidades para a construção da autonomia dos professores e sua formação continuada em termos dos contextos de produção discursiva, uma vez que o ensino, enquanto prática educacional, é materializado no discurso que os professores constroem no desenvolvimento de seu trabalho docente.

As perspectivas de pesquisa emergidas deste livro ficam em aberto às potencialidades da ADC sobre interações dialógicas e processos de interdiscursividade que nos ajudem a compreender os processos intersubjetivos, por meio dos quais pode ser construída e reconstruída a autonomia dos professores. Da mesma forma, salientamos as possibilidades de novas pesquisas que analisem detalhadamente a abordagem de QSC atreladas a projetos de pesquisa em sala de aula, o que pode contribuir com o desenvolvimento de pensamento crítico, da argumentação, da tomada de decisão e da formação cidadã em estudantes de ensino básico.

Destacamos, para a realização de outros trabalhos, o desafio de desenvolver pesquisas no campo da formação de professores de Ciências, particularmente interessadas em explorar as potencialidades da perspectiva CTSA a partir de QSC, bem como as potencialidades da ADC para estudos práticos e processos discursivos atrelados a essa perspectiva. Nesse sentido, salientamos alguns aspectos que poderiam ser abordados em futuras pesquisas e programas de formação de professores de Ciências:

- Desenvolvimento de projetos de pesquisas entre licenciandos, professores de Ciências em serviço e professores universitários interessados em repensar a prática docente e a construção da autonomia crítica a partir da perspectiva CTSA e da abordagem de QSC.
- Estudos sobre a incidência da abordagem de QSC nos processos de enculturação científica no ensino de Ciências voltado à formação para cidadania.
- ADC sobre interações dialógicas desenvolvidas em sala de aula por parte de professores interessados na abordagem de QSC, visando valorizar novas formas de interação que contribuam na transformação e no melhoramento do ensino de Ciências.
- Estudos sobre o papel das QSC nos processos de divulgação científica e tecnológica na educação formal e informal.
- ADC sobre a abordagem de QSC nos meios de comunicação (TV, rádio e internet), no intuito de compreender como os processos de produção, consumo e distribuição discursiva veiculados pela mídia influenciam a construção de determinados significados sociais e ideológicos sobre o progresso científico e tecnológico e de que forma essas análises podem ser utilizadas na formação de professores.

Os aspectos citados anteriormente apresentam algumas perspectivas de pesquisa que podem ser exploradas na formação de professores de ciências voltada ao fortalecimento da autonomia crítica dos professores, assim como no desenvolvimento de processos discursivos democráticos no ensino de Ciências que possibilitem transformar a tradicional transmissão de conteúdos disciplinares de Ciências, valorizando as subjetividades dos estudantes e o trabalho coletivo, de tal forma que estudantes e professores estabeleçam interações comunicativas que lhes possibilitem repensar a ciência e a tecnologia em termos sociais, políticos e culturais.

Referências bibliográficas

ABD-EL-KHALICK, F. Socioscientific Issues in Pre-college Science Classrooms: the Primacy of Learners' Epistemological Orientations and Views of Nature of Science In: ZEIDLER, D. (org.). *The Role of Moral Reasoning on Socioscientific Issues and Discourse in Science Education*. The Netherlands: Kluwer Academic Publishers, 2003. p.41-61.

ACEVEDO, J. La formación del profesorado de enseñanza secundaria y la educación CTS. Una cuestión problemática. *Revista Interuniversitaria de Formación del Profesorado*. [S.l.], n. 26, p.131-44, 1996. Disponível em: <http://www.campus-oei.org/salactsi/acevedo9.htm>. Acesso em: 15 jun. 2008.

ACEVEDO, J. Cambiando la práctica docente en la enseñanza de las ciencias a través de CTS. *Revista Borrador*. n. 13, p.26-30, 1996. Disponível em: <http://www.campusoei.org/salactsi/acevedo2.htm>. Acesso em: 15 jun. de 2008.

_____. Algunas creencias sobre el conocimiento científico de los profesores de educación secundaria en formación inicial. *Bordón*. [S.l.], v.52, n. 1, p.5-16, 2000. Disponível em: <http://www.oei.es/salactsi/acevedo18.htm>. Acesso em: 15 jun. 2008.

_____.; VÁZQUEZ, A.; MANASSERO, M. Evaluación de actitudes y creencias CTS: diferencias entre alumnos y profesores. *Revista de Educación*. [S.l.], n. 328, p.355-82, 2002. Disponível em: <http://www.campus-oei.org/salactsi/acevedo14.htm>. Acesso em: 20 jun. 2008.

_____. et al. Persistencia de las actitudes y creencias CTS en la profesión docente. *Revista Electrónica de Enseñanza de las Ciencias*. [S.l.], v.1, n. 1, 2002a.

Disponível em: <http://www.saum.uvigo.es/reec/volumenes/volumen1/Numero1/Art1.pdf>. Acesso em: 25 jun. 2008.

_____. et al. Actitudes y creencias CTS de los alumnos: su evaluación con el cuestionario COCTS. *Revista Iberoamericana en Ciencia, Tecnología, Sociedad e Innovación*. [S.l.], n. 2, 2002b. Disponível em: <http://www.oei.es/revistactsi/numero2/varios1.htm>. Acesso em: 25 jun. 2008.

_____. et al. Aplicación de una nueva metodología para evaluar las creencias del profesorado sobre tecnología y su relación con la ciencia. *Educación Química*. [S.l.], v.16, n. 3, p.372-82, 2005.

ADORNO, T. et al. *La disputa del positivismo en la sociología Alemana*. Barcelona: Grijalbo, 1972a. 326p.

_____. Introducción. In: _____. et al. *La disputa del positivismo en la sociología Alemana*. Barcelona: Grijalbo, 1972b. 326p.

_____. Sociología e investigación empírica. In: _____. et al. *La disputa del positivismo en la sociología Alemana*. Barcelona: Grijalbo, 1972c. 326p.

_____. Sobre la lógica de las ciencias sociales. In: _____. et al. *La disputa del positivismo en la sociología Alemana*. Barcelona: Grijalbo, 1972d. 326p.

_____. ; HORKHEIMER, M. *Dialética do Esclarecimento*. Rio de Janeiro: Jorge Zahar Ed. 1985. 254p.

_____. Teoria da semicultura. *Educação e Sociedade*. [S.l.], n. 56, ano XVII, p.388-411, 1996.

AIKENHEAD, G. What is STS Teaching? In: SOLOMON, J.; AIKENHEAD, G. (orgs.). *STS Education*: International Perspectives on Reform. New York: Teachers College Press, 1994. p.47-59.

_____. Whose Scientific Knowledge? The Colonizer and the Colonized. In: ROTH, M e DÉSAUTELS, J. *Science Education as/for Sociopolitical Action*. New York: Peter Lang Publishing, 2002a. p.151-66.

_____. The Educo-politics of Curriculum Development. *Canadian Journal of Science, Mathematics and Technology Education*, [S.l.], v.2, n. 1, p.49-57, 2002b.

_____. Educación ciencia-tecnología-sociedad (CTS): una buena idea como quiera que se le llame. *Educación Química*. [S.l.], v.16, n. 2, p.114-24, 2005a.

_____. Research Into STS Science Education. *Educación Química*. [S.l.], v.16, n. 3, p.384-97, 2005b.

_____. ; FLEMING, R. *Science*: A way of knowing. Canadá: Curriculum Studies, University of Saskatchewan, 1975.

ALMEIDA, M. Entrevista e representação na memória do ensino de Ciências: uma relação com a concepção de linguagem. In: NARDI, R. (org.). *A pesquisa*

QUESTÕES SOCIOCIENTÍFICAS NA PRÁTICA DOCENTE 325

em ensino de ciências no Brasil: alguns recortes. São Paulo: Escrituras Editora, 2007. p.117-30.

AMERICAN CHEMICAL SOCIETY. *Chemistry in to Community*, 2.ed. Dubuque: Kendall- Hunt, 1993.

AMORIN, A. Discutindo um novo contexto para o ensino de ciências – as relações entre ciência/tecnologia/sociedade. *Educação e Ensino*. [S.l.], v.1, n. 2, p.81-98, 1996.

APPLE, M. *Educação e poder*. Porto Alegre: Artmed, 1989.

_____. *Conhecimento oficial*: a educação democrática numa era conservadora. 2.ed. Tradução Maria Isabel Edelweiss Bujes. Petrópolis: Vozes, 1999a. 267p.

_____. *Poder, significado e identidade*: ensaios de estudos educacionais críticos. Tradução Ana Paula Barros e Cecília Mendes. Lisboa: Porto Editora, 1999b. 271p.

_____. Repensando ideologia e currículo. In: MOREIRA, A.; SILVA, T. *Currículo, cultura e sociedade*. 7.ed. São Paulo: Cortez, 2002a. p.39-57.

_____. A política do conhecimento oficial: faz sentido a ideia de um currículo nacional? In: MOREIRA, A.; SILVA, T. *Currículo, cultura e sociedade*. 7.ed. São Paulo: Cortez, 2002b. p.59-91.

_____. *Educar "como Dios manda"*. *Mercados, niveles, religión y desigualdad*. Tradução Genís Sánchez Barberán. Barcelona: Paidós, 2002c. 303p.

_____. *Ideologia e currículo*. 3.ed. Tradução Vinicius Figueira. Porto Alegre: Artmed, 2006. 288p.

ARAGÃO, L. *Razão comunicativa e teria social crítica em Jürgen Habermas*. Rio de Janeiro: Tempo Brasileiro, 1992. 146p.

AULER, D.; BAZZO, W. Reflexões para a implementação do movimento CTS no contexto educacional Brasileiro. *Ciência & Educação*. [S.l.], v.7, n. 1, p.1-3, 2001.

_____.; DELIZOICOV, D. Alfabetização científico-tecnológica para quê? *Ensaio*. [S.l.], v.3, n. 1, p.105-15, 2001.

BAKHTIN, M. *Estética da criação verbal*. 3.ed. Tradução Maria Ermantina Galvão. São Paulo: Martins Fontes, 2000. 421p.

BAKHTIN, M.; VOLOCHINOV. *Marxismo e filosofia da linguagem*. 4.ed. Tradução Michel Lahud e Yara Frateschi. São Paulo: Hucitec, 1988. 196p.

BARRETT, S.; PEDRETTI, E. Contrasting Orientations: STSE for Social Reconstruction or Social Reproduction? *School Science and Mathematics*. [S.l.], v.106, p.237-47, 2005.

BAUER, M.; GASKELL, G. *Pesquisa qualitativa com texto, imagem e som*: um manual prático. Petrópolis: Vozes, 2002.

BEAUCHAMP, T.; CHILDRESS, J. *Princípios de ética biomédica*. Tradução Luciana Pudenzi. São Paulo: Loyola, 2002.

BERKOWITZ, M.; SIMMONS, P. Integrating Science Education and Character Education: the Role of Peer Discussion. In: ZEIDLER, D. (org.). *The Role of Moral Reasoning on Socioscientific Issues and Discourse in Science Education*. The Netherlands: Kluwer Academic Publishers, 2003. p.117-38.

BERNARDO, J.; VIANNA, D.; FONTOURA, H. Produção e consumo da energia elétrica: a construção de uma proposta baseada no enfoque ciência--tecnologia-sociedade-ambiente (CTSA). *Ciência & Ensino*. [S.l.], v.1, n. especial, [s.d.]. Disponível em: <http://www.ige.unicamp.br/ojs/index.php/cienciaeensino/index>. Acesso em: jan. 2008.

BLIKSTEIN, I. Intertextualidade e polifonia: o discurso do plano "Brasil novo". In: BARROS, D.; FIORIN, J. (orgs.). *Dialogismo, polifonia, intertextualidade*. 2.ed. São Paulo: Editora da Universidade de São Paulo, 1999. p.45-8.

BODNER, G.; MCISAAC, D. A Critical Examination of Relevance in Science Education Research. In: ASSOCIATION RESEARCH IN SCIENCE TEACHING. The Annual Meeting of the National, San Francisco. 1995.

BOLÍVAR, A. El conocimiento de la enseñanza: explicar, comprender y transformar. *Mimesis*. [S.l.], v.25, n. 2, p.17-42, 2004.

BRAIT, B. As vozes bakhtinianas e o diálogo inconcluso. In: BARROS, D.; FIORIN, J. (orgs.). *Dialogismo, polifonia, intertextualidade*. 2.ed. São Paulo: Editora da Universidade de São Paulo, 1999. p.11-27.

BRISCOE, C. The Dynamic Interactions Among Belief, Role Metaphors and Teaching Practices. A Case Study of Teacher Change. *Science Education*. [S.l.], v.14, n. 3, p.349-61, 1991.

BUSTAMANTE, G. Estándares curriculares y autonomía. *Revista Colombiana de Educación*. [S.l.], n. 44, p.64-80, 2003.

BYBEE, R. Science Education and the Science-technology-society (S-T-S) Theme. *Science Education*. [S.l.], v.71, n. 5, p.667-83, 1987.

CACHAPUZ, A. et al. (orgs.). *A necessária renovação do ensino de ciências*. São Paulo: Cortez, 2005. 263p.

CACHAPUZ, A. et al. Estado da arte da pesquisa em educação em Ciências: linhas de pesquisa e o caso "Ciência-Tecnologia-Sociedade". *Alexandria, Revista de Educação em Ciência e Tecnologia*. [S.l.], v.1, n. 1, p.27-49, 2008.

CAMARGO, S. *Discursos presentes em um processo de reestruturação curricular de um curso de licenciatura em física*: o legal, o real e o possível. Bauru, 2007. Tese (Doutorado) Faculdade de Ciências da Universidade Estadual Paulista. Disponível em: <http://www2.fc.unesp.br/BibliotecaVirtual/Arquivos-

PDF/TES_DOUT/TES_DOUT20070810_CAMARGO%20SERGIO. pdf>. Acesso em: 27 jun. 2009.

_____. ; NARDI, R. Estudando o processo de reestruturação curricular de um curso de licenciatura em Física. In: BASTOS, F.; NARDI, R. *Formação de professores e práticas pedagógicas no ensino de ciências:* contribuições da pesquisa na área. São Paulo: Escrituras, 2008. p.53-80.

CAMPOS, A. *Pensamiento crítico:* técnicas para su desarrollo. Bogotá: Cooperativa Editorial Magisterio, 2007.

CAPECCHI, M.; CARVALHO, A.; SILVA, D. Argumentação dos alunos e discurso do profesor em uma sala de física. *Ensaio.* [S.l], v.2, n. 2, p.189-208, 2000.

CARDONA, M. *Introducción a los métodos de investigación en educación.* Madrid: EOS, 2002. 223p.

CARMO, A.; CARVALHO, A. Construindo a linguagem gráfica em uma aula experimental de física. *Revista Ciência & Educação.* [S.l.], v.15, n. 1, p.61-84, 2009.

CARR, W. *Una teoría para la educación:* hacia una investigación educativa crítica. Tradução Pablo Manzano. Madrid: Morata, 1996. 173p.

_____. *Calidad de la enseñanza e investigación-acción.* 2.ed. Tradução Angel Martínez Geldboff. Sevilla: Díada, 1997. 177p.

_____.; KEMMIS, S. *Teoría crítica de la enseñanza:* la investigación-acción en la formación del profesorado. Tradução J. A. Bravo. Barcelona: Martínez Roca, 1988. 244p.

CARSON, R. *Primavera silenciosa.* 2.ed. São Paulo: Melhoramentos, 1969. 305p.

CARVALHO, A. M. Enseñar física y fomentar una enculturación científica. *Alambique.* [S.l.], n.51, p.66-75, 2007a.

_____. Habilidades de los profesores para fomentar la enculturación científica. *Tecné, Episteme e Didaxis.* [S.l.], n. extra, p.9-22, 2007b.

_____. Uma metodologia de pesquisa para estudar os processos de ensino e aprendizagem em salas de aula. In: SANTOS, F.; GRECA. I. *A pesquisa em ensino de ciências no Brasil e suas metodologias.* Ijuí: Unijuí, 2006. p.13-48.

CARVALHO, W. *Cultura científica e cultura humanística:* espaços, necessidades e expressões. Ilha Solteira, 2005. Tese (Livre-Docência), Universidade Estadual Paulista.

CASTELLS, M. *O poder da identidade.* São Paulo: Paz e Terra, 1999.

CHASSOT, A. *Alfabetização científica:* questões e desafios para a educação. 4.ed. Ijuí: Unijuí, 2006. 438p.

COBERN, W.; AIKENHEAD, G. Cultural Aspects of Learning Science. In: FRASER, B.; TOBIN, K. (orgs.). *International Handbook of Science Education.* Great Britain: Kluwer Academic Publisher, 1998. p. 39-52.

COLÔMBIA. Constituição (1991). *Constitución Política de Colombia.* Disponível em: <http://www.cna.gov.co/cont/legislacion/index.htm>. Acesso em: 8 maio 2007.

_____. Lei 115 de 8 de fevereiro 1994 dispõe a lei geral de educação. *Ley 115. 1994* Diário Oficial n, 41.214 Disponível em: <http://www.cna.gov.co/cont/legislacion/index.htm>. Acesso em: 3 fev. 2007.

_____. *Estándares básicos de competencias en Ciencias Naturales y Ciencias Sociales:* formar en ciencias el desafío. Serie Guias n.7. Bogotá: Ministerio de Educación, 2004.

CONTRERAS, J. *A autonomia de professores.* Tradução Sandra Tabucco Valenzuela. São Paulo: Cortez, 2002. 296p.

CORTELA. B.; NARDI, R. Formadores de professores de física: uma análise de seus discursos e como podem influenciar na implantação de novos currículos. *Tecne, Episteme y Didaxis.* [S.l.], v.16, n. 1, 2004, p.1-15.

CORTI, A.; FREITAS, M.; SPOSITO, M. *O encontro das culturas juvenis com a escola.* São Paulo: Ação Educativa, 2001.

_____.; SOUZA, R. *Diálogos com o mundo juvenil:* subsídios para educadores. São Paulo: Ação Educativa, 2005.

CROSS, R.; PRICE, R. Science Teachers' Social Conscience and the Role of Controversial Issues in the Teaching of Science. *Journal of research in science teaching.* [S.l.], v.33, n. 3, p.319-33, 1996.

DELIZOICOV, D. La educación en Ciencias y la perspectiva de Paulo Freire. *Alexandria Revista de Educação em Ciência e Tecnologia.* [S.l.], v.1, n. 2, p.37-62, 2008.

DEL RINCON, D. et al. *Técnicas de investigación en Ciencias Sociales.* Madrid: Dykinson, 1995. 427p.

DENZIN, N.; LINCOLN, Y. Introdução: a disciplina e a prática da pesquisa qualitativa. In: DENZIN, N.; LINCOLN, Y. (orgs.). *O planejamento da pesquisa qualitativa:* teorias e abordagens. 2.ed. Tradução Sandra Regina Netz. Porto Alegre: Artes Médicas, 2006. 432 p.

EDWARDS, M. et al. La atención a la situación del mundo en la educación científica. *Enseñanza de las ciencias.* [S.l.], v.22, n. 1, p.47-64, 2004.

EIJKELHOF, H.; KORTLAND, K. Broadening the Aims of Physics Education. In: FENSHAM, P. (org.). *Development and Dilemmas in Science Education.* London: Falmer Press, 1988. p.282-305.

ELLIOTT, J. *La investigación-acción en educación.* 3.ed. Tradução Pablo Manzano. Madrid: Morata, 1997. 334p.

QUESTÕES SOCIOCIENTÍFICAS NA PRÁTICA DOCENTE **329**

ENNIS, R. A Taxonomy of Critical Thinking Dispositions and Abilities. In: BARON, J.; STERNBERG, R. (orgs.). *Teaching Thinking Skills*. New York: Freeman and Company, 1987. p.9-26.

FAIRCLOUGH, N. *Critical Discourse Analysis*: Papers in the Critical Study of Language. London; New York: Longman, 1995.

————. *Discurso e mudança social*. Coordenadora da tradução Izabel Magalhães. Brasília: Editora Universidade de Brasília, 2001a. 316p.

————. *Language and Power*. 2.ed. Harlow: Pearson Education Limited, 2001b. 226p.

————. *Analyzing Discourse: Textual Analysis for Social Research*. London; New York: Routledge, 2003a. 270p.

————. El análisis crítico del discurso como método para la investigación en ciencias sociales. In: WODAK, R.; MEYER, M. *Métodos de análisis crítico del discurso*. Tradução Tomás Fernández e Beatriz Eguibar. Barcelona: Gedisa, 2003b, p.179-203.

————.; WODAK, R. Critical Discourse Analysis. In: VAN DIJK, T. (org.). *Discourse Studies:* a Multidisciplinary Introduction. v.2. Londres: Sage, 1997. p.258-84.

FERNÁNDEZ, I. et al. Visiones deformadas de la ciencia transmitidas por la enseñanza. *Enseñanza de las Ciencias*. [S.l.], v.20, n. 3, p.477-88, 2002.

FLECK, L. *La génesis y el desarrollo de un hecho científico*. Tradução Luis Meana. Madrid: Alianza, 1986.

FOUCAULT, M. A arqueologia do saber. Tradução Luiz Felipe Baeta Neves. 3.ed. Rio de Janeiro: Forense-Universitária, 1987. 239p.

————. *A ordem do discurso*. Tradução L. Sampaio. São Paulo: Loyola, 1996.

FREIRE, P. *Pedagogia da autonomia:* saberes necessários à prática educativa. 22.ed. São Paulo: Paz e Terra, 2002. 146p.

————. *Educação como prática da liberdade*. 27.ed. Rio de Janeiro: Paz e Terra, 2003. 158p.

————. *Pedagogia do oprimido*. 46.ed. Rio de Janeiro: Paz e Terra, 2007. 213p.

FREITAG, B. *A teoria crítica, ontem e hoje*. São Paulo: Brasiliense, 1986.

FURNAHAM, A. Lay Understanding of Science. *Studies in Science Education*. [S.l.], n. 20, p.29-64, 1992.

GALLEGO, R.; PÉREZ, R.; TORRES, L. Formación inicial de profesores de Ciencias en Colombia: un estudio a partir de programas acreditados. *Ciência & Educação*. [S.l.], v.10, n. 2, p.219-34, 2004.

GALLEGO, R. et al. *La formación inicial de profesores de Ciencias en Colombia*: construcción de fundamentos. Bogotá: Universidad Pedagógica Nacional, 2004.

GAMBOA, S. A dialética na pesquisa em educação: elementos de contexto. In: FAZENDA, I. (org.). *Metodologia da pesquisa educacional.* São Paulo: Cortez, 1997. p.91-116.

GARCÍA-DÍAZ, J. *Hacia una teoría alternativa sobre los contenidos escolares.* Sevilla: Diada Editora, 1998.

GARRITZ, A. Ciencia-tecnología-sociedad: a diez años de iniciada la corriente, 1994. Disponível em: sala de lecturas CTS+I <www.campus.oei.org>. Acesso em: 17 ago. 2008.

GARRITZ, A.; TRINIDAD, R. El Conocimiento Pedagógico del Contenido. *Educación Química.* [S.l.], v.15, n. 2, p.1-6, 2004.

GAUCHE, R. et al. Melhorando a própria atividade docente por meio da pesquisa: o mestrado profissionalizante e os impactos em contexto escolar. In: ZANON, L.; MALDNER, O. (orgs.). *Fundamentos e propostas de ensino de química para a educação básica no Brasil.* Ijuí: Unijuí, 2007, p.211-17.

GIL-PÉREZ, D. et al. Por uma imagem não deformada do trabalho científico. *Ciência & Educação.* [S.l.], v.7, n. 2, 2001, p.125-53.

GIMENO, J.; GÓMEZ, A. *Compreender e transformar o ensino.* Tradução Ernani F. da Fonseca Rosa. 4.ed. Porto Alegre: Armet, 1998. 396p.

GIMENO, J. O currículo: os conteúdos do ensino ou uma análise prática? In: GIMENO, J.; GÓMEZ, A. *Compreender e transformar o ensino.* Tradução Ernani F. da Fonseca Rosa. 4.ed. Porto Alegre: Armet, 1998. p.119-48.

GIROUX, H. *Os professores como intelectuais*: rumo a uma pedagogia crítica da aprendizagem. Tradução Daniel Bueno. Porto Alegre: Artmed, 1997. 270 p.

_____. *Cruzando as fronteiras do discurso educacional*: novas políticas em educação. Tradução Magda França Lopes. Porto Alegre: Artmed, 1999.

_____. *Pedagogía y política de la esperanza*: teoría cultura y enseñanza: una antología crítica. Buenos Aires: Amorrortu, 2003a. 382p.

_____. *La Escuela y la lucha por la ciudadanía*: pedagogía crítica de la época moderna. 3.ed. México, D. F.: Siglo XXI, 2003b. 333p.

_____. *Atos impuros*: a prática política dos estudos culturais. Tradução Ronaldo Cataldo Costa. Porto Alegre: Artmed, 2003c. 178p.

_____. *Estudios culturales, pedagogía crítica y democracia radical.* Madrid: Popular, 2005. 218p.

_____. ; MCLAREN, P. A educação de professores e a política de reforma democrática In:_____. *Os professores como intelectuais*: rumo a uma pedagogia crítica da aprendizagem. Tradução Daniel Bueno. Porto Alegre: Artmed, 1997. 270 p.

QUESTÕES SOCIOCIENTÍFICAS NA PRÁTICA DOCENTE 331

_____. ; PENNA, A. Educação social em sala de aula: a dinâmica do currículo oculto. In: _____. *Os professores como intelectuais*: rumo a uma pedagogia crítica da aprendizagem. Trad. Daniel Bueno. Porto Alegre: Artmed, 1997. p.56-77.

_____. ; SIMON, R. Estudo curricular e política cultural. In: _____. *Os professores como intelectuais*: rumo a uma pedagogia crítica da aprendizagem. Tradução Daniel Bueno. Porto Alegre: Artmed, 1997. p.165-78.

GONZÁLEZ, M.; LÓPEZ, J.; LUJÁN, J. *Ciencia, tecnología y sociedad*: una introducción al estudio social de la ciencia y la tecnología. Madrid: Tecnos, 1996. 324p.

GRAMSCI, A. *Gli intellettuali e l'organizzazione della cultura*. Roma: Riunit, 1971. 259p.

GUERRA, T.; VEIGA, F. Autonomia profissional dos professores. *Revista da Universidade dos Açores: Arquipélago – Ciências da Educação*. [S.l.], n. 8, p.39-58, 2007.

GUESS-NEWSOME, J.; LEDERMAN, N. Biology Teachers' Perceptions of Subject Matter Structure and its Relationship to Classroom Practice. *Journal of Research in Science Teaching*. [S.l.], n. 32, p.301-25, 1995.

HABERMAS, J. Teoría analítica de la ciencia y dialéctica. In: ADORNO, T. et al. *La disputa del positivismo en la sociología Alemana*. Tradução Jacobo Muñoz. Barcelona: Grijalbo, 1972a.

_____. Contra un racionalismo menguado de modo positivista. In: ADORNO, T. et al. *La disputa del positivismo en la sociología Alemana*. Tradução Jacobo Muñoz. Barcelona: Grijalbo, 1972b.

_____. *Conhecimento e interesse*. Tradução José N. Heck. Rio de Janeiro: Guanabara, 1987. 367p.

_____. *Teoría de la acción comunicativa II*: racionalidad de la acción y racionalización social. Tradução Manuel Jiménez Redondo. Madrid: Taurus, 1992. 618p.

_____. *Teoría de la acción comunicativa I*: racionalidad de la acción y racionalización social. Tradução Manuel Jiménez Redondo. Madrid: Taurus, 1999. 517p.

_____. *Técnica e ciência como "ideologia"*. Tradução Artur Morão. Lisboa: Edições 70, 2006. 149p.

HALPERN, D. Teaching Critical Thinking for Transfer Across Domains. *American Psychologist*. [S.l.], v.53, n. 4, p.449-55, 1998.

HALPERN, D. *Critical Thinking Assessment Using Everyday Situations*: Background and Scoring Standards (2nd Report). Unpublished manuscript. Claremont, CA: Claremont McKenna College, 2006.

332 LEONARDO FABIO MARTÍNEZ PÉREZ

HANRAHAN, M. Highlighting Hybridity: A Critical Discourse Analysis of Teacher Talk in Science Classrooms. *Science Education*. [S.l.], v.90, n. 1, p.8-43, 2006.

HODSON, D. Seeking Directions for Change: The Personalisation and Politicisation of Science Education. *Curriculum Studies*. [S.l.], n. 2, p.71-98, 1994.

_____. Time for Action: Science Education for an Alternative Future. *International Journal of Science Education*. [S.l.], v.25, n. 6, p.645-70, 2003.

HURD, P. Science, Technology and Society: New Goals for Interdisciplinary Science Teaching. *The Science Teacher*. [S.l.], v.42, n. 2, p.27-30, 1975.

IBARRA, A.; LÓPEZ, J. (orgs.). *Desafíos y tensiones actuales en ciencia, tecnología y sociedad*. Madrid: Biblioteca Nueva-OEI, 2001. 314p.

KEMMIS, S. *El currículum: más allá de la teoría de la reproducción*. 2.ed. Tradução Pablo Manzano. Madrid: Morata, 1993. 175p.

KINCHELOE, J. Critical Research in Science Education. In: FRASER, B.; TOBIN, K. (orgs.). *International Handbook of Science Education*. London: Kluwer Academic Publishers, 1998. p.1191-205.

KING, J. Critical and Qualitative Research in the Teacher Education: a Blues Epistemology for Cultural Well-being and a Reason for Knowing. In: MCLMTYRE, D.; COCHRAN-SMITH, M.; FEIMAN-NEMSER, S. (eds.). *Handbook of research on teacher education:* enduring questions in changing contexts. New York: Third Edition, 2008.

KORTLAND, K. An STS Case Study About Students' Decision Making on the Waste Issue. *Science Education*. [S.l.], v.80, n. 6, p.673-89, 1996.

KRAMER, S. Linguagem, cultura e alteridade: para ser possível a educação depois de Auschwitz, é preciso educar contra a barbárie. *Enrahonar*. [S.l.], n. 31, p.149-59, 2000.

KUHN, T. *A estrutura das revoluções científicas*. 6.ed. São Paulo: Perspectiva, 2001. 257p.

_____. *O caminho desde a estrutura:* ensaios filosóficos 1970-1993. Tradução de Cesar Mortari. São Paulo: Editora Unesp, 2006. 402p.

LEAL, M. Consciência linguística crítica e mudança nas características da identidade docente. In: MAGALHÃES, I.; LEAL, M. *Discurso, gênero e educação*. Brasília: Plano Editora; Oficina editorial do Instituto de Letras da UnB, 2003. p.139-58.

_____.; ROCHA, M. Ensino de Química, cultura escolar e cultura juvenil: possibilidades e tensões. In: PETRUCCI, M.; ROSSI, A. *Educação química no Brasil:* memórias, políticas e tendências. Campinas: Átomo, 2008. p.183-215.

QUESTÕES SOCIOCIENTÍFICAS NA PRÁTICA DOCENTE 333

LEMKE, J. *Aprender a hablar ciencia:* lenguaje, aprendizaje y valores. Tradução vários autores. Barcelona: Paidós, 1997. 273p.

_____. Analysing Verbal Data: Principles, Methods and Problems. In: FRASER, B.; TOBIN, K. (orgs.). International Handbook of Science Education. London: Kluwer Academic Publishers, 1998. p.1175-189.

LINCOLN, Y.; GUBA, E. Controvérsias paradigmáticas, contradições e confluências emergentes. In: DENZIN, N.; LINCOLN, Y. (orgs.). *O planejamento da pesquisa qualitativa:* teorias e abordagens. 2.ed. Tradução Sandra Regina Netz. Porto Alegre: Artes médicas, 2006. p.169-92.

LOPES, A. Currículo e epistemologia. Ijuí: Editora Unijuí, 2007.

LÓPEZ, J. Ciencia, tecnología y sociedad: el estado de la cuestión en Europa y Estados Unidos. *Revista Iberoamericana en Educación.* [S.l.], n. 18, p.41-68, 1998.

LÓPEZ, J., GONZÁLEZ, M.; LUJÁN, J. Las raíces de la controversia. In: _____. *Políticas del bosque.* Madrid: Cambridge University Press, 2002. p.97-117.

MAAR, W. Educação crítica, formação cultural e emancipação política na Escola de Frankfurt. In: PUCCI, B. (org.). *Teoria crítica e educação.* 2.ed. Petrópolis: Vozes; São Carlos: Edufiscar, 1997.

MADDOCK, M. Science Education: An Anthropological View Point. *Studies in Science Education.* [S.l.], n. 8, p.1-26, 1981.

_____. Research Into Attitudes and the Science Curriculum in Papua New Guinea. *Journal of Science and Mathematics Education in Southeast Asia.* [S.l.], v.6, n. 1, p.23-35, 1983.

MAGALHÃES, I. Por uma abordagem crítica e explanatória do discurso. *D. E. L. T. A.* [S.l.], v.2, n. 2, p.181-205, 1986.

_____. *Eu e tu:* a constituição do sujeito no discurso médico. Brasília: Thesaurus, 2000. 184p.

_____. Discurso, ética e identidade de gênero. In: _____. ; LEAL M. *Discurso, gênero e educação.* Brasilia: Plano Editora; Oficina editorial do Instituto de Letras da UnB, 2003, p.71-96.

_____. Introdução: a Análise de Discurso Crítica. In: *D. E. L. T. A.* [S.l.], v.21, n. especial, p.1-11, 2005.

MAINGUENEAU, D. *Novas tendências em análise do discurso.* 3.ed. Tradução Freda Indursky. Campinas: Pontes; Unicamp, 1997.

MAIZTEGUI, A. et al. Papel de la tecnología en la educación científica: una dimensión olvidada. *Revista Iberoamericana de Educación.* [S.l.], n. 28, p.129-55, 2002.

MALDANER, O. *A formação inicial e continuada de professores de química*: professores pesquisadores. Ijuí: Unijuí, 2000.

————. Situações de estudo no ensino médio: nova compreensão de educação básica. In: NARDI, R. (org.). *A pesquisa em ensaio de ciências no Brasil*: alguns recortes. São Paulo: Escrituras, 2007. p.239-53.

————.; ZANON, L.; AUTH, M. Pesquisa sobre ensino de ciências e formação de professores. In: SANTOS, M.; GRECA, M. (orgs.). *A pesquisa em ensino de ciências no Brasil e suas metodologias*. Ijuí: Unijuí, 2006. p.49-88.

MANASSERO, M.; VÁZQUEZ, A. Creencias del profesorado sobre la naturaleza de la ciencia. *Revista Interuniversitaria de Formación del Profesorado*. [S.l.], n. 37, p.187-208, 2000.

MARCELO, C. *Formação de professores*: para uma mudança educativa. Tradução Isabel Narciso. Portugal: Porto, 1999. 272p.

MARTÍNEZ, L. *A abordagem de questões sociocientíficas na formação continuada de professores de ciências*: contribuições e dificuldades. Bauru, 2010. Tese (Doutorado) Faculdade de Ciências da Universidade Estadual Paulista.

————. Enseñanza constructivista sobre conceptos de cinética en la formación inicial de profesores de química. *Educación Química*. [S.l.], v. 20, n.3, p.383-92, 2009.

————.; LOBOA, D. *Componentes y características de una propuesta pedagógica y didáctica para la enseñanza de las ciencias naturales desde la pedagogía crítica*. Trabajo de grado. Universidad Pedagógica Nacional. 2002.

————.; ROJAS, A. Estrategia didáctica con enfoque ciencia, tecnología sociedad y ambiente, para la enseñanza de tópicos de bioquímica. *Tecné, Episteme y Didaxis*. [S.l.], n. 19, p.44-62, 2006.

————.; PEÑA, D.; VILLAMIL, Y. Relaciones Ciencia, Tecnología, Sociedad y Ambiente, a partir de casos simulados: una experiencia en la Enseñanza de la Química. *Ciência & Ensino*. [S.l.], v.1, n. especial, 2007. Disponível em: <http://www.ige.unicamp.br/ojs/index.php/cienciaeensino/index>. Acesso em: 15 jan. 2008.

————.; CATTUZZO, F.; CARVALHO, W. O papel da discussão entre pares no ensino de ciências com foco na educação para a cidadania: o uso do álcool como fonte de energia. 2008. In: XIV ENCONTRO NACIONAL DE ENSINO DE QUÍMICA. Curitiba. *Atas...* Disponível em: <http://www. quimica.ufpr.br/eduquim/eneq2008/>. Acesso em: 15 jan. 2009.

MARTINS, I. Dados como diálogo: construindo dados a partir de registros de observação de interações discursivas em salas de aula de ciências. In: SANTOS, F.; GRECA, I. (orgs.) *A pesquisa em ensino de ciências no Brasil e suas metodologias*. Ijuí: Unijuí, 2006. p.297-321.

QUESTÕES SOCIOCIENTÍFICAS NA PRÁTICA DOCENTE 335

MARTINS, I. Quando o objeto de investigação é o texto: uma discussão sobre as contribuições da Análise Crítica do Discurso e da Análise Multimodal como referenciais para a pesquisa sobre livros didáticos de ciências. In: NARDI, R. (org.) *A pesquisa em ensino de ciências no Brasil*: alguns recortes. São Paulo: Escrituras, 2007. p. 95-16.

MARTINS, I.; VILANOVA, R. Discursos sobre saúde na educação de jovens e adultos: uma análise crítica da produção de materiais educativos de ciências. *Revista Eletrônica de Ensino de Ciências*. [S.l.], v.7, n. 3. p.506-23, 2008.

MELLADO. V.; GONZÁLEZ, B. La formación inicial del profesorado de Ciencias. In: PERALES, F.; CAÑAL, P. *Didáctica de las Ciencias Experimentales: tema y práctica de la Enseñanza de las Ciencias*. Alcoi: Marfil, 2000. p.507-33.

MEMBIELA, P. Ciencia-tecnología-sociedad en la enseñanza-aprendizaje de las Ciencias Experimentales. *Alambique*. [S.l.], n. 3, monográfico CTS, p.7-11, 1995.

_____. Una revisión del movimiento educativo ciencia-tecnología-sociedad. *Enseñanza de las Ciencias*. [S.l.], v.15, n. 1, p.51-7, 1997.

_____. Reflexión desde la experiencia sobre la puesta en práctica de la orientación CTS en la enseñanza científica. *Educación Química*. [S.l.], v.16, n. 3, p.404-9, 2005.

MION, R.; ALVES, J.; CARVALHO, W. Implicações da relação entre Ciência, Tecnologia, Sociedade e Ambiente: subsídios para a formação de professores de física. *Experiências em Ensino de Ciências*. [S.l.], v.4, n. 2, p.47-59, 2009.

MONTEIRO, M. *Um estudo da autonomia docente no contexto do ensino de ciências nas séries iniciais do ensino fundamental*. Bauru, 2006. Tese (Doutorado em Educação para a Ciência). Universidade Estadual Paulista, Faculdade de Ciências.

MOREIRA, A.; SILVA, T. (orgs.). *Currículo, cultura e sociedade*. 7.ed. Tradução de Maria Aparecida Baptista. São Paulo: Cortez, 2002. 154p.

MORTIMER, E.; SCOTT, P. Atividade discursiva nas salas de aula de ciências: uma ferramenta sociocultural para analisar e planejar o ensino. *Investigações em Ensino de Ciências*. [S.l.], v.7, n. 3, p.283-306, 2002.

_____. et al. Uma metodologia para caracterizar os gêneros de discurso como tipos de estratégias enunciativas nas aulas de ciências. In: NARDI, R. (org.) *A pesquisa em ensino de ciências no Brasil*: alguns recortes. São Paulo: Escrituras, 2007. p. 53-94.

NEWTON, P.; DRIVER, R.; OSBORNE, J. The Place of Argumentation in the Pedagogy of School Science. *International Journal Education*. [S.l.], v.21, n. 5, p.553-76, 1999.

NIAZ, M. Progressive Transitions in Chemistry Teachers' Understanding of Nature of Science Based on Historical Controversies. *Science & Education.* [S.l.], n. 18, p.43-65, 2009.

OBACH, D. El proyecto SATIS. *Alambique Didáctica de las Ciencias Experimentales.* [S.l.], n. 3, ano II, 1995, p.39-44.

O'LOUGHLIN, M. Rethinking Science Education: Beyond Piagetian Constructivism Toward a Sociocultural Model of Teaching and Learning, *Journal of Research in Science Teaching.* [S.l.], n. 29, p.791-820, 1992.

OLIVEIRA, M. Alteridade e construção de identidades pedagógicas: (re)visitando teorias dialógicas. In: MAGALHÃES, I; GRIGOLETTO, M; CORACINI, M. *Práticas identitárias:* língua e discurso. São Carlos: Claraluz, 2006. p.27-44.

OLSON, D. *El mundo sobre el papel.* Barcelona: Gedisa, 1999.

ORQUIZA, L.; CARVALHO, W. Interação universidade-escola e as invasões do sistema no mundo da vida. In: 29ª REUNIÃO ANUAL DA ASSOCIAÇÃO NACIONAL DE PÓS-GRADUAÇÃO E PESQUISA EM EDUCAÇÃO. *Anais...* Rio de Janeiro: ANPEd, 2006. Disponível em: <http://www.anped.org.br/reunioes/29ra/trabalhos/trabalho/gt08-2614--int.pdf>. Acesso em: 12 set. 2007.

OSORIO, C. La educación científica y tecnológica desde el enfoque en ciencia, tecnología y sociedad. *Revista Iberoamericana de Educación.* [S.l.], n. 28, p.61-81, 2002.

PAREJO, C. El proyecto Ciencia a través de Europa. *Alambique Didáctica de las Ciencias Experimentales.* [S.l.], n. 3, monográfico, p.45-52, 1995.

PARGA, D. Diez años de investigación didáctica en el departamento de Química. *Tecné, Episteme y Didaxis.* [S.l.], n. 22, p.171-83, 2007.

PEDRETTI, E. Teaching Science, Technology, Society and Environment (STSE) Education: Preservice Teachers' Philosophical and Pedagogical Landscapes. In: ZEIDLER, D. (org). *The Role of Moral Reasoning on Socioscientific Issues and Discourse in Science Education.* The Netherlands: Kluwer Academic Publishers, 2003. p.219-39.

_____.; HODSON, D. From Rhetoric to Action: Implementing STSE Education Through Action Research. *Journal of Research in Science Teaching.* [S.l.], v.32, n. 5, p.463-86, 1995.

_____. Septic Tank Crisis: A Case Study of Science, Technology and Society Education in an Elementary School. *International Journal of Science Education.* [S.l], v.19, n. 10, p.1211-30, 1997.

_____.; SMITH, J.; WOODROW, J. Technology, Text and Talk: Students' Perspectives on Teaching and Learning in a Technology-Enhanced Secondary Science Classroom. *Science Education.* [S.l.], n. 82, p.569-89, 1998.

_____. et al. Promoting Issues-based STSE: Perspectives in Science Teacher Education: Problems of Identity and Ideology. *Science & Education*. [S.l.], v.17, n. 8-9, p.941-60, 2008.

PÉREZ-GÓMEZ, A. A função e formação do professor/a no ensino para a compreensão. In: GIMENO, J.; GÓMEZ, A. *Compreender e transformar o ensino.* Tradução Ernani F. da Fonseca Rosa. 4.ed. Porto Alegre: Armet, 1998. p.353-75.

PORLÁN, R. *Construtivismo y escuela: hacia un modelo de enseñanza-aprendizaje basado en la investigación.* 4.ed. Sevilla: Díada, 1997. 194p.

_____. ; RIVERO, A. *El conocimiento de los profesores: una propuesta formativa en el área de ciencias.* Sevilla: Díada, 1998. 213p.

_____. ; RIVERO, A.; MARTÍN. R. El conocimiento del profesorado sobre la ciencia, su enseñanza y aprendizaje. In: PERALES, F.; CAÑAL, P. *Didáctica de las Ciencias Experimentales:* tema y práctica de la Enseñanza de las Ciencias. Alcoi: Marfil, 2000. p.507-33.

PRAIA, J.; GIL-PÉREZ, D.; VILCHES, A. O papel da natureza da ciência na educação para a cidadania. *Ciência & Educação.* [S.l.], v.13, n. 2, p.141-56, 2007.

PUCCI, B. A teoria da semicultura e suas contribuições para a teoria crítica da educação. In: ZUIN, A.; PUCCI, B.; OLIVEIRA, N. *Educação danificada:* contribuições à teoria crítica da educação. 2.ed. Petrópolis: Vozes; São Paulo: UFSCar, 1998. p.89-115.

RAMSEY, J. The Science Education Reform Movement: Implications for Social Responsibility. *Science Education.* [S.l.], v.77, n. 2, p.235-58, 1993.

RATCLIFFE, M. Pupil Decisionmaking about Socioscientific Issues Within the Science Curriculum. *International Journal of Science Education.* [S.l.], v.19, n. 2, p. 167-82, 1997.

_____.; GRACE M. *Science Education for Citizenship: Teaching Socio-Scientific Issues.* Maidenhead: Open University Press, 2003.

REIS, P. *Controvérsias sociocientíficas: discutir ou não discutir?* Percursos de aprendizagem na disciplina de ciências da Terra e da vida. Lisboa, 2004. Tese (Doutorado). Faculdade de Ciências, Universidade de Lisboa. Disponível em: <http://pwp.netcabo.pt/PedroRochaReis/>. Acesso em: 3 nov. 2007.

_____. ; GALVÃO, C. Os professores de ciências naturais e a discussão de controvérsias sociocientíficas: dois casos distintos. *Revista Electrónica de Enseñanza de la Ciencias.* [S.l.], v.7, n. 3, p.746-72, 2008.

RESENDE, V.; RAMALHO, V. *Análise do discurso crítica.* São Paulo: Contexto. 2006. 158p.

338 LEONARDO FABIO MARTÍNEZ PÉREZ

REYES, L.; SALCEDO L.; PERAFAN, A. *Acciones y creencias: tesoro oculto del educador.* Tomo I. Santa Fe de Bogotá: Universidad Pedagógica Nacional, 1999. 100p.

ROY, R. *S-S/T/S Project:* Teach Science Via Science, Technology and Society Material in the Pre-college Years. University Park, PA: Pennsylvania State University, 1984.

RODRÍGUEZ, G.; GIL, J.; GARCÍA, E. *Metodología de la investigación cualitativa.* Málaga (Es): Aljibe, 1999. 378 p.

ROTH, M.; MCGINN, M. unDELETE science education: /lives/work/voices. *Journal of Research in Science Teaching.*[S.l.], n. 35, p.399-421, 1998.

_____.; LAWLESS, D. Science, Culture and the Emergence of Language. *Science Education.* [S.l.], v.86, n. 3, p.368-85, 2002.

SADLER, T.; CHAMBERS, F.; ZEIDLER, D. Students Conceptualizations of the Nature of Science in Response to a Socioscientific Issue. *International Journal of Science Education.* [S.l.], 26, p.387-410, 2004.

SANCHES, M. A autonomia dos professores como valor profissional. *Revista de Educação.* [S.l.], v.5, n. 1, p.42-63, 1995.

SANTOS, W. Aspectos sociocientíficos em aulas de química. Belo Horizonte, 2002. Tese (Doutorado). Faculdade de Educação, Universidade Federal de Minas Gerais.

_____. Educação científica humanística em uma perspectiva freiriana: resgatando a função do ensino de CTS. *Alexandria Revista de Educação em Ciência e Tecnologia.* [S.l.], v.1, n. 1, p.109-31, 2008.

_____. ; MORTIMER, E. Tomada de decisão para ação social responsável no ensino de ciências. *Ciência & Educação.* [S.l.], v.7, n. 1, p 95-111, 2001.

_____.;_____.; SCOTT, P. A argumentação em discussões sociocientíficas: reflexões a partir de um estudo de caso. *Revista Brasileira de Pesquisa em Educação em Ciências.* [S.l.], v.1, n. 1, p.140-52, 2001.

_____. ; _____. Uma análise de pressupostos teóricos da abordagem C-T-S (Ciência -Tecnologia-Sociedade) no contexto da educação brasileira. *Ensaio.* [S.l.], v.2, n. 2, p.1-23, 2002.

_____.; _____. Abordagem de aspectos sociocientíficos em aulas de ciências: possibilidades e limitações. *Investigações em Ensino de Ciências.* [S.l.], v.14, n. 2, p.191-218, 2009.

_____. ; SCHENETZLER, R. *Educação em química:* compromisso com a cidadania. 3.ed. Ijuí: Unijuí, 2003.

QUESTÕES SOCIOCIENTÍFICAS NA PRÁTICA DOCENTE 339

SCHÖN, D. Formar professores como profissionais reflexivos. In: NOVOA, A. (org.). *Os professores e sua formação*. Tradução Cunha, Hespanha, Afonso, Tavares. Lisboa: Publicações Dom Quixote, 1997, p.77- 91.

_____. *Educando o profissional reflexivo: um novo design para o ensino e aprendizagem*. Porto Alegre: Artes Médicas, 2000. 256p.

SHÄFER, L.; SCHNELL, T. Introducción a la teoría del estilo de pensamiento y del colectivo de pensamiento. In: FLECK, L. *La génesis y el desarrollo de un hecho científico*. Tradução Luis Meana. Madrid: Alianza, 1986.

SHULMAN, L. Those who Understand: Knowledge Growth in Teaching. *Educational Researcher*. [S.l.], v.15, n. 2, p.4-14, 1986.

_____. Knowledge and Teaching: Foundations of the New Reform. Harvard Educational. *Review*. [S.l.], v.57, n. 1, p.1-22, 1987.

SIMMONS, M.; ZEIDLER, D. Beliefs in the Nature of Science and Responses to Socioscientific Issues. In: ZEIDLER, D. (org.). *The Role of Moral Reasoning on Socioscientific Issues and Discourse in Science Education*. The Netherlands: Kluwer Academic Publishers, 2003. p.81-94.

SNOW, C. *As duas culturas e uma segunda leitura*: uma versão ampliada das duas culturas e a revolução científica. Tradução de Geraldo Gerson de Souza/ Renato de Azevedo Resende Neto. São Paulo: Edusp, 1995. 129p.

SOLBES, J.; VILCHES, A.; GIL, D. El enfoque CTS y la formación del profesorado In: MEMBIELA, P. (org.). *Enseñanza de las ciencias desde la perspectiva ciencia, tecnología y sociedad*. Formación Científica para la ciudadanía. Madrid: Narcea, 2001. p.163-75.

_____. ; _____. Papel de las relaciones entre ciencia, tecnología, sociedad y ambiente en la formación ciudadana. *Enseñanza de las Ciencias*. [S.l.], v.22, n. 3, p.337-48, 2004.

SOLOMON, J. *Science in Social Context*. Oxford: Basil Blackwell, 1983.

_____. *Teaching Science, Technology and Society*. Buckingham, U. K.: Open University Press, 1993.

_____. El estudio de la tecnología en la educación, *Alambique*. [S.l.], n. 3, monográfico CTS, p.13-8, 1995.

_____. STS in Britain: Science in a Social Contex. In: YAGER, R. (org.). *Science/Technology/Society as Reform in Science Education*. New York: State University, 1996. 339p.

_____. Desenvolvimento profissional de professores: prática evolucionária, reforma curricular e mudança cultural. *Educar*. [S.l.], n. 14, p.137-50, 1998.

STENHOUSE. L. *La investigación como base de la enseñanza*. Tradução Guillermo Solana. Madrid: Morata, 1987. 183p.

SUTZ, J. Ciencia, Tecnología y Sociedad: argumentos y elementos para una innovación curricular. *Revista Iberoamericana de Educación.* [S.l.], n. 18, p.145-69, 1998.

TARDIF, M. Saberes profissionais dos professores e conhecimentos universitários: elementos para uma epistemologia da prática profissional dos professores e suas consequências em relação à formação para o magistério. *Revista Brasileira de Educação.* [S.l.], n. 13, p.5-24, 2000a.

_____. Os professores enquanto sujeitos do conhecimento: subjetividade, prática e saberes no magistério. In: CANDAU, V. (org.). *Didática, currículo e saberes escolares.* Rio de Janeiro: DP&A, 2000b. p.112-28.

_____. *Saberes docentes e formação profissional.* 6.ed. Tradução Francisco Pereira. Petrópolis: Vozes, 2006. 325p.

TERRAZZAN, E. Inclusão escolar e pesquisa sobre formação de professores. In: NARDI, R. (org.). *A pesquisa em ensaio de ciências no Brasil:* alguns recortes. São Paulo: Escrituras, 2007. p.146-92.

THOMPSON, J. *Ideologia e cultura moderna:* teoria social crítica na era dos meios de comunicação de massa. Tradução Grupo de Estudos do Instituto de Psicologia da PUCRS. Petrópolis: Vozes, 2000. 427p.

TOLLER, U. Teaching/Learning Styles, Performance and Students' Teaching Evaluation in S/T/E/S-focused Science Teacher Education: A Quasiquantitative Probe of a Case Study. *Journal of Research in Science Teaching.* [S.l.], v.28, n. 7, p.593-607, 1991.

TORRES, J. As culturas negadas e silenciadas no currículo. In: SILVA, T. (org.). *Alienígenas na sala de aula:* uma introdução aos estudos culturais em educação. 3.ed. Tradução Tomaz Tadeu da Silva. Petrópolis: Vozes, 2001. p.159-77.

YAGER, R.; CASTEEL, J. The University of Science and Culture Project. *School Science and Mathematics.* [S.l.], v.67, n. 5, p.412-6, 1968.

UNIVERSIDADE PEDAGÓGICA NACIONAL (UPN). Departamento de Química. *Programa de Maestría en Docencia de la Química.* Bogotá: Universidad Pedagógica Nacional (UPN), 1999.

VACCAREZZA, L. Ciencia, Tecnología y Sociedad: el estado de la cuestión en América Latina. *Revista Iberoamericana en Educación.* [S.l.], n. 18, p.13-40, 1998.

VAN DIJK, T. La multidisciplinariedad del análisis crítico del discurso: un alegato a favor de la diversidad. In: WODAK, R.; MEYER, M. *Métodos de análisis crítico del discurso.* Barcelona: Gedisa, 2003, p.143.

VILLANI, A.; FREITAS, D.; BRASILIS, R. Professor pesquisador: o caso rosa. *Revista Ciência & Educação.* [S.l.], v.15, n. 3, p.479-96, 2009.

QUESTÕES SOCIOCIENTÍFICAS NA PRÁTICA DOCENTE 341

WATTS, M. et al. Event-Centred-Learning: in Approach to Teaching Science Technology and Societal Issues in Two Countries. *International Journal of Science Education*. [S.l.], v.19, n. 3, p.341-51, 1997.

WODAK, R. De qué trata el análisis crítico del discurso (ACD): resumen de su historia, sus conceptos fundamentales y sus desarrollos. In:_____.; MEYER, M. *Métodos de análisis crítico del discurso*. Barcelona: Gedisa, 2003a. p.17-34.

_____. El enfoque histórico del discurso. In:_____.; _____. *Métodos de análisis crítico del discurso*. Barcelona: Gedisa, 2003b. p.101-42.

ZANON, L.; MALDNER, O. (orgs.). *Fundamentos e propostas de ensino de química para a educação básica no Brasil*. Ijuí: Unijuí, 2007. 224p.

ZEICHNER, K. Para além da divisão entre professor-pesquisador e pesquisador acadêmico. In: GERALDI, C.; FIORENTINI, D.; PEREIRA, E. (orgs.). *Cartografias do trabalho docente:* professor(a)-pesquisador(a). Tradução Elisabete Monteiro de Aguiar. Campinas: ALB, Mercados e Letras, 1998. p.207-236.

ZEICHNER, K; DINIZ-PEREIRA, J. Pesquisa dos educadores e formação docente voltada para a transformação social. *Cadernos de Pesquisa*. [S.l.], v.35, n. 125, p.63-80, 2005.

ZEIDLER, D.; KEEFER, M. The Role of Moral Reasoning and the Status of Socioscientific Issues in Science Education: Philosophical, Psychological and Pedagogical Considerations. In: _____. (org.). *The Role of Moral Reasoning on Socioscientific Issues and Discourse in Science Education*. The Netherlands: Kluwer Academic Publishers, 2003. p.7-38.

_____. et al. The Role of Argument During Discourse about Socioscientific Issues In: _____. (org.). *The Role of Moral Reasoning on Socioscientific Issues and Discourse in Science Education*. The Netherlands: Kluwer Academic Publishers, 2003. p.97-116.

_____. et al. Beyond STS: A Research-Based Framework for Socioscientific Issues Education. *Science & Education*. [S.l.], n. 89, p.357-77, 2005.

ZIMAN, J. *Teaching and Learning About Science and Society*. Cambridge: Cambridge University Press, 1980.

ZUIN, A.; PUCCI, B.; OLIVEIRA, N. *Adorno:* o poder educativo do pensamento crítico. 3.ed. Petrópolis: Vozes, 2001. 191p.

Apêndices

APÊNDICE 1
PLANO DE ENSINO DA DISCIPLINA
ENSINO DE CIÊNCIAS COM
ENFOQUE CTSA A PARTIR DE QSC

FACULTAD DE CIENCIA Y TECNOLOGÍA
DEPARTAMENTO DE QUÍMICA
MAESTRIA EN DOCENCIA DE LA QUÍMICA
I SEM 2009

NOMBRE DEL DOCENTE: Leonardo Fabio Martínez Pérez	**Email:** lemartinez@pedagogica.edu.co
ESPACIO ACADÉMICO (Asignatura): Enseñanza de la ciencias con enfoque CTSA a partir de cuestiones sociocientíficas. **ETAPA**: Fundamentación teórico metodológica: ___ Investigación : X	**CÓDIGO:** 400003(2) y 400004 (2) **No. DE CREDITOS: 2**
NÚMERO DE ESTUDIANTES: 31 estudiantes	**GRUPO:** ___

HORARIO:

DIA:	HORAS:	SALON:
Viernes	2 a 6 p.m.	
Sábado	8 a 4 p.m.	—

TIPO DE CURSO: TEÓRICO: ___ **PRACTICO:** ___ **TEO-PRAC: X**

346 LEONARDO FABIO MARTÍNEZ PÉREZ

I. JUSTIFICACIÓN DEL ESPACIO ACADÉMICO (¿El por qué?):

La Maestría en Docencia de la Química es un programa de formación continuada de profesores que busca principalmente favorecer la construcción de investigadores en el área de la enseñanza de la química. Preocupándose por la cualificación de las prácticas docentes y sus respectivas implicaciones con el mejoramiento de la educación científica y tecnológica de los diferentes niveles y modalidades del sistema educativo colombiano. Coherentemente con la investigación didáctica contemporánea el programa de maestría ha avanzado en la construcción de una perspectiva curricular amplia y flexible que ofrece nuevos escenarios para optimizar la formación de investigadores comprometidos con los retos de una educación científica y tecnológica de calidad para todos y todas.

En este contexto, se cuentan con varios espacios académicos orientados a brindar elementos teóricos y metodológicos sobre investigación y docencia de la química, articulados a la construcción de una disertación ("tesis") de maestría por parte de los profesores participantes del programa.

Con la intención de fortalecer los procesos de formación continuada adelantados en los espacios académicos correspondientes al programa de maestría, se ofrece como Actividades complementarias, el seminario de enseñanza de las ciencias con enfoque ciencia, tecnología, sociedad y ambiente (CTSA) a través de cuestiones sociocientíficas (CSCs).

Cada día la ciencia y la tecnología juegan un papel más importante en controversias sobre temas sociales, políticos, éticos, morales y ambientales, que exigen la formación de ciudadanos críticos dotados de conocimientos y capacidades que les permitan participar responsablemente en la toma de decisiones en una sociedad democrática. En la perspectiva de estudiar las implicaciones de esas controversias, la educación CTSA se ha constituido en los últimos años como un área de investigación pedagógica y didáctica indispensable para programas de formación inicial y continuada de profesores de ciencias.

De acuerdo con lo expuesto anteriormente el seminario enseñanza de las ciencias con enfoque CTSA a través de CSCs, se justifica tanto del punto de vista curricular como desde el punto de vista de la investigación didáctica, siendo necesario su desarrollo en la perspectiva de ampliar el horizonte de investigación y docencia de la formación continua del profesor de ciencias (química).

OBJETIVO GENERAL

Estudiar los presupuestos teóricos y metodológicos de la enseñanza de las ciencias con enfoque CTSA orientando la atención al análisis de prácticas docentes de los profesores participantes, en la perspectiva de su cualificación o transformación.

QUESTÕES SOCIOCIENTÍFICAS NA PRÁTICA DOCENTE 347

OBJETIVOS ESPECÍFICOS:

Caracterizar las prácticas docentes de los profesores sobre contenidos y estrategias de enseñanza a través de trabajos en grupo y diálogos.

Estudiar los presupuestos teóricos y metodológicos de la educación CTSA y su correspondiente abordaje en la enseñanza de las ciencias (química), buscando problematizar las prácticas docentes de los profesores a partir de los aspectos teóricos estudiados, de la misma forma se buscará problematizar los aspectos teóricos discutidos en términos de las prácticas docentes.

Acompañar la construcción y desarrollo de una cuestión socio-científica, por parte de los profesores participantes del seminario.

II. PROGRAMACION DEL CONTENIDO (¿El qué enseñar?):

A continuación se exponen los principales contenidos que serán trabajados durante el seminario, todos ellos se relacionan y serán considerados de diferentes formas durante las sesiones programadas.

La secuencia y abordaje de estos contenidos puede ser modificada de acuerdo con el desarrollo práctico del seminario en la medida que en la interacción educativa con los profesores, se van constituyendo nuevos significados que orientan el tratamiento de los contenidos de determinadas maneras.

Bibliografía básica:
- Aikenhead G. (2005a). Educación Ciencia-Tecnología-Sociedad (CTS): una buena idea como quiera que se le llame, en *Educación Química*, **16**(2), pp.114-124.
- Aikenhead G. (2005b). Research Into STS Science Education, *Educación Química* 16(3), pp. 384-397.
- Carvalho, W. (2005). *Cultura científica e cultura humanística: espaços, necessidades e expressões.* [Tese de livre docência], Ilha Solteira, Universidade Estadual Paulista.
- Carr, W y Kemmis, S. (1986). *Teoría crítica de la enseñanza: la investigación acción en la formación del profesorado.* España: Martínez Roca.
- González, M; López, J y Luján, J. (2000). *Ciencia, Tecnología y Sociedad: Una introducción al estudio social de la ciencia y la tecnología.* Madrid: TECNOS.
- Martínez, L y Rojas, A. (2006). Estrategia didáctica con enfoque ciencia, tecnología sociedad y ambiente, para la enseñanza de tópicos de bioquímica, en *Revista de la Facultad de Ciencia y Tecnología: Tecne, Episteme y Didaxis.* núm. 19, pp. 44-62.
- Martínez, L; Peña, D y Villamil, Y. (2007). Relaciones Ciencia, Tecnología, Sociedad y Ambiente, a partir de Casos Simulados: una experiencia en la Enseñanza de la Química, en *Ciência & Ensino* [en línea] núm. especial, disponible en http://www.ige.unicamp.br/ojs/index.php/cienciaeensino/index, recuperado 25 de Junio de 2008.

Enseñanza de las ciencias con enfoque CTSA a través de cuestiones sociocientíficas Componentes de la educación CTSA (naturaleza de la ciencia y la tecnología; razonamiento ético y moral; dimensiones políticas y personales de la ciencia y la tecnología; reconstrucción socio-crítica; toma de decisiones; alfabetización científica y tecnológica crítica; acción y desarrollo sustentable) Relación teoría y práctica en la enseñanza de las ciencias con enfoque CTSA.	- Martínez Pérez, Leonardo Fabio, Cattuzzo, F. L. M., Carvalho, W. L. P. (2008). O papel da discussão entre pares no ensino de ciências com foco na educação para a cidadania: o uso do álcool como fonte de energia In: XIV Encontro Nacional de Ensino de Química, Curitiba. http://www.quimica.ufpr.br/eduquim/eneq2008/ - Ratcliffe, M & Grace, M. (2003). *Science education for citizenship: teaching socio-scientific issues*. Maidenhead: Open University Press. - Kumar, D & Chubin, D (edit.) (2000). *Science, Technology, & Society: A Source Book on Research and Practice*, New York: Kluwer Academic Press. - Roth, M & Désautels, J (edit.) (2002). *Science Education as/ for Sociopolitical Action*. - Santos, W y Schenetzler, R. (2003). *Educação em química*: compromisso com a cidadania. 3.ed. Ijuí. RS: Unijui. - Solomon, J. (1993). Teaching Science, Technology and Society, Open University Press, Philadelphia. - Zeidler, D. (comp.) (2003). *The role of moral reasoning on socioscientific issues and discourse in science education*. The Netherlands: Kluwer Academic Publishers.

III. ESTRATEGIAS (¿El cómo?):

El seminario articulará permanentemente la reflexión y la acción de los profesores participantes sobre las presentaciones, discusiones y trabajos desarrollados a través del espacio académico, de esta manera se buscará un análisis y evaluación constante del desempeño de los docentes.

Siguiendo la anterior perspectiva pedagógica-didáctica, el estudio de los contenidos propuestos se desarrollará mediante la discusión de las siguientes cuestiones sociocientíficas:

Biocombustibles
Ciencia (Química), guerra y paz

Además de estas cuestiones se estructuraran otras propuestas por los propios profesores de acuerdo tanto con los aspectos teóricos estudiados como con sus prácticas de enseñanza.

Para el estudio de los aspectos teóricos del seminario, se organizarán presentaciones por parte de los participantes, para lo cual, se acordarán grupos de estudio de acuerdo con intereses comunes sobre las temáticas del seminario. Cada grupo será responsable por la organización y discusión de un contenido respectivamente. Para apoyar este trabajo se proporcionará por lo menos un artículo académico para su correspondiente lectura por parte de todos los participantes.

Para efectos de provocar la discusión, cada grupo responsable por un determinado contenido organizará una presentación sintética ubicando las cuestiones principales facilitando de esta forma su problematización.

La sistematización de las discusiones será realizada por cada grupo a través de la construcción de una relatoría escrita de cada sesión, la cual será entregada para todos los participantes unos días antes de la sesión programada, de esta forma se favorecerá tanto la articulación de las temáticas trabajadas como el trabajo en grupo.

Durante el desarrollo de todas las sesiones se provocará el establecimiento de relaciones entre los contenidos y las prácticas docentes de los participantes, posibilitando de esta forma, la problematización tanto de las prácticas y las concepciones asociadas a las mismas como el papel de las contribuciones teóricas estudiadas a lo largo de los encuentros.

Como apoyo a las actividades desarrolladas se creará un grupo virtual de discusión para ampliar el trabajo presencial de los participantes del seminario. Este espacio continuará habilitado incluso después de finalizar el seminario en la perspectiva de continuar reflexionando sobre los temas trabajados y los intereses de investigación de los profesores.

350 LEONARDO FABIO MARTÍNEZ PÉREZ

IV. RECURSOS (¿Con qué?):

Artículos y libros de educación sobre Enseñanza de las Ciencias con enfoque CTSA y Cuestiones Sociocientíficas.

Reportajes audiovisuales relacionados con las cuestiones sociocientíficas objeto de discusión.

Video Beam

Grabadoras electrónicas para registrar el trabajo de las sesiones

---

V. ORGANIZACIÓN / TIEMPOS (¿De Qué Forma?):

Se estructuró la organización del tiempo de la siguiente manera por considerarla más flexible, no obstante, esto podrá cambiar en la interacción desarrollada por los docentes.

Semana	Tema
1	Presentación de los participantes exploración de comprensiones sobre los siguientes aspectos: práctica docente, desarrollo profesional, conocimientos y experiencias en educación CTSA.
	Trabajo en grupo: autorreflexión sobre la práctica docente, pensando sobre ciencia y tecnología, pensando sobre ciencia y tecnología en la sociedad.
	Discusión sobre cuestión sociocientífica (Biocombustibles)
2	Aspectos teóricos y metodológicos de la perspectiva CTSA
	Discusión sobre segunda cuestiones sociocientíficas orientadas a la formación ciudadana
	Socialización de propuestas sobre cuestiones sociocientíficas a desarrollar en la práctica docente
3	Discusión sobre desarrollo de cuestiones sociocientíficas estructuradas por los profesores
4	Discusión sobre desarrollo de cuestiones sociocientíficas estructuradas por los profesores
	Los siguientes aspectos serán trabajados de diferentes maneras durante todas las sesiones del seminario:
	- naturaleza de la ciencia y la tecnología;
	- razonamiento ético y moral;
	- dimensiones políticas y personales de la ciencia y la tecnología;
	- reconstrucción socio-crítica;
	- toma de decisiones; acción y desarrollo sustentable;
	- alfabetización científica y tecnológica crítica;
	- relación teoría y práctica en la Enseñanza de las Ciencias con enfoque CTSA.

QUESTÕES SOCIOCIENTÍFICAS NA PRÁTICA DOCENTE 351

VI. EVALUACIÓN (¿Qué, Cuándo, Cómo?)	
TIPO DE EVALUACIÓN	PORCENTAJE
Preparación y desarrollo de un tema abordado en el seminario.	30
Participación de las sesiones del seminario en conformidad con los contenidos trabajados.	30
Elaboración y presentación de trabajo final donde se expone la estructuración y desarrollo de una cuestión sociocientífica relacionada con la química.	40

ASPECTOS A EVALUAR DEL CURSO
De acuerdo con los aspectos expuestos en la justificación, contenidos y estrategias, la evaluación se realizará durante todas las sesiones en conformidad con los siguientes criterios:
- Comprensión de los contenidos teóricos desarrollados durante el seminario y su respectiva articulación con reflexiones sobre la práctica docente.
- Coherencia y pertinencia con respecto a la construcción de argumentos.
- Creatividad y consistencia en la construcción de trabajos acordados en el seminario.
- Compromiso y participación de las sesiones del seminario.

VII. DATOS DEL DOCENTE:

PREGRADO: Licenciado en Química

POSGRADOS: Maestría en Docencia de la Química y candidato a doctor en "Educação para a Ciência" Universidade Estadual Paulista "Júlio de Mesquita Filho" Bauru, SP, Brasil.

LINEA DE INVESTIGACIÓN: Enseñanza de las ciencias en contexto CTSA y Didáctica de los contenidos curriculares en Química.

APÊNDICE 2
QUESTIONÁRIO INICIAL

FACULTAD DE CIENCIA Y TECNOLOGÍA
DEPARTAMENTO DE QUÍMICA
MAESTRIA EN DOCENCIA DE LA QUÍMICA
I SEM 2009
Enseñanza de la Ciencias con enfoque CTSA a partir de cuestiones sociocientíficas

CUESTIONARIO DIRIGIDO A PROFESORES DE CIENCIAS (QUÍMICA, BIOLOGÍA, FÍSICA) EN EJERCICIO.

Este cuestionario electrónico pretende recoger algunas informaciones sobre su formación y actuación profesional, con el ánimo de tener un conocimiento sobre su actividad docente, siendo importante para el trabajo a desarrollar en el seminario de actividades complementarias, por favor diligenciarlo electrónicamente y remitirlo al siguiente correo: leonarquimica@gmail.com

Agradecemos su oportuna colaboración

Fecha:
Nombre y apellidos: Sexo: F   M   Edad:

1. Formación profesional.
Escriba en cada caso el nombre del(os) título(os) obtenido(s) en el nivel de pregrado y postgrado, especificando año de inicio y conclusión, al igual que el nombre de la institución donde fue realizado:

QUESTÕES SOCIOCIENTÍFICAS NA PRÁTICA DOCENTE 353

1.1. Pregrado.
- Nombre del título obtenido:
Institución donde fue realizado el pregrado:
Año de inicio del pregrado:
Año de finalización del pregrado:

- Nombre del título obtenido:
Institución donde fue realizado el pregrado:
Año de inicio del pregrado:
Año de finalización del pregrado:

1.2. Postgrado:
- Nombre del título obtenido:
Institución donde fue realizado el postgrado:
Año de inicio del postgrado:
Año de finalización del postgrado:

- Nombre del título obtenido:
Institución donde fue realizado el postgrado:
Año de inicio del postgrado:
Año de finalización del postgrado:

- Nombre del título obtenido:
Institución donde fue realizado el postgrado:
Año de inicio del postgrado:
Año de finalización del postgrado:
1.3. Si ha realizado cursos de corta duración, escriba hasta dos de los que usted considera más significativos para su formación profesional.

- Nombre del curso:
Institución donde fue realizado:
Duración:
Motivos que lo llevaron a estudiar este curso:

- Nombre del curso:
Institución donde fue realizado:
Duración:
Motivos que lo llevaron a estudiar este curso:

2. Recorrido profesional
2.1.1. ¿Cuántos años de experiencia docente posee?:

2.1.2. Indique con una X la(s) función(es) desempeñada(s) como docente y escriba el tiempo que duró ejerciendo esta función:

354 LEONARDO FABIO MARTÍNEZ PÉREZ

a) profesor de ciencias naturales en básica primaria _____ duración _____
b) profesor de biología en el nivel de básica secundaria _____ duración _____
c) profesor de química en el nivel de básica secundaria _____ duración _____
d) profesor de física en el nivel de básica secundaria _____ duración _____
e) profesor de química en el nivel de educación media _____ duración _____
f) profesor de física en el nivel de educación media _____ duración _____
g) profesor de ciencias naturales de
educación de jóvenes y adultos _____ duración _____
h) profesor de química de educación de jóvenes y adultos _____ duración _____
i) profesor de biología de educación de jóvenes y adultos _____ duración _____
j) profesor de física de educación de jóvenes y adultos _____ duración _____
k) profesor de química en el nivel de educación superior _____ duración _____
l) profesor de biología en el nivel de educación superior _____ duración _____
m) profesor de física en el nivel de educación superior _____ duración _____

Escriba otros cargos desempeñados por usted indicando los siguientes aspectos: nivel educativo, disciplina o área orientada y tiempo de labor:

- Nombre del cargo desempeñado:
Nivel educativo en el cual fue desempeñado el cargo:
Disciplina o área en la cual desempeño el cargo:
Tiempo de labor transcurrido en este cargo:

- Nombre del cargo desempeñado:
Nivel educativo en el cual fue desempeñado el cargo:
Disciplina o área en la cual desempeño el cargo:
Tiempo de labor transcurrido en este cargo:
2.2. ¿Cuáles son los problemas que usted ha enfrentado durante su ejercicio profesional?
2.3. ¿Cuáles dificultades ha enfrentado en la enseñanza de las ciencias (química, biología, física)?

3. Ejercicio profesional actual
3.1. Nombre de la institución donde trabaja actualmente:
3.2. Marque con una X la modalidad en que actúa esta institución
Educación formal __ Educación informal__

3.3. Marque con una X el nivel educativo donde trabaja actualmente:
Educación básica primaria __Educación básica secundaria __ Educación media ___
Educación tecnológica __ Educación superior___

3.4. ¿Cuál es el cargo que desempeña actualmente?:
3.5. ¿Cuántos alumnos están bajo su orientación?:
3.6. Describa la forma como usted desarrolla sus clases de ciencias (química, biología, física):
3.7. Usted usa algún(os) libro(s) didáctico(s) para enseñar ciencias (química, biología, física)

QUESTÕES SOCIOCIENTÍFICAS NA PRÁTICA DOCENTE **355**

Si ___ No ___
Si respondió afirmativamente resuelva el ítem 3.7.1 y 3.7.2. Si respondió negativamente pase a resolver el ítem 3.8.

3.7.1. Escriba el título, autor(es), año y edición del(os) libro(s) que usted usa con mayor frecuencia:

3.7.2. Describa la manera como usa el (los) libro(s) indicado(s):
Pase a responder el ítem 4

3.8. ¿Por qué no usa libro didáctico para enseñar ciencias (química, biología, física)?

4. Participación en la Maestría en Docencia de la Química

4.1. Marque con una X las materias que ya cursó y aprobó durante la Maestría en Docencia de la Química

Historia y epistemología de la química   ___
Conceptos químicos e implicaciones didácticas I   ___
Investigación I   ___
Teorías del aprendizaje y enseñanza de las ciencias   ___
Conceptos químicos e implicaciones didácticas II   ___
Ciencias ambientales y educación química   ___
Investigación II   ___
Conceptos químicos e implicaciones didácticas III   ___
Investigación III   ___

4.1.1. Escriba las materias que cursará durante este semestre:

4.2. ¿En alguna de las materias cursadas durante la Maestría en Docencia de la Química estudio algún aspecto relacionado con la educación ciencia, tecnología, sociedad y ambiente (CTSA)? Si ___ No ___

Si responde afirmativamente, por favor responda los ítems 4.2.1 y 4.2.2.

4.2.1. ¿En cuál o cuales materias estudio algún aspecto relacionado con la educación CTSA?:

4.2.2. Describa los aspectos que fueron estudiados en la(s) anterior(es) materia(s) relacionados con la educación CTSA:

4.3. ¿Su proyecto de tesis de maestría contempla algún(os) aspecto(os) relacionado(s) con la educación CTSA? Si ___ No ___

4.3.1. Describa el (los) aspecto(s) contemplado(s) en su proyecto de tesis de maestría relacionado con la educación CTSA:

5. Educación CTSA durante su formación y desarrollo profesional

5.1. ¿Durante su pregrado estudio algún(os) aspecto(os) relacionado(s) con la educación CTSA? Si ___ No ___

356 LEONARDO FABIO MARTÍNEZ PÉREZ

5.1.1. Si respondió afirmativamente el anterior ítem describa el (los) aspecto(s) que estudio durante su pregrado relacionados con la educación CTSA:

5.2. ¿Durante sus estudios de postgrado diferentes al de la Maestría en Docencia de la química, estudio algún(os) aspecto(os) relacionado(s) con la educación CTSA?
Si __ No___
No he realizado otros estudios de postgrado ___

5.2.1. Si respondió afirmativamente el anterior ítem describa que aspecto(s) estudio durante su pregrado, relacionados con la educación CTSA

5.3. Marque con una X los aspectos que usted estudió en algún momento de su formación o ejercicio profesional:

Alfabetización científica y tecnológica   —
Enseñanza de la ciencia para todos   —
Enseñanza de las ciencias para ciudadanía   —
Cuestiones socio científicas y tecnológicas   —
Desarrollo sostenible   —
Sustentabilidad   —
Naturaleza de la ciencia y la tecnología   —
Razonamiento ético y moral   —
Dimensión personal y política da ciencia   —
Reconstrucción socio-crítica   —
Toma de decisiones   —
Acción crítica   —
No estudie ninguno de los aspectos anteriores   —

5.3.1. Si usted seleccionó algún(os) (de los) aspecto(s) anterior(es), indique con una X el momento en el que lo(s) estudió
Pregrado__ postgrado__
Durante mi ejercicio profesional__
Otro___ ¿Cuál?: _____

5.4. ¿Durante su ejercicio profesional desarrolló alguna actividad docente relacionada con la educación CTSA? Si __ No___

5.4.1. Si respondió afirmativamente el anterior ítem describa qué actividad docente desarrollo relacionada con la educación CTSA

APÊNDICE 3
ROTEIRO DA ENTREVISTA FOCAL

Guía de entrevista focal

1. ¿El trabajo hecho en el seminario "Enseñanza de las Ciencias con enfoque CTSA a partir de QSC" les permitió repensar su práctica docente? ¿Cómo les permitió pensar su práctica? ¿Por qué piensan que les permitió repensar su práctica?

2. ¿Cuáles tensiones o dificultades enfrentaron para repensar su práctica? ¿Cómo enfrentaron esas dificultades?

3. A partir del trabajo realizado en el seminario ¿ustedes como comprenden la autonomía docente?

4. El trabajo colaborativo que desarrollamos en el seminario de acuerdo con la perspectiva CTSA ¿tuvo algún papel en su formación profesional?

5. ¿Cómo entienden las interacciones CTSA a partir de haber desarrollado su QSC en clase?

6. ¿Consideran que trabajaron implicaciones éticas de la Ciencia y de la Tecnología en el desarrollo de su QSC? ¿Por qué trabajo o no trabajo los aspectos éticos?

7. Al iniciar el seminario ustedes comentaron sobre el uso de varios conceptos científicos, químicos, biológicos, los cuales eran trabajados por ustedes, por ser parte del plan de estudio, según su visión ¿ustedes piensan que podemos discutir éste tipo de trabajo?

8. ¿De qué forma el trabajo desarrollado en el seminario contribuyó para su formación como investigador?

Aspectos particulares para cada grupo

Primer grupo: 6 profesores participantes

- Ustedes consideraron trabajar varios contenidos por ser una orientación del MEN o por ser contemplados para bachillerato o estar en la estructura curricular. En este momento

¿ustedes que piensan de esto? ¿De acuerdo con su punto de vista consideran pertinente cuestionar ese tipo de trabajo? ¿Por qué seria o no seria pertinente? ¿Qué consideran para enseñar determinados contenidos? ¿Por qué enseñarlos?

- Además de usar trabajos de laboratorio, diagnóstico de conceptos previos (exploración) y trabajar con guías, el trabajo hecho en el seminario posibilitó enseñar de otra forma? ¿De qué maneras? ¿Por qué de estas maneras? ¿Cómo interaccionaron con sus estudiantes?

- Ustedes estaban de acuerdo que la química estudia la materia y sus transformaciones, en este momento ustedes ¿Cómo están entendiendo la química?

- Ustedes consideran que las ciencias (Química) contribuye en el desarrollo tecnológico del planeta, además de esta idea, en este momento, como ustedes entienden las ciencias (Química) en la sociedad?

- Ustedes concuerdan con la idea de tecnología como responsable de diseñar herramientas para aumentar el control del entorno material ¿Cómo entiende la tecnología y su relación con la ciencia, la sociedad y el ambiente?

Segundo grupo: 5 profesores participantes

- Ustedes consideraron trabajar varios contenidos, ya que están presentes en el plan de estudio, en este momento ¿Ustedes qué piensan de esto? ¿Ustedes consideran que podemos discutir éste tipo de trabajo? ¿Qué aspectos tendrian en cuenta para enseñar determinados contenidos? y ¿Por qué enseñarlos?

- Además de usar los trabajos de laboratorio, clases magistrales, artículos, reuniones en grupo (asambleas), el trabajo realizado en el seminario les posibilito trabajar de otra forma? ¿De qué maneras y por qué? ¿Cómo es la interacción con sus estudiantes?

– ¿Cómo entienden la Ciencia y Tecnología (Química) en la sociedad?

- Ustedes consideran necesario clarificar la aplicabilidad de la tecnología? ¿Cómo entienden la tecnología y su relación con ciencia, sociedad y ambiente?

Tercer grupo: 3 profesores participantes.

- Además de utilizar las salidas pedagógicas, uso de *appler*, trabajos de laboratorio, solución de problemas, desarrollo conceptual o trabajo hecho en el seminario posibilito trabajar de otra forma su enseñanza? ¿De qué maneras? ¿Por qué de esas maneras? ¿Cómo es la interacción con sus estudiantes?

QUESTÕES SOCIOCIENTÍFICAS NA PRÁTICA DOCENTE **359**

Cuarto grupo: 4 profesores participantes.

- Ustedes trabajan varios contenidos por ser parte de los estándares curriculares. Actualmente ¿ustedes que piensan de esto? ¿Según su punto de vista es importante cuestionar este tipo de trabajo? ¿ustedes que tendrían presente para enseñar determinados contenidos? ¿Por qué enseñar esos contenidos?

- Además de utilizar pruebas diagnósticas, lecturas, explicaciones, ejercicios, evaluaciones y auto-evaluaciones, el trabajo hecho en los seminarios les permitio enseñar de otra forma? ¿De qué formas? ¿Por qué de estas formas? ¿Cómo fue la interacción con sus estudiantes?

- Ustedes consideran que las ciencias (Química) son fundamentales para nuestras vidas y que su aplicación contribuye para la creación de herramientas, además de estas ideas, ¿cómo entienden las ciencias (Química) en la sociedad?

- Ustedes consideraron la tecnología como muy positiva, la idea de tecnología como proceso a través del cual los seres humanos diseñan herramientas y máquinas para incrementar su control y su comprensión del entorno material. Entonces podemos pensar la tecnología en relación con la ciencia, la sociedad y el ambiente?

Quinto grupo: 6 profesores participantes.

- Ustedes consideraron trabajar varios contenidos de acuerdo con el plan de la institución y el plan del área (trabajo por proyectos y ciclos) actualmente ¿cuál es su opinión sobre esto? ¿Podemos cuestionar este tipo de trabajo? ¿Qué tendrían en consideración para enseñar ciertos contenidos? ¿Por qué enseñar esos contenidos?

- Además de utilizar el laboratorio, explicaciones del profesor y desarrollo de guías, el trabajo hecho en los seminarios les posibilitó enseñar de forma diferente? ¿De qué maneras? ¿Por qué de estas maneras? ¿Cómo es la interacción con sus estudiantes?

- Algunos de ustedes explicaron la tecnología como algo muy estructurado, en este momento ¿ustedes entienden la tecnología y la relación con la ciencia, la sociedad y el ambiente?

Sexto grupo: 5 profesores participantes.

- Ustedes expresaron trabajar varios contenidos por ser parte de los estándares curriculares, plan de estudios, secuencias de contenidos, pre-requisitos conceptuales, actualmente ¿ustedes qué piensan de esto? ¿Podemos cuestionar este tipo de trabajo? ¿Qué tendrían en consideración para enseñar ciertos contenidos? ¿Por qué enseñar esos contenidos?

SOBRE O LIVRO

Formato: 14 x 21 cm
Mancha: 23,7 x 42,5 paicas
Tipologia: Horley Old Style 10,5/14
Papel: Offset 75 g/m² (miolo)
Cartão Supremo 250 g/m² (capa)
1ª edição: 2012

EQUIPE DE REALIZAÇÃO

Coordenação Geral
Marcos Keith Takahashi

Impressão e Acabamento:

psi7

Printing Solutions & Internet 7 S.A